本书系湖北大学高等人文研究院

中华文化发展湖北省协同创新中心

湖北文化建设研究院资助出版

思想文化史书系·中国系列

湖北大学高等人文研究院
中华文化发展湖北省协同创新中心 ◎编
湖北文化建设研究院

MINGDAI XINXUE SIXIANG YANJIU

明代心学思想研究

姚才刚 著

人民出版社

目　　录

序

郭 齐 勇

　　明代心学是明代哲学的重要组成部分,也是儒家心学发展史的一个高峰。王阳明是明代心学的集大成者,其心学思想是一个博大精深的思想体系,400多年来影响深远,值得今人慢慢品味、躬身实践。阳明心学强调人的道德主体性,主张良知是心之本体、知行的本体。"致良知"是学问修养的灵魂与第一原则。它给我们提供了一条道德人格的上升通道,彰显了人性本来的光辉,强调人性的光辉不仅要照亮我们自身,还要照亮他人。人不应该向下沉沦,不能为物欲所遮蔽,不能陷入异化之中而否定自我的人性。这一点可以唤醒冷漠的、功利的、庸俗化的心灵,反抗拜金主义、享乐主义、虚无主义,拯救生态危机、信仰危机、道德伦理危机。王阳明对自然万物(包括草木、鸟兽、山水、瓦石等)也有一种深厚的生命关怀,强调"仁者以天地万物为一体"。他发挥了孔子的"仁爱"与孟子的"仁民爱物"思想。在他看来,不仅是动植物等自然之物,甚至人造之物(如瓦石),因其源于自然,又是人生存的不可或缺的物品,也都有生命,都有存在权利,都要顾惜。天地万物是一个生命整体,虽然人类必须取用动植物,但动植物仍有自身的价值,体现了一种普遍的道德关怀。阳明心学倡导知行合一,主张在日用伦常之间,在礼乐刑政之间,将天地万物一体之仁发用出来,用来敬老爱亲,用来修身齐家,用来尽伦尽职,为政理事。做一分,就体认一分良知。体认一分良知,就要行一分这个道理。这一点又可以赋予今人实践道德、完善自我的勇气。阳明的亲身经历也提醒我们,为政之道在于明明德、亲民。他在解释"大学之道,在明明德,在亲民,在止于至善"时,特别强调在明明德的基础上亲民。亲民就是要以民为本,视百姓为骨肉亲人,尊重民心民意,体察民间疾苦。在具体的政治实践中,阳明以高超的政治智慧,将社会教化、社会治理以及具体的行政手段结合起来,治理了很多难治之地,实现了民不骇政、四方咸宁。阳明的为官之道,对于今天加强党员干部修养、化解社会矛盾、转变政府职能等均有借鉴意义。

不过,王阳明心学不可与明代心学直接画等号。除了王阳明之外,明代还有陈献章、湛若水、刘宗周等诸多心学大家。他们既分别建构了独具特色的心学思想体系,也创立了各自的心学派别,从而使得明代心学发展呈现出多样化的形态。可以说,江门学派、甘泉学派、阳明学派、蕺山学派均是明代心学不可或缺的组成部分。如果只留意王阳明及阳明学派,则无法展现明代心学发展的全幅画卷。

姚才刚是我早期指导的博士(他 2001 年获得武汉大学哲学博士学位),现为湖北大学哲学学院教授。才刚君近 20 年来主要致力于研究明代及清初的哲学思想,他的新作《明代心学思想研究》考察了明代心学思想的产生与发展历程,以江门学派、甘泉学派、阳明学派、蕺山学派为中心进行了研究。该书力求厘清以上诸学派的传承谱系,确立其主要代表人物,揭示其核心问题意识与学术宗旨,阐明各个学派在明代心学中的作用、地位。该书还梳理、辨析了有关明代心学的学术论争,回顾、反思了明中叶至清初的王学修正运动;总结了明代心学的理论得失,发掘了其现代价值。

该书的特色主要在于,从心学角度将明代的江门学派、甘泉学派、阳明学派、蕺山学派等贯穿起来进行研究,这种研究视角不同于学界已有的相关论著,具有独特性。正如才刚君在书中所指出的,海内外已出版的研究中国思想史的通论性著作虽然涉及明代心学,但此类书因须顾及全书内容的完整性以及章节架构的合理性,无法集中篇幅探讨明代心学思想;而其他有关明代心学的个案研究论著因为主题所限,又产生了"见树不见林"之类的问题。而且,以往学者们大多侧重于研究王阳明及阳明学派,这无法揭示明代心学的整体面貌。该书则试图弥补以上缺憾,对明代心学主要派别的思想学说均分别进行了研究,阐释了各个派别的思想要义与精神旨趣,这将会扭转部分学者以及明代思想爱好者将明代心学等同于王阳明或阳明学派心学思想的观念。该书提出了一些具有新意的学术观点。比如,作者认为,心学有广义与狭义之分,广义心学即是儒家的心性之学,狭义心学乃指倡导心本论一派儒家的思想学说,明代江门学派、甘泉学派、阳明学派、蕺山学派等均是狭义上的心学派别;甘泉学派是异于阳明学派的一个独立学派,但两个学派之间又具有千丝万缕的联系;心学作为明代最具活力、影响最大的学说,其引发的争议也最多,明代心学之争尤其围绕王阳明心学的理论缺失、王学末流的弊端以及由此而兴起的王学修正运动而展开;等等。以上观点不乏新意。

该书的出版将会嘉惠学林,对明代心学与明代思想文化的爱好者也将有所裨益。特向读者推荐姚君的这一部新作。

是为序。

甲辰龙年秋,2024 年 10 月于东湖珞珈寓所

引　论

第一节　研究对象与基本思路

明代思想一直受到学界的关注,相关研究论著已有不少。不过,迄今为止,尚无学者专门就明代心学的产生与演变、主要流派以及有关心学的学术论争等问题进行整体考察与系统研究。海内外已出版的研究中国思想史的通论性著作虽然涉及明代心学,但此类书因须顾及全书内容的完整性以及章节架构的合理性,无法集中篇幅探讨明代心学思想;而其他有关明代心学的个案研究的论著因为主题所限,又产生了"见树不见林"之类的问题。本书试图弥补以上两种缺憾,即以心学为主线将明代思想贯穿起来进行研究,对明代心学思想的发展历程、主要流派及其思想主旨、有关心学的学术论争以及心学思想的现代启示意义等问题进行阐释、发掘,尤其以明代心学中的江门学派、甘泉学派、阳明学派、蕺山学派为中心进行研究,澄清各个流派的传承谱系,确立其主要代表人物,揭示他们学说的"得力处"①,阐明各个流派在明代心学中的作用、地位,最后再对明代心学主要流派的理论得失加以总结。

学界研究明代心学思想的已有成果,大多集中于探讨陈献章、王守仁及王门后学的心学思想,对明初理学中的心学思想萌芽以及甘泉学派的心学思想

---

① 此语出自黄宗羲之口。黄氏曰:"大凡学有宗旨,是其人之得力处,亦是学者之入门处。"见(清)黄宗羲:《明儒学案·发凡》,中华书局1985年版,第17页。

等则涉猎较少,本书将在这些方面有所突破。学界有关刘宗周与蕺山学派的研究成果固然也不少,但往往未将其纳入明代心学发展的脉络之下进行研究(学者们至多将刘宗周、蕺山学派与阳明学派关联起来研究)。因而,从心学角度将江门学派、甘泉学派、阳明学派、蕺山学派等贯穿起来,加以整体观照,亦有其必要性。本书还另辟蹊径,深入探讨明中叶至清初时期部分学者对王阳明心学及"左派王学"之说的批驳、修正,从王学批评者、修正者的视角反思王学的理论罅漏与王学末流的弊端。

本书以明代心学为研究对象。笔者试图通过撰写此书,扭转部分学者以及明代思想爱好者将明代心学等同于王阳明或阳明学派心学思想的观念,而致力于探究不同派别的心学思想,揭示明代心学主要流派的思想要义与精神旨趣。

具体说来,本书基本的研究思路如下:首先,界定"心学"的内涵与外延,概述明代心学的主要发展轨迹,归纳明代心学的主要流派,揭示明代心学思想的特色。其次,探讨明初理学中的心学思想萌芽,然后再重点解读明代心学中的江门学派、甘泉学派、阳明学派、蕺山学派等派别的思想学说。再次,以"王学修正运动"为中心,检讨、省察有关明代心学的学术论争。最后,总结、反思明代心学主要流派的学术贡献、理论得失,阐述明代心学对当时及后世的影响及其在历史上遭受的指责、曲解,并揭示明代心学的现代启示意义。通过梳理、剖析明代心学主要流派的思想学说,本书主要提出并论证了以下观点:明初思想界虽然是程朱理学占主导地位,但吴与弼、胡居仁等诸位理学家的学说中已包含了心学思想的萌芽;陈献章创立的江门学派是明代心学的开端,湛若水创立的甘泉学派是明代心学的重要力量,王守仁创立的阳明学派是明代心学的集大成者,刘宗周创立的蕺山学派则是对明代心学的系统总结,堪称明代心学的殿军;甘泉学派是异于阳明学派的一个独立学派,但两个学派之间又具有千丝万缕的联系;王阳明心学自产生以来,便备受当时学者们的关注,王学的信奉者、追随者较多,但王学又是一种较易引起争议的学说。在明中叶至清初时期,对王学的理论缺失进行反思、批驳、补救的学者也不乏其人;明代心学在明中叶之后成为一种重要的学术思潮,对当时及后世均产生了较大的影响,亦不乏现代启示意义。

第二节　儒家"心学"概念辨析

"心学"是中国传统哲学中一个较为常见的概念,也频繁出现于当代学者的论著之中,但不同学者对"心学"内涵与外延的理解不尽相同。"心学"也不是儒家独有的概念,传统儒、释、道诸家典籍均出现过"心学"一词。本节拟重点辨析传统儒学尤其是宋明儒学中的"心学"概念,进而探讨心学与理学、道学、性学、气学的关系。

一、广义心学与狭义心学之分疏

在辨析"心学"的概念之前,有必要先澄清"心"的内涵。在中国思想文化史上,"心"字出现得很早,首见于甲骨文,后来的金石铭文以及先秦其他各种典籍中大都有"心"字。《说文解字》曰:"人心,土藏,在身之中。象形。"这是从生理层面来解释"心","心"即心脏之义。当然,古人不仅把"心"视为一团血肉之心,同时还赋予"心"以认知、情感、意志、道德等方面的属性与功能。或者说,"心"既是有形的、具体的,也是无形的、抽象的。作为五脏之一的有形之心是医学家、生理学家研究的对象,作为精神或观念的无形之心是哲学家、宗教学家研究的对象。只不过,中国古人一般没有将有形之心与无形之心截然分开,在他们看来,身与心、灵与肉都是互为一体、不可分割的。有形之心是无形之心得以发挥作用的物质基础,无形之心是有形之心特有的精神属性。传统儒、释、道以及其他诸家对有形之心与无形之心都有所论述,但更侧重于阐发无形之心。无形之心主要有三种具体的含义,"一是道德之心,以孟子为代表,指人的情感心理升华而形成的道德意识,是道德理性范畴。二是理智之心,以荀子为代表,指认识事物的能力,是认知理性范畴。三是虚灵明觉之心,以佛道为代表,指虚而明的本体状态或精神境界,是超理性的本体范畴"[①]。

----

① 蒙培元:《理学范畴系统》,人民出版社1989年版,第195页。

　　与"心"的概念一样,"心学"一词也是多义的,甚至充满歧义。如果把心学看成是研究"心"问题的一门学问,那么,心学所包含的内容则是纷繁复杂的,从不同角度研究有关"心"的问题,就会有不同的"心学":现代医疗机构中的心血管科专门关注人的心脏循环系统问题;心理学则着眼于研究人的心理现象、精神功能及其行为表现;哲学、宗教学则十分注重研究人深层次的心灵、灵魂问题。儒家的"心学"是哲学层面的一个范畴,它又有广义、狭义之分。宋末元初的吴澄是较早倡导广义心学的学者,他对"心学"做了十分宽泛的理解。吴澄说:"以心而学,非特陆子为然,尧、舜、禹、汤、文、武、周、孔、颜、曾、思、孟,以逮周、程、张、邵诸子,莫不皆然。"①在他看来,心学并非特指陆九渊的学说,儒家历代圣人贤哲所倡导的学说无不是心学,这样他就把心学的范围大大拓展了,并给予心学以积极正面的评价,而不是如当时的一部分学者那样一味贬抑心学。

　　若用"心学"来指称儒家的全部学说,则显得过于笼统、宽泛。笔者认为,广义的心学可指儒家的心性之学。儒家倡导以人为本,而以人为本从根本上看就是以人心、人性为根本,"心是人性的真正承担者,人之所以为人,其本性离不开心,而性又是心的本质。……儒家思想是从心性出发,在人心中寻求真善和幸福的学说,心性论正是儒家哲学的基础理论"②。"心"和"性"是一对密不可分的范畴,论"心"必然会关联到"性",论"性"也须结合着"心"。儒家没有不重视心性问题的。紧扣儒家的心性之学,才能够把握住儒家的思想要旨。从这个角度来看,我们不妨把儒家学说称为"心学"(心性之学)。心性之学虽然不能涵摄儒学的全部意蕴,儒学中的礼乐、政治、事功、经学、考据等问题都不可归入心性之学,但心性之学是儒家学说中十分重要的内容,由心性之学可以看出"儒家生命智慧之方向"③。

　　心性之学也不是专属于儒家学说的,先秦时期的道、墨、法诸家无不涉及心性问题,只不过他们探讨的角度、得出的结论不尽相同而已。后来的玄学

---

①　(清)黄宗羲:《宋元学案》卷九十二,陈金生等点校,中华书局1986年版,第3047页。

②　方立天:《中国佛教哲学要义》,中国人民大学出版社2005年版,第524页。

③　牟宗三:《心体与性体》上册,上海古籍出版社1999年版,第11页。

家、佛教哲学家也从各自的立场对心性问题做了阐发。宋明儒家是心性之学的集大成者，他们基本上是以宋代之前儒家的心性论为本位，同时吸收了佛、道的思想资源，加以融汇、扬弃，从而蔚为大观。因此，牟宗三先生将宋明时期的儒学形态直接称为心性之学①。我们也可以说，孔子、孟子、《中庸》《易传》《大学》、程朱、陆王、现代新儒家之熊牟一系能够一以贯之的地方恰在心性之学。牟宗三、徐复观、唐君毅在他们联名发表的《中国文化与世界》一文中宣称，心性之学"正为中国学术思想之核心，亦是中国思想中之所以有天人合德之真正理由所在"②。在他们看来，只有深入到心性的根源，才能从根本处培养出人性的自觉，也才能维系中国文化于不坠，心性之学是儒家学说以及整个中国文化的精髓。

狭义的心学乃指倡导心本论一派儒家的思想学说。大体说来，先秦时期的孟子已有心学思想的萌芽，宋代的程颢是"心学一派之先驱"③，陆九渊是宋代心学一派思想的实际开创者，明代出现了陈献章、湛若水、王阳明、刘宗周等心学巨擘，现代新儒家熊十力、贺麟、唐君毅、牟宗三等则促进了传统心学思想的现代转化。这些儒家生活在不同的历史时期，他们思考的哲学问题以及建构的思想体系均有较大的差异，之所以将他们的思想学说归入"心学"的行列，是因为他们有相似的学术倾向：十分突出"心"（本心、仁心、良知）的地位，在本体论上主张以心为本，在工夫论上则倡导向内自省，突出自我体悟与自求、自得，不迷信古书与圣贤权威。

二、心学是"传心"与"传道"的辩证统一

"心学"本身就是一个较为晚出的概念，最开始也不是出现在儒家典籍中。日本学者荒木见悟先生指出，"心学"一词多半是因佛教传来，由佛学内部产生出来的。心学的形成尤其要归功于禅宗，儒家的心学思想受到了禅宗

---

① 参见牟宗三：《心体与性体》上册，上海古籍出版社1999年版，第4页。
② 牟宗三等：《中国文化与世界》（该文又名《为中国文化敬告世界人士宣言》），见唐君毅著、张祥浩编：《文化意识宇宙的探索》，中国广播电视出版社1992年版，第342页。
③ 冯友兰：《中国哲学史》下册，华东师范大学出版社2000年版，第238页。

的影响。① 何种儒家典籍最先使用"心学"一词? 目前尚难以断定,但可以肯定的是,"心学"一词在宋明时期的儒家学者文集中已多次出现了,这里试举数例。宋儒唐仲友说:"圣人之传道必以心。心学之不明,似是而非之学有以惑之也。"②明儒湛若水说:"吾所谓天理者,体认于心,即心学也。"③王阳明也说:"圣人之学,心学也。"④此时期,还有部分儒家学者尽管没有明确宣称自己的学说是心学,却在字里行间阐发了不少心学思想。比如,陈献章未尝以"心学"来概括自己的学术宗旨⑤,但其学说无论在本体论还是修养工夫论方面都十分符合心学的特征,故他的同邑后学黄淳说:"先生之学,心学也。先生心学之所流注者,在诗文。善读者,可想见其天地胸襟、濂洛造诣。否则,等糟粕耳。神神相契,世能几人?"⑥黄淳将献章之说归入心学,并且认为只有从心学的角度切入,才能真正领会其学说的理论旨趣以及他本人的胸襟、抱负。

宋明儒学中的"心学"与佛教中的"心学"具有不同的内涵,前者主要是指"注重发明本心或良知、以'心观念为第一义'这一儒家派别的思想学说"⑦,后者乃指佛教中的禅定或心性之说。不过,宋明儒家心学一派与佛教禅宗一派的确都十分注重"以心传心",两者尽管对"心"所包含的内容有不同的理解(即有道德本心与佛心之区别),但在"传心"的形式方面却有相似之处。佛教中的"以心传心",是指一个人对另一个人的单传心印,它强调在个体心灵之间传递佛教经验、佛教真理⑧。宋明儒家心学一派当然不会像禅宗那样宣扬

① 参见[日]荒木见悟:《心学与理学》,李凤全译,《复旦学报(社会科学版)》1998 年第 5 期。

② (宋)唐仲友:《悦斋文钞》卷八,清道光刻本。

③ (清)黄宗羲:《甘泉学案一》,见《明儒学案》卷三十七,中华书局 1985 年版,第 901 页。

④ (明)王守仁:《象山文集序》,见《王阳明全集》卷七,吴光等编校,上海古籍出版社 1992 年版,第 245 页。

⑤ 当然,在陈献章的文集中,论"心"之处颇多,有学者统计过,"心"在其文集中出现过 272 次。详见姜允明:《陈白沙其人其学》,(台湾)洪叶文化事业有限公司 2003 年版,第 126 页。

⑥ (明)黄淳:《重刻白沙子序》,见《陈献章集》,孙通海点校,中华书局 1987 年版,第 903 页。

⑦ 劳思光:《新编中国哲学史》第三卷,(台湾)三民书局 2001 年版,第 42 页。

⑧ 参见方立天:《中国佛教哲学要义》,中国人民大学出版社 2005 年版,第 1117 页。

神秘的宗教体验，也没有完全排斥文字或圣贤经书，但同样强调直指本心，心心相印，南宋心学大师陆九渊即是如此。他说："心只是一个心，某之心，吾友之心，上而千百载圣贤之心，下而千百载复有一圣贤，其心亦只如此。心之体甚大，若能尽我之心，便与天同。"①在他看来，古往今来，无论是圣哲贤达还是愚夫愚妇，都是一个"心"，任何普通人的心灵与精神生活都可以在"圣贤之心"的感召之下获得升华。此处所言之"心"不是指血肉之心，而是道德本心。道德本心是人之所以为人的根据，是人立身行事的凭借，它彰显了人的价值、尊严。道德本心既然"人皆有之"，那么，人与人之间的"以心传心"便具有了某种可能性。

"以心传心"是如何进行的？宋明儒家文集中与此相关的论述往往语焉不详，我们不得而知。笔者认为，我们不必对此做神秘化的理解，它并不玄妙。在不少宋明儒家看来，"传心"就是"传道"。"道"是什么？儒、道两家的理解又不相同，道家突出了"道"的自然、无为的内涵，儒家则彰显了其人伦道德的意味。儒家之"道"有一个传授的系统，此即儒家的道统。唐朝的韩愈即已效仿佛教的法统提出了儒家的道统论，"尧以是传之舜，舜以是传之禹，禹以是传之汤，汤以是传之文、武、周公，文、武、周公传之孔子，孔子传之孟轲"②，但孟子去世以后，儒家的道统却"不得其传"，韩愈认为自己的使命就是继承、发扬从尧舜以来到孟子的道统。在韩愈的心目中，儒家道统的基本内容是仁义，"博爱之谓仁，行而宜之之谓义，由是而之焉之谓道"③。宋明儒家所谓的道统也强调了仁义的地位，尤其突出了仁，并赋予仁以形而上学的内涵。除此之外，宋明儒家也十分推崇《古文尚书·大禹谟》中"人心惟危，道心惟微，惟精惟一，允执厥中"的"十六字心传"，认为"允执厥中"的中庸之道也是儒家道统说不可或缺的内容。北宋时期，已有少数学者开始留意"十六字心传"的问题。至南宋，与此相关的讨论则非常之多，无论是心学一派还是理学一派的代表人物均参与其中，并从不同角度进行了阐发。因而，宋明儒家所谓的"传

---

① 《陆九渊集》卷三十五，钟哲点校，中华书局1980年版，第444页。

② （唐）韩愈：《原道》，见《昌黎先生集》卷十一，"四部备要"本。

③ （唐）韩愈：《原道》，见《昌黎先生集》卷十一，"四部备要"本。

道"即传播、弘扬圣贤之道,尤其是指儒家的仁义之说与中庸之道。

反之,"传道"也离不开"传心"。也就是说,要使儒家圣贤之道得以广布天下,嘉惠后世,不能单纯依赖口耳相传或经书传授,人心的主动接纳、感悟与体证也十分重要,如此方能使"道"内化于心,而非徒具外壳。从这个角度来看,"传道"即是"传心"。程颢认为,道统除了有圣人直接传授的系统外,还存在着超越时代的"以心传心",儒家的思想主旨、精神命脉即在"以心传心"的活动中得以传承、发展①。王阳明说:"心即道,道即天,知心则知道、知天。""又曰:诸君要实见此道,须从自己心上体认,不假外求始得。"②他认为,道乃人心所固有,不假外求,只要心不蔽于物欲,就可把心中固有之道发扬光大。人心若一片光明,晶莹剔透,道即可向人敞开、呈现出来。在阳明看来,圣人"传道"的实质乃是"传心"。就连倾向于理本论的朱熹也没有否认"传心"的必要性与可能性。他认为,在儒家道统的圣人序列里,有的相隔了数百年,甚或更为久远,他们相互之间不可能做到口传耳授,各自只有"尽此心之体"③,努力体悟"道"之精妙,并付诸实践,才能使其不至于中断。朱熹说:"所谓'人心惟危,道心惟微;惟精惟一,允执厥中'者,尧舜禹相传之密旨也。……莫若深考尧舜相传之心法。"④可见,他把"十六字心传"作为传授圣贤之道的"密旨"与"心法"。

宋明时期的心学家、理学家尽管都强调"传心""传道",但两者还是有明显的差异。朱熹尽管善于论心,以至于被钱穆先生赞誉为"理学家中善言心者莫过于朱子"⑤,但朱熹毕竟是一位理性主义哲学家,他除了突出心的"造作"与"计度"作用之外,也十分强调对客观物理的探索精神,推崇儒家经典,认为知识的探索与积累有益于人的道德提升,"道问学"与"尊德性"可以相互发明与促进。陆九渊、陈献章、王阳明等心学一派的人物却更突出反躬自求,

---

① 参见蔡方鹿:《中华道统思想发展史》,四川人民出版社 2003 年版,第 324 页。

② (明)王守仁:《传习录》上,见《王阳明全集》卷一,吴光等编校,上海古籍出版社 1992 年版,第 21 页。

③ (宋)朱熹:《李公常语上》,见《朱文公文集》卷七十三,"四部丛刊"本。

④ (宋)朱熹:《答陈同甫八》,见《朱文公文集》卷三十六,"四部丛刊"本。

⑤ 钱穆:《朱子学提纲》,生活·读书·新知三联书店 2002 年版,第 44 页。

而不太关注外向性的认知。在他们看来,如果不返求内心,向外追逐,或一味迷信书册,则愈求愈远,反而不利于成就道德。他们认为,"传心""传道"的关键在于自我体认。陈献章说:"是故道也者,自我得之,自我言之,可也。不然,辞愈多而道愈窒,徒以乱人也,君子奚取焉?"①王阳明也说:"知识之多,适以行其恶也;闻见之博,适以肆其辨也;辞章之富,适以饰其伪也。"②因而,他们极力倡导自得之说,教人直求本心;同时主张破除圣贤权威,认为即使要读圣贤之书,也应该是"六经注我"式的读书,以圣贤之言来印证吾心中本有之理。

三、心学与理学、道学、性学、气学等概念的关系

除了"心学"概念之外,理学、道学、性学、气学等概念也经常被学者们使用,尤其被作为描述宋明儒学不同形态或学派的称谓。那么,"心学"与这些概念之间是什么关系? 我们也需要对此略做探讨。

1.心学与理学。"理学"作为一种学术思潮在北宋初期已经兴起,但"理学"作为一个专有名词却产生的较晚,南宋时期一些学者的文集中才出现"理学"一词。比如,朱熹说:"理学最难。可惜许多印行文字,其间无道理底甚多,虽伊洛门人亦不免如此。"③陆九渊说:"秦汉以来,学绝道丧,世不复有师。以至于唐,曰师、曰弟子云者,反以为笑,韩退之柳子厚犹为之屡叹。惟本朝理学,远过汉唐,始复有师道。"④不过,朱、陆所讲之"理学",与作为一种学术体系和学派名称的"理学"并不相同,朱熹在此语境下所讲的"理学"是指与考据学相对应的义理之学。而陆九渊所讲的"理学"则指与师道、学统相关的学说。南宋后期朱学代表人物黄震归纳出的"理学"概念以程朱为主干,旁及陆九渊心学,同时吸收了性学和气学的成分,与今日"理学"概念的外延已趋于

---

① 《陈献章集》卷二,孙通海点校,中华书局1987年版,第131—132页。
② (明)王守仁:《传习录》中,见《王阳明全集》卷二,吴光等编校,上海古籍出版社1992年版,第56页。
③ (宋)朱熹:《朱子语类》卷六十二,中华书局1986年版,第1485页。
④ 《陆九渊集》卷一,钟哲点校,中华书局1980年版,第14页。

一致。因而,到黄震这里,"理学"概念的发育已经成熟和定型。后来的发展,则是其进一步的丰富罢了①。理学也有广义、狭义之分,广义的理学即指宋元明以及清初时期的儒家学说,包括周、张、程、朱等道学及陆、王等心学,此即学者们常说的宋明理学。狭义的理学乃指程颐、朱熹一派的思想学说,程朱理学即是在此种意义上来使用的,宋明理学与程朱理学这两个术语尽管都含有"理学"一词,但它们的内涵与外延是不相同的。由此可见,广义的理学包含了心学的内容,而狭义的理学则是与心学相对而言的②。

心学与理学的异同之辨是宋明儒学发展史上的一大公案,此问题又具体展开为朱、陆或朱、王之辨。陆九渊门人章节夫以"辞异旨同"为理论导向调和朱、陆。元末明初学者赵汸以及明代学者程敏政、心学大师王阳明均倡导朱、陆"早异晚同"之说。但是,明代学者陈建却极力批驳这种观点,认为朱、陆两人的学说应是"早同晚异"③。罗钦顺对王阳明《朱子晚年定论》中有关朱、陆关系的判定也持质疑与批评态度,认为阳明"考之欠详,而立论之太果也"④。也就是说,王阳明在选取材料时带有较强的主观色彩。对于何为朱熹晚年之作,何为其中年之作,王阳明并未作详细考证,他对朱熹论著采取的是一种任意剪裁的方式,合于己说者则取,不合于己说者则弃。从学术考证的角度来看,王阳明确实有不够严谨之处。不过,笔者认为,王阳明或许根本无意于做纯粹客观的学问研究,他所在乎的乃是思想的创发,即创立一种有别于朱子理学的崭新的学说。

程朱理学与陆王心学是从宋明理学中分化出来的两个派别。事实上,无论程朱还是陆王,都既论理,也论心。比如,朱熹被后人视为理学家,但其文集中对心的阐发也颇多;陆九渊被后人视为心学家,但他从来没有以"心学"二

---

① 参见向世陵:《理气性心之间——宋明理学的分系与四系》,人民出版社 2008 年版,第 161 页。

② 此处所说的"心学",也是狭义上的"心学"。从广义的角度来看,心学、理学、道学等都是相通的。

③ 参见陈建:《学蔀通辨》"点校说明",见吴长庚主编:《朱陆学术考辨五种》,江西高校出版社 2000 年版,第 107—108 页。

④ (明)罗钦顺:《与王阳明书》,见《困知记》附录,中华书局 1990 年版,第 110 页。

字来概括自己的学问,相反,其文集中有关理的论述却随处可见。因而,宋明理学内部理学与心学的区分只有相对的意义,不可加以绝对化。理学与心学的对立也是逐步形成的,朱熹、陆九渊没有刻意强化两者之间的对立,发生于朱、陆之间的学术之争主要围绕尊德性、"道问学"以及无极、太极等问题而展开,双方并未辩论心和理的关系问题①。此外,陆九渊、王阳明的学说虽均被后人视为"心学",但陆、王之间的差异不亚于陆、朱之间的差异。笔者认为,理学、心学、气学、性学的划分以及思想家归入何种类型乃是就他们的总体学术倾向而言的,至多算是一种权宜之计,目的是便于梳理、阐释学术发展史。

2. 心学与道学。"道学"之名也多次出现于两宋时期儒家学者的文集中,这里试举几例。张载说:"朝廷以道学政术为二事,此正自古之可忧者。"②胡宏说:"道学衰微,风教大颓,吾徒当以死自担,力相规戒,庶几有立于圣门。"③道学这一范畴虽然早出于理学,但不如理学那样广为学者使用。不同学者对道学的界定也不相同,且未必将其视为学派的名称。比如,张载所谓的"道学"明显不是指学派,而是"道"与"学"的合称。《宋史》中包含有"道学传",周敦颐、程颢、程颐、张载、邵雍、朱熹等人名列其中④。显然,《宋史》把以上儒家视为道学家,把他们的学说称为道学,这里的道学已用于指称学派了。现代新儒家冯友兰先生常用道学来概括两宋及元明清时期儒家的哲学思想。不过,大多数学者更倾向于用理学来称呼宋以后的新儒学思潮和学派。一般来说,道学所涵盖的范围比理学要小得多。陈来先生就指出:"宋代道学之名,专指伊洛传统,并不包括心学及其他学派的儒家学者。"⑤

如果对道学作狭义的理解,那么,心学与道学之间似乎具有一种对立的关系。不过,《宋史·道学传》涉及的道学家尽管没有使用"心学"之名,但却阐发了与"心"有关的思想见解。比如,张载就倡导"大心"说,认为"大心"超越

---

① 参见周炽成:《"心学"源流考》,《哲学研究》2012 年第 8 期。
② 《张载集》,章锡琛点校,中华书局 1978 年版,第 349 页。
③ 《胡宏集》,中华书局 1987 年版,第 147 页。
④ 参见(元)脱脱等:《宋史》卷四百二十七至卷四百三十,中华书局 1977 年版,第 12709—12792 页。
⑤ 陈来:《宋明理学》,华东师范大学出版社 2004 年版,第 8 页。

了知觉(认识)之心的局限性,"大其心则能体天下之物"①,进而实现心与天地万物的合一。邵雍亦指出:"先天之学,心也;后天之学,迹也。"②他认为先天之学即是心学,后天之学则是由"心"所发之迹。而明代心学家陈献章在凸显"心"的地位的同时,也主张"道为天地之本"③,心、道在他看来是统一的,心可存道,道又体现为心。由此可见,心学与道学并非完全排斥,而是可以融通的。

3. 心学与性学。"性学"之名较早出现于南宋学者黄震的《黄氏日钞》:"复斋之文尤多精语,亦足警后学,而自誉其所得,则在性学。"④此处的"复斋"是陆九渊五兄陆九龄的号,陆九龄"自誉其所得"为"性学",即自认为其学说之精华在于对儒家性论所作的阐发。南宋另外一位学者胡宏尽管没有使用"性学"的概念,但却建构了以"性学"为核心的思想体系,着力论证了以性为本的学术见解。

在宋明儒家的话语系统中,心学、性学具有千丝万缕的联系。以胡宏为代表的性学一派虽然把"性"看作是宇宙的根源和本性,但同时也十分重视"心"的地位和作用。胡宏说:"心也者,知天地,宰万物,以成性者也。"⑤一般说来,"性"彰显了本体的客观性与普遍性,在这个意义上,"性"也就是"理";"心"则突出了主体的能动性与创造性。在胡宏的学说中,"性虽然是宇宙的根本,而心才是道德实践的用力之地和根本出发点,因而对于人的精神发展来说必须强调'心'。心的功用是能够认识自然(知天地)、主导实践(宰万物,此处的物即事物,宰即意识主体指导实践的决定作用),完成自己的本性"⑥,这也就是胡宏所谓的"心以成性"的含义。当然,在胡宏看来,"性"较之于"心"更具有终极的意义,其学说属于"性学"而不是"心学",原因正在于此。

---

① 《张载集》,章锡琛点校,中华书局 1978 年版,第 24 页。
② 《邵雍集》,中华书局 2010 年版,第 152 页。
③ 《陈献章集》卷一,孙通海点校,中华书局 1987 年版,第 54 页。
④ (宋)黄震:《黄氏日钞》卷四十二,"四库全书"本。
⑤ 《胡宏集》,中华书局 1987 年版,第 328 页。
⑥ 陈来:《宋明理学》,华东师范大学出版社 2004 年版,第 121—122 页。

反之,心学一系的陆九渊、王阳明、刘宗周等在阐发心本论的同时,也讨论了有关"性"的问题。不过,他们对"性"的理解以及对心性关系的处理并不完全相同。陆九渊之学极力彰显了"本心"的观念,并且认为本心即是理,也即是性。在他看来,人之为人,关键在于要确立本心,并时时呈现本心,而无须在概念的异同问题上强作辨别。如果一定要在心、性之间进行区分,那么"在天者为性,在人者为心"①,但他仍然不赞成对心、性等范畴作条分缕析的区分,而是主张直接返求本心,当人明白了什么是本心,自然也就领会了性、理的内涵。王阳明也认为"心即性"②,他较为强调心、性合一的一面,而没有像朱熹那样除了讲心、性相通之外,又刻意区分了有知觉的虚灵之心与无知觉的实有之性。此外,王阳明晚年倡导的"四句教"首句即是"无善无恶是心之体"③,这与胡宏提出的"性也者,天地鬼神之奥也,善不足以言之,况恶乎"④(即"性无善恶")的观点是不谋而合的。由此亦可看出,心学与性学具有一定的相通性。明末大儒刘宗周虽然也主张心、性合一,但他同时强调应在心、性之间加以区分。他在一定程度上彰显了性体,突出了天命之性,目的是试图避免王学末流过于突出心之灵明、遗却性体、舍弃道德理性造成的种种弊病⑤。

4.心学与气学。传统儒家与道家一样,十分看重"气"这一范畴,宋明时期的张载、王廷相、罗钦顺、吴廷翰以及明末清初的王夫之等大儒更是将"气"的地位和作用抬得很高,认为"气"是宇宙万物的本源,主张以气为本,他们尽管没有使用"气学"之名,却分别建构了各自"气学"的思想体系。不过,近代以前的学者在梳理宋明理学时,大多仅列出程朱理学与陆王心学这两系,而没有单列"气学"一系。20世纪以来,冯友兰、张岱年、张立文等学者开始主张把

---

① 《陆九渊集》卷三十五,钟哲点校,中华书局1980年版,第444页。

② (明)王守仁:《传习录》上,见《王阳明全集》卷一,吴光等编校,上海古籍出版社1992年版,第15页。

③ (明)王守仁:《传习录》下,见《王阳明全集》卷三,吴光等编校,上海古籍出版社1992年版,第117页。

④ 《胡宏集》,中华书局1987年版,第333页。

⑤ 参见姚才刚:《论刘蕺山对王学的修正》,《武汉大学学报(人文社会科学版)》2000年第6期。

宋明理学分为张王气学、程朱理学与陆王心学三系,三系鼎足而立,张王气学尤为以上学者所看重。

心学与气学之间的关联性亦是不言而喻的。稍微考察心学一系的学说即可发现,他们在阐发心学思想时,也没有忽略"气"。陆九渊说:"宇宙便是吾心,吾心即是宇宙。"①又说:"我这里也说气象,但不是就外面说,乃曰:阴阳一大气,乾坤一大象。"②其所谓的"心"囊括了整个宇宙,而气乃是宇宙万物的构成要素之一。如此一来,心与气也具有了某种关联性,亦可说气在心内。陈献章认为,气(元气)无处不在,无时不有,充塞于整个宇宙,人也是禀受阴阳之气而生,元气运动变化产生天地和人。他还把元气与人心并列,"古来士论都元气,天下人心自秉彝"③。王阳明认为,人与天地万物"同此一气"④。他所谓的"气"并非某种实体性的气,而与"心""良知"等精神性的东西较为接近。阳明所谓的"同此一气",从根本上来说就是"共此一心"⑤。心与气在阳明学说中是相通的。反过来,张载、王廷相、罗钦顺、吴廷翰、王夫之等气本论者也十分重视"心"这一范畴。不过,他们往往淡化了心的超越内涵,而凸显了其认知的意味(张载的"大心"说除外),这与心学一系所理解的道德本体之心不尽相同。

由以上论述可知,心学虽然是人们耳熟能详的一个概念,但与此相关的争议尚有不少,故有必要对心学概念加以澄清。心学与理学、道学在内涵与外延上既相互交叉、重叠,也存在歧异之处;心学与气学、性学之间也具有错综复杂的关系。只有厘清它们的联系与区别,才能避免因概念所指不同而造成的不必要的辩论。

---

① 《陆九渊集》卷三十六,钟哲点校,中华书局 1980 年版,第 483 页。
② 《陆九渊集》卷三十四,钟哲点校,中华书局 1980 年版,第 425 页。
③ 《陈献章集》卷五,孙通海点校,中华书局 1987 年版,第 446 页。
④ (明)王守仁:《传习录》下,见《王阳明全集》卷三,吴光等编校,上海古籍出版社 1992 年版,第 107 页。
⑤ 参见方旭东:《同情的限度——王阳明万物一体说的哲学诠释》,《浙江社会科学》 2007 年第 2 期。

第三节　明代心学的发展历程与主要派别

　　明代主导性的思潮即是心学,但明代初年的情况却有所不同,程朱理学占据了统治地位。明朝开国之初,明太祖朱元璋以及刘基、宋濂等大臣都极力推崇孔孟之学,并规定科举考试围绕四书、五经来命题试士,士子答题则须以朱熹等人的注解为准绳。到明成祖朱棣执掌皇权时,又下诏编纂《五经大全》《四书大全》《性理大全》,并颁行天下,以此方式来统一臣民的思想。三部大全同样以朱熹理学为标准,大量汇辑了朱熹的集注,朱熹理学被钦定为"官学"。不过,明初思想界在朱熹理学的笼罩之下,亦有心学思想的涌动,薛瑄、曹端、吴与弼、胡居仁等朱子学者的学说中已包含了心学思想的萌芽。

　　明代心学的真正开山祖师是陈献章。与同时代沉浸于典籍或奔忙于仕途、利禄的儒者不同,陈献章主张"学贵自得"。在他看来,人能否求得道,关键在于自我体认,若一味迷信书册,非但无益于求道,反而起到某种妨碍作用。陈献章十分强调"静中坐养出个端倪来"①的修养方法,认为通过静坐的实践与体验,可使"此心之体隐然呈露"②,这种直觉体认的方法可谓简易直截,与正统朱子学者倡导的循序渐进的修养工夫论截然不同。因而,陈献章心学的崛起在明代思想史上实在具有典范转移的效果。不过,陈献章所倡导的心学与陆、王心学也有显著的不同,即其思想"并未沿着'心即理'的伦理方向发展,而是融进了道家自然观的内容,追求浩然自得的心理境界"③。陈献章除了创立较具特色的心学思想体系之外,还开创了江门学派,其弟子中较有影响的则是湛若水、张诩、林光、李承箕、贺钦等人。

---

　　①　(明)陈献章:《与贺克恭黄门》,见《陈献章集》卷二,孙通海点校,中华书局1987年版,第133页。

　　②　(明)陈献章:《复赵提学佥宪》,见《陈献章集》卷二,孙通海点校,中华书局1987年版,第145页。

　　③　刘宗贤:《陆王心学研究》,山东人民出版社1997年版,第237页。

　　湛若水是陈献章的高足,他在继承陈献章心学精神的基础上,又从以下数方面做了重新诠释和改造:扬弃其师"静中养出端倪"说,主张"动静一体";在接受其师"自得""以自然为宗"等思想的基础上,提出了"体认于心,即心学也""随处体认天理"等主张;矫正其师学说过于倾向于内省等缺失,倡导合内外之道;等等。湛若水曾任明代"三部"尚书,为官30余年。同时,他亦热衷于讲学与创办书院,而他平生在全国各地创办的书院有近40所,弟子多达数千人,且遍布大江南北。这样一来,一个以湛若水为中心的学派——"甘泉学派"就逐渐形成。该学派流传较广,在中晚明心学发展史上产生了较大的影响。黄宗羲在《明儒学案·甘泉学案》中除了重点推介湛若水其人其学之外,还编纂了湛门后学吕怀、何迁、洪垣、唐枢、蔡汝楠、许孚远、冯从吾、唐伯元、杨时乔、王道等人的学案。未被黄宗羲列入《明儒学案》的湛门后学庞嵩、李春芳、张潮等人在学问与人品方面也俱佳。湛若水固然以"随处体认天理"说而在明代心学发展史上独树一帜,而湛门部分后学既能在学术上与湛学相呼应,又能别开新义,因而极大地丰富了明代心学的内容。比如,唐枢在会通湛、王两家学说的基础上,标举出"讨真心"说;洪垣主张"体认天理"乃是"不离根之体认";吕怀注重阐发"变化气质"说;何迁倡导"知止"说;许孚远之学"以克己为要";冯从吾强调从"本源处透彻";等等。笔者认为,明代中叶以来心学能够走向兴盛、繁荣,固然有赖于王阳明的创发以及王门后学的传播、推广,但不可否认的是,以湛若水为代表的甘泉学派也有较大的功劳,此学派是中晚明心学发展史上一个不可缺少的环节。

　　王守仁是明代心学的集大成者,阳明学派即是其创立的一个心学流派。他因筑室会稽阳明洞修道,遂取号"阳明子",世称阳明先生。王阳明心学独树一帜,且极大地张扬了人的个性,推动了明代的思想解放运动。概而言之,王阳明为明代心学发展作出的学术贡献主要可归为以下数方面:克服了朱熹理学的支离外求之弊;宣扬了独立自主的精神;倡导"圣凡平等"的良知观;追求"万物一体"的境界;倡导"知行合一"说,反对"著空"。王阳明本人意气风发,敢创新论,其掀起的思想解放潮流在当时具有"震霆启寐,烈耀破迷"的作用。当然,王阳明心学在促进思想解放运动的同时,也埋下了后来王学末流弊病丛生的祸根。对于王门后学的划分,大致有以下几种:文化地域分类法,如黄宗羲按人文地理把阳明后学分为浙中、江右、南中、楚中、北方、粤闽、泰州七大派别;社会政治分类法,如嵇文甫把阳明后学分为左、右两派;学术思想分类法,如高濑武次郎提出了事功派与学问派的分类方法,钱穆分王门为顺应、归寂二派,钱明则提出了现成和工夫两大系统及虚无、日用、主敬、主静和主事五个派别的分类法①。王门后学影响最大的当属"左派王学"。王阳明心学能够风靡大江南北,实有赖于王畿、王艮以及他们后学的传播、推广之功。而且,"左派王学"进一步推动了明代思想解放的潮流,张扬了个性。不过,一部分"左派王学"也逐渐突破了阳明心学的藩篱,滋生流弊。

晚明大儒刘宗周也创立了较具特色的心学思想体系,对明代心学思想发展作出了较大的贡献。除此之外,他对宋明理学特别是明代心学思想的利弊得失进行了深入、系统的反思,对心学流弊多有矫治、修正,因而,他称得上是明代心学的总结者。刘宗周早年在学术上趋近于程朱理学,中年时期则倡导慎独学说,心学倾向愈来愈明显。不过,他又试图克服陆九渊、王阳明所言之心因过于直截、显露而无所本的理论缺陷,因而,他构造了一个"独体"的概念。"独体"是"超越意义上的自我或主体,它既能泛应曲当、物来顺应,又丝毫不违天道、天理"②。刘宗周晚年的学说是以"诚意"为核心而展开的。他是从"心之主宰处"来言"意",认为"心,一也,自其主宰而言谓之意"③。"意"在刘宗周这里不是朱熹、王阳明所理解的经验之义,而是被赋予了形而上的内涵。在他看来,"意"是虚灵不昧之心的主宰。刘宗周对阳明心学"始疑之,中信之,终而辩难不遗余力"④,他晚年辩难阳明心学,是因为他认为阳明良知说过于显露、直截而易有情识之染和感性之杂,在工夫指点上过于活泼以至于其后学出现了取消工夫的倾向,在整体理论上弱化性与天的超越义、客观义而过分突出良知当下性、现成性。刘宗周一生为学之大端即在于如何完

---

① 参见钱明:《阳明学的形成与发展》,江苏古籍出版社 2002 年版,第 113—115 页。
② 姚才刚:《刘宗周的"改过"说及其伦理启示》,《哲学研究》2014 年第 7 期。
③ (明)刘宗周:《学言》下,见《刘子全书》卷十二,清道光刻本。
④ (明)刘宗周:《年谱》,见《刘子全书》卷四十,清道光刻本。

善心学理论,使心学更显缜密、精微。他开创了独树一帜的蕺山学派。这个学派以其本人为首,以黄宗羲、陈确、张履祥等弟子为中坚。蕺山学派在明清思想史乃至整个中国学术发展史上都颇具影响。刘宗周生前不事张扬,不结交朋党,无意于立门户或建构一个学派,甚至也从不以师道自居,很多学子都是慕名前往而拜其为师的。

黄宗羲是刘宗周弟子中最具盛名的学者,他在学问方面涉猎十分广博,对经学、史学、文学、历法、数学、乐律及释道百家等都有独到的研究,尤其注重史学,因而被后人视为浙东史学派的开山祖师。黄宗羲对儒家心性之学亦有一番自得之见,至少能够"守住心性之学的阵脚,不至于完全走样"①。其心学思想主要具有以下特色:一是倡导合一论;二是将"一本万殊"说作为贯穿其心学思想体系的基本线索。黄宗羲既高度评价了王阳明及其后学的心学思想,又对王门良知说、"四句教"的理论缺陷进行了鞭辟入里的反思,对王学暴露出来的弊端汲汲加以修正②。

黄宗羲身处明清鼎革之际,当时的政治、社会以及学术的风气都在悄然地发生着变化,陆王心学被视为一种玄谈而遭到学者们的质疑甚至严厉的批判。清初,程朱理学有复兴之势,部分理学名士获宠得势。尊程朱者往往会攻击陆王心学,张履祥、陆陇其等人对心学就有直截了当的批评,熊赐履著《学统》一书,也以孔、颜、曾、思、孟、周、程、朱为正统,而将陆、王等列入杂统。李光地则从朱子学的立场批评了陆王心学③。此外,明末清初倡导经世致用之学的孙奇逢、李颙、顾炎武等儒家在经历了亡国之痛后,对王学末流空谈心性、放诞而不务实的弊病同样表现出了很大的不满,极力从学理上予以纠正,他们十分倡导黜虚务实的新风尚。在这种情形之下,黄宗羲虽然与其师刘宗周一样尊奉心学,但他无法力挽狂澜,他本人也痛斥了那些空谈心性而无真才实学的王学末流。黄宗羲作为一个明朝遗民,故国灭亡的惨痛经历时时萦绕他的心头,成

---

① 刘述先:《黄宗羲心学的定位》,(台湾)允晨文化实业公司 1986 年版,第 168 页。
② 姚才刚:《论黄宗羲的王学观——兼论黄宗羲的心学立场及其对心学发展的贡献》,《贵阳学院学报(社会科学版)》2015 年第 4 期。
③ 参见赵吉惠等主编:《中国儒学史》,中州古籍出版社 1991 年版,第 792—793 页。

为其挥之不去的阴影。明清巨变以及其个人的际遇,都使得黄宗羲无法仅仅囿于心学之一隅,而是要拓展学问的视野,增强学问的经世功能,这种转变固然有积极、正面的价值,但对其有关心学的思考与探索无疑会造成一定的冲击①。清初亦有心学的余绪,但却成不了气候。比如,清初的"关中大儒"李颙虽然继续阐发了王阳明的良知教,提出了"悔过自新"说(该说对朱熹理学也进行了融会贯通),但他的视野已多有转移,经世致用之学逐渐成为其关注的重要议题。清初其他诸儒大概也是如此,他们即使不完全拒斥心学,也很难将自己的学问仅仅聚焦于心性或性理之类的问题了。清代学术的趋势之一即是"厌倦主观的冥想而倾向于客观的考察"②,这可以说是明代心学发展到一定程度之后的一个反弹。

---

① 心学与经世之学未必一定冲突,王阳明就既能畅论心性,又建立了世所罕见的奇功伟业。当然,王阳明的一些后学却逐渐偏向于空谈心性,非但无缘建立像阳明那样的功业,对有关国计民生的学问也关注不够,使得儒家经世观念逐渐丧失。

② 梁启超:《中国近三百年学术史》,东方出版社 1996 年版,第 1 页。

第一章　明初理学中的心学思想萌芽：
以吴与弼、胡居仁为中心

　　明代初年，朱熹理学被统治者奉为圭臬，获得独尊地位。一批理学名士也应运而生，宋濂、刘基、王祎、方孝孺、曹端、薛瑄、吴与弼、胡居仁等是其中的佼佼者。《明史·儒林传》曰："原夫明初诸儒，皆朱子门人之支流余裔，师承有自，矩矱秩然。曹端、胡居仁笃践履，谨绳墨，守儒先之正传，无敢改错。"此种描述大体不错，明初天下初定，亟须统一思想，安定人心，朱熹理学恰好适应了这种形势需要，故受到了当政者及学者们的青睐。明初儒家大都继承了朱熹理学注重博学多识、躬行践履的学风，他们笃志好学，熟读儒家典籍及程朱注解，潜心研究天道、性理问题；在日常生活中往往规言矩行，慎独自律，严毅清苦。不过，《明史·儒林传》的论述只顾及了一个方面，却没有注意到明初思想界在朱熹理学的笼罩之下，亦有心学思想的涌动。事实上，在明初部分朱子学者中已出现了走向心学的迹象，他们的学说包含有心学思想的萌芽。可惜的是，不但《明史·儒林传》的作者忽略了这种情况，近、现代不少学者亦未能对此给予足够重视，认为明初儒家不过是朱学信徒、恪守朱学矩矱而已，在学术上缺乏开创性。而美籍华裔学者陈荣捷先生较早意识到了以上看法存在偏差，认为早期明代新儒家，虽仍守程朱旧统，但已趋于新方向，预示心学一派之崛起。[①] 侯外庐等先生主编的《宋明理学史》亦指出："通观有明一代前期一百多年的历史，虽然有三部理学《大全》的钦定，独尊程朱，但就程朱理学思想来说，宋濂的'佞佛'，方孝孺的戆迂，曹端的《戾说》，在他们对朱学的'体认'

---

① 参见陈荣捷：《朱学论集》，华东师范大学出版社 2007 年版，第 215 页。

中，与朱学往往不能合辙，有的甚至对朱学'得其半而失其半'。后来薛瑄与吴与弼也是各走极端。……在明代前期的理学中，由宋濂、曹端到薛瑄、吴与弼，所出现的这些思想变化，致使程朱理学的思想体系，被弄得'支离破碎'，这不能不说是王学得以风靡一时的重要原因之一。"①笔者拟以明初理学家吴与弼、胡居仁为中心对明初理学中的心学思想萌芽问题加以剖析。

第一节　吴与弼理学中的心学思想萌芽

吴与弼是明初朱子学派的代表人物之一。他把天理作为宇宙万物及人伦道德的最高标准，推崇读书穷理、存理灭欲等理学修养方法，并付诸实践。他对于自身气质方面的障蔽如偏于刚忿、患得患失、怨天尤人、自暴自弃等有着较为清醒的认识，从不讳言或刻意掩饰。就消除气质之障的方法而言，吴与弼说："舍持敬穷理之功，则吾不知其方矣。"②又说："痛省身心，精察物理。"③可见，他倡导的修养工夫论与朱熹理学中的"主敬""持敬"、格物穷理、涵养省察等修养工夫无异。不过，吴与弼以朱子学者的身份，也阐发了不少与心学相关的问题。他说：

> 南阳李先生退食之所名曰"浣斋"，自为记以浣心之说，为答客之辞而下问浣之之方于予，非借听于声乎？无已愿有复焉。窃尝以谓身垢易除，心垢难浣。夫心，虚灵之府，神明之舍，妙古今而贯穷壤，主宰一身而根柢万事，本自莹彻昭融，何垢之有？然气禀拘而耳目口鼻、四肢百骸之欲为垢无穷，不假浣之之功，则神妙不测之体几何而不化于物哉？④

---

① 侯外庐、邱汉生、张岂之主编：《宋明理学史》下卷，人民出版社1987年版，第6页。
② （明）吴与弼：《日录》，见《康斋集》卷十一，"四库全书"集部第1251册，上海古籍出版社1987年版。
③ （明）吴与弼：《日录》，见《康斋集》卷十一，"四库全书"集部第1251册，上海古籍出版社1987年版。
④ （明）吴与弼：《浣斋记》，见《康斋集》卷十，"四库全书"集部第1251册，上海古籍出版社1987年版。

吴与弼尽管侧重于探讨修养工夫论问题，但他此处也从本体论的角度对"心"进行了阐释，认为心是"虚灵之府，神明之舍……本自莹彻昭融"，这种对心的描述与陆九渊以及后来的王阳明等人阐发的心论几乎没有什么差别。吴与弼有时也把心作为宇宙万物的本原，认为"寸心含宇宙"①，心是至虚至灵的，恰因为其"虚"，故能融摄万物。在心与理的关系上，吴与弼一方面认为，外部事物之理并非人心之理，而是外在于人心的；另一方面又指出，事物之理终究要靠人心去体悟、揭示，这样一来，心与理就具有了某种关联性。而人伦道德之理与心更无暌隔，相通无碍。吴与弼的以上见解既不乏程朱理学的色彩，又与陆王心学的部分主张相契合。

在吴与弼的文集中，论心之处颇多，且涉及天心、本心、初心、真心、道心、心气、素心、芳心等一系列概念②。以本心为例，吴与弼在《日录》中就数次提到"本心"。他说："人苟得本心，随处皆乐，穷达一致。此心外驰，则胶扰不暇，何能乐也。"③又说："理家务后，读书南轩，甚乐。于此可识本心。"④"本心"并非为吴与弼所首倡，先秦时期的孟子就论及"本心"，孟子说："乡为身死而不受，今为宫室之美为之……此之谓失其本心。"（《孟子·告子上》）孟子所言"本心"与"良心""良知""良能"等概念相似，都是指人心的本来状态，是人先验的道德意识或道德理性。后世儒家中最重视孟子"本心"概念者当属南宋的陆九渊，其创立的思想体系即重点阐发了"本心"说。吴与弼所言之心尽管带有朱熹心论的痕迹，兼具认识论和道德本体论的意味，但若仅就其论述的"本心"概念而言，则显然更多地受到了孟子、陆九渊的影响，主要是指形上的道德本体之心。

---

① （明）吴与弼：《诗·道中作》，见《康斋集》卷一，"四库全书"集部第1251册，上海古籍出版社1987年版。
② 参见邹建锋：《明代理学向心学的转型——吴与弼和崇仁学派研究》，社会科学文献出版社2011年版，第45页。
③ （明）吴与弼：《日录》，见《康斋集》卷十一，"四库全书"集部第1251册，上海古籍出版社1987年版。
④ （明）吴与弼：《日录》，见《康斋集》卷十一，"四库全书"集部第1251册，上海古籍出版社1987年版。

在工夫论方面,吴与弼除了重视"持敬穷理"、克治力行等方法之外,也十分关注心性修养问题,突出反求诸己的修养方法。他说:"涵养此心,不为事物所胜,甚切日用工夫。"①又说:"玩《中庸》,深悟心学之要,而叹此心之不易存也。"②吴与弼坦承自己与大多数人一样,时常会受到外部事物及自身欲望的干扰,难以长久保持本心、本性,因此须做涵养心性的工夫。如何涵养心性?他主要从以下方面进行了阐述。

一是静观与"枕上思"。吴与弼认为,"静观""枕上思"是涵养心性的重要方法。所谓"静观",就是在静中体悟天道、心性之说。理学开山祖师周敦颐在吸收、改造佛教禅定与道教静坐调息方法的基础上,极力倡导具有理学特色的"主静"说,并将其作为一种重要的修养工夫论。后来的一些理学家也受其影响,突出静坐的修养方法,认为通过静坐可将放失之心收敛住。吴与弼所谓的"静观"显然受到了自周敦颐以来理学家们"主静"说的影响。不过,由于他长年在乡间劳作,其所谓的"静观"也带有较强的乡土色彩。比如,其《日录》中载有如下一段话:"憩亭子看收菜,卧久,见静中意思,此涵养工夫也。"③吴与弼家境贫寒,他不得不为全家生计而操劳,因而,他无法像其他一些儒家士大夫那样做到"半日读书,半日静坐",而是利用耕作间隙小憩于农家亭子,或息卧田垄,或伫立于田间地头,这对他而言亦算作静观了。可见,理学家们的"主静"工夫可以有不同的表现方式:一种方式是焚香净身,端坐室内,瞑目沉思;另外一种方式则是不拘泥于形式,以灵活自如的方法随时随地静坐或静观,尽管不是那么庄重严谨,但也能够促使自己安静下来。不管采取何种方式,目的都是为了戒除心中的浮妄之气,进而收敛心意,提高身心修养。

吴与弼又强调"枕上思","枕上思"也可以看作是"静观"的一个方面。现摘录两句:

---

① (明)吴与弼:《日录》,见《康斋集》卷十一,"四库全书"集部第1251册,上海古籍出版社1987年版。
② (明)吴与弼:《日录》,见《康斋集》卷十一,"四库全书"集部第1251册,上海古籍出版社1987年版。
③ (明)吴与弼:《日录》,见《康斋集》卷十一,"四库全书"集部第1251册,上海古籍出版社1987年版。

> 枕上思《晦庵文集》及《中庸》，皆反诸身心，性情颇有意味。①
>
> 六月初一日早枕，念岁月如流，事业不立，岂胜慨叹！②

吴与弼认为，夜深人静之时，人没有受到外物和他人的干扰，这是静观反思的大好时机。他主要思考什么问题呢？大概就是先秦儒家经典或程朱文集中所揭示的某个道理，白天读了书，晚上睡觉时再咀嚼、回味一下，以便将圣贤之说验之于个人的身心。当然，吴与弼所思不限于此，他可能还思考了个人的德业进展或家计问题，如其《日录》中记有如下一条："七月十二夜枕上思家计窘甚，不堪其处，反复思之，不得其方。"③思考此类问题当然就无关乎心性涵养了。吴与弼强调"枕上思"，以至于明末大儒刘宗周评价吴氏之学时感叹道："先生之学，刻苦奋励，多从五更枕上、汗流泪下得来。"④

二是通过读书而使心安宁、贞定。读书对于吴与弼而言不是为了增长知识，而是出于涵养心性的需要。他说：

> 读圣贤书，收敛此心，不为外物所泪，夜倦而寝，此外非所当计，穷通寿夭自有命焉，宜笃信之。⑤
>
> 心是活物，涵养不熟，不免动摇，只常常安顿在书上，庶不为外物所胜。⑥

吴与弼认为，人与外部事物接触，难免会受其诱惑，以至于心神不宁。其谓"心是活物"，正表示人心不是死寂的，而是经常处于运动变化的状态，若无"性""理"对其加以贞定，它便可能摇摆不定、浮躁不安。如何使心不为外物所湮没，进而静心、安心？吴与弼指出，通过读书，可使心静定下来，而不至于

---

① （明）吴与弼：《日录》，见《康斋集》卷十一，"四库全书"集部第 1251 册，上海古籍出版社 1987 年版。

② （明）吴与弼：《日录》，见《康斋集》卷十一，"四库全书"集部第 1251 册，上海古籍出版社 1987 年版。

③ （明）吴与弼：《日录》，见《康斋集》卷十一，"四库全书"集部第 1251 册，上海古籍出版社 1987 年版。

④ （清）黄宗羲：《明儒学案·师说》，中华书局 1985 年版，第 3 页。

⑤ （明）吴与弼：《日录》，见《康斋集》卷十一，"四库全书"集部第 1251 册，上海古籍出版社 1987 年版。

⑥ （明）吴与弼：《日录》，见《康斋集》卷十一，"四库全书"集部第 1251 册，上海古籍出版社 1987 年版。

散漫、走作，读书是一种安心、静心的方法。

吴与弼尽管强调读书，但在读书目的方面却与朱熹有所不同。朱熹将读书纳入"道问学"的范围，强调学习、掌握包括儒家经典在内的客观知识的重要性，认为知识的探索与积累有益于人的道德提升，"道问学"与"尊德性"可以相互发明与促进。吴与弼则没有追求客观知识的兴趣，不重视知识的积累，他认为读书有助于人返求本心。吴与弼的这种致思趋向迥异于朱熹理学，反倒与旨在"发明本心"的陆九渊心学相呼应。当然，吴与弼承认，他在读书过程中也获得了某种知识，尤其是人伦道德方面的知识。他说："细观《近思录》，乃知圣贤教人之法备在方策，而自己学力未至，以致龃龉无量，安得良朋共执此文，细细讲明，以为持己处事之资也。"①在吴与弼看来，《近思录》等理学名著为人们提供了"持己处事之资"，这未尝不算做一种"知识"，吴与弼对这样的知识也没有完全排斥，此点与陆王心学主要诉诸本心的做法还是有所不同。明代中叶的王阳明不但对自然科学等纯客观知识无甚兴趣，就是对儒家经典、仪节也不太留意，他所看重的主要是本心、良知的开显。

同时，读书对吴与弼而言也是一种陶冶性情的方法，他在读书过程中体验到了一种发自内心的愉悦。他说：

> 看田至青石桥游观甚适，归焚香读书外南轩，风和日照，揽景乐甚。读书理亦明着，心神清爽。②
> 夜诵读明道先生行状，不胜感激会心处，不知手之舞、足之蹈也。③

吴与弼的文集中有关此类的描述还有不少。读书不仅能增益德性，也能带给人无穷无尽的乐趣。不过，他所谓的快乐，主要是指"孔颜之乐"，或者说是一种德性之乐。

可见，吴与弼的学说中已出现了一些心学思想的萌芽，这在朱熹理学笼罩

---

① （明）吴与弼：《日录》，见《康斋集》卷十一，"四库全书"集部第 1251 册，上海古籍出版社 1987 年版。
② （明）吴与弼：《日录》，见《康斋集》卷十一，"四库全书"集部第 1251 册，上海古籍出版社 1987 年版。
③ （明）吴与弼：《日录》，见《康斋集》卷十一，"四库全书"集部第 1251 册，上海古籍出版社 1987 年版。

意识形态、思想文化等领域的明代初期,是非常难得的,其弟子胡居仁、娄谅等人亦能沿着他开辟的思想路径而作进一步的拓展,从而为明代心学的兴起提供了一定的思想背景。吴与弼的另外一位弟子陈献章则走得更远,大大突破了师说以及朱熹理学的范围,成为明代心学的开山人物。

第二节　胡居仁理学中的心学思想萌芽

胡居仁曾拜吴与弼为师,受吴氏影响,他也绝意科举,终生布衣,暗修自守。他一生大部分光阴都在家乡著书立说,聚徒讲学。无论在个人气象还是思想学说方面,胡居仁都称得上是一位朱子学者:在个人气象方面,他是一位严于律己、谨言慎行的践履儒,几乎完全按照朱熹学说的教导来立身行事;在思想学说方面,胡居仁十分欣赏朱熹的"主敬"说,其文集中有关"敬"的论说随处可见。比如,胡居仁说:"圣学以敬为本者,敬可以去昏惰、正邪僻,除杂乱,立大本。"①又说:"圣贤之学彻头彻尾只是一'敬'字。"②胡居仁之前的学者虽然也重视"敬",但大都没有将"敬"提到如此的高度,胡居仁简直是一个"敬本论"者了。在他看来,圣贤之学的根本精神即在于"敬",圣贤千言万语,一言以蔽之,也可归结为"敬"。胡居仁还批判继承了朱熹的理气论、格物论等学说。

胡居仁尽管从多个方面承袭并发挥了朱熹学说,但他同时也注重阐发心体之精微,凸显心性涵养,因而其思想学说又表现出返求于内、反躬自省的心学色彩。他说:"四书六经,皆是吾身上有底道理,但圣贤先我而觉耳。……若不反躬,皆成糟粕。"③胡居仁作为朱熹理学的一位追随者,自然不会反对读圣贤经典,可是他却反对死记硬背式的读书方法。在他看来,如果一个人读了

---

① (明)胡居仁:《居业录》卷二,"丛书集成初编"本,中华书局1985年版,第9页。

② (明)胡居仁:《主诚敬以存其心》,见《胡文敬集》卷二,"四库全书"集部第6册,上海古籍出版社1987年版。

③ (明)胡居仁:《居业录》卷二,"丛书集成初编"本,中华书局1985年版,第13页。

大量的经典却不知向内心觅求道理，那么经典对他而言终究是外在的东西，甚至是糟粕。这种见解与明代心学的开创者陈献章的"六经糟粕"论惊人地相似，陈氏也说："六经，夫子之书也；学者徒诵其言而忘味，六经一糟粕耳。"①这种"六经糟粕"论不是对六经的彻底否定，而是试图打破人们对圣人、六经的迷信，倡导"自得"之说，注重自我体认，从而开启了明代学术的新风尚。明代心学大师王阳明也认同六经为"糟粕"的观点，他认为，六经只是促使人悟道的一种媒介，人若不能悟道，六经对于他而言便如同糟粕一样。② 从已有的文献资料来看，我们无法判断陈、王两位心学大师的"六经糟粕"论是否受到过胡居仁的影响，但至少可以肯定的是，胡居仁与陈、王在此问题上有暗合之处。

胡居仁说："圣贤千言万语，只是欲人将已放之心约之，使反复入身来，自能寻上去，下学而上达也。"③也就是说，儒家先哲千叮咛、万嘱托，无非是呼吁人们寻觅放失的本心，使之重新成为人们精神生活的主宰。他还指出："心体本全，元无亏欠，或为昏气隔塞，或为旧习研丧，所以要涵养者，只要养完此本体，则天德自全。"④胡居仁认为，人心本来是圆满自足的，没有亏损，可是人由于气质蔽塞，或受习俗浸染较深，人心之明被遮蔽住了，因而需要通过心性涵养的工夫，使心体重新呈现出来。

胡居仁论心，较为突出心的主宰功能。他说："心有主，虽在闹中亦静，故程子以为金革百万，与饮水曲肱一也，然必知之深，养之厚，心方不动。"⑤又说："心无主宰，静也不是工夫，动也不是工夫。静而无主，不是空了天性，便是昏了天性，此大本所以不立也。"⑥在胡居仁看来，确立了心的主宰地位，便

---

①　（明）陈献章：《道学传序》，见《陈献章集》卷一，孙通海点校，中华书局1987年版，第20页。

②　参见朱人求：《"六经糟粕"论与明代儒学的转向——以陈白沙为中心》，《哲学研究》2009年第6期。

③　（明）胡居仁：《主诚敬以存其心》，见《胡文敬集》卷二，"四库全书"集部第6册，上海古籍出版社1987年版。

④　（明）胡居仁：《居业录》卷一，"丛书集成初编"本，中华书局1985年版，第2页。

⑤　（明）胡居仁：《居业录》卷一，"丛书集成初编"本，中华书局1985年版，第4页。

⑥　（明）胡居仁：《居业录》卷一，"丛书集成初编"本，中华书局1985年版，第4页。

无所谓动、静，动、静都适宜。反之，心无主宰，动则是妄动，它使得人逐物徇私；静则是虚寂，它使得人耽空守寂。如何才能发挥心的主宰功能？这就需要做内圣的修养工夫，时时涵养、省察，让道德本心成为我们立身处世的准绳，面临各种诱惑能够做到不动心。当心中被欲望塞满时，心的主宰功能就无法实现出来，"为欲物所胜者，皆是心不能做主也；处事不得其宜者，亦是心失其职也"①。

胡居仁进而指出，心与理是可以统一的。他认为，心与理尽管有各自不同的内涵与特性，但两者又不相分离，而是一而二、二而一的关系。他说："心与理本一，心虽虚，理则实。心中无他物，只有此理全具在内。所以为是心者，理也；所以具是理者，心也。"②依胡居仁，心的特点是虚灵不测。一般说来，儒家所谓的"虚"不同于佛家的"空"或道家的"无"，它主要是指心未被各种欲望占据的状态。心若欲壑难填，它就难以接纳理了，心与理就会分离。理的特点是"实"，也就是说，无论是宇宙间的事事物物之理还是人伦道德之理，它们都是实实在在的，来不得半点虚假。当然，理的存在还是需要心去认识、体悟，如果心不能发挥其应有的功能，理对于人而言便是外在的。胡居仁认为，儒家圣人气质清明，心与理在圣人这里很自然地就能达成一致。可是绝大多数的普通人由于气质善恶混杂，心与理未必时时刻刻能够合一，所以要常常做戒慎恐惧的修养工夫，尤其要在"敬"字上用力。胡居仁反对离开"主敬"而空谈"心与理一"，"心具众理，所患者纷乱、放逸、惰慢，故须主敬。主一无适，所以整其纷乱、放逸；整齐严肃，所以救其惰慢。此存心之要法也"③。他认为，心存则理在，但如果不做"主敬"工夫，只在心上捉摸、照看，则易流于虚寂之中，反而会丧失掉本心、本性，这样一来，理也没有挂搭之处了。因而，胡居仁较为强调"主一无适"、整齐严肃的"主敬"工夫。

朱熹亦倡导心与理的合一，但他并不认为心即是理。原因在于，心有人心与道心之分，《古文尚书·大禹谟》曰："人心惟危，道心惟微，惟精惟一，允执

---

① （明）胡居仁：《居业录》卷一，"丛书集成初编"本，中华书局1985年版，第3页。
② （明）胡居仁：《居业录》卷一，"丛书集成初编"本，中华书局1985年版，第2页。
③ （明）胡居仁：《居业录》卷一，"丛书集成初编"本，中华书局1985年版，第3页。

厥中。"二程、朱熹均十分重视此语,并结合天理、人欲之辨做了新的阐释。人心是天理与人之形气相结合而形成的产物,善恶杂糅;道心则不落于形气之中,是纯粹至善的。朱熹认为,只有道心与理才是合一的;人心因其有善有恶,未必与理合一。陆九渊没有在人心、道心之间强作区分,认为本心既是道心,也是人心,进而又主张"人皆有是心,心皆具是理,心即理也"①。胡居仁注重探讨心与理的关系问题,主张"心理不相离",但他不赞成径直说个"心即理"。因而,他所谓的"心与理一"还带有朱子学说的痕迹。相较于同时期的其他朱子学者,胡居仁固然抬高了"心"的地位,但他尚未把"理"完全收缩到内心之中,而是承认有外在于人心的"理",心的作用是整合、归纳外在事物之理。当然,胡居仁所言之"心"既有认识论的含义,也有本体论的含义。因而,他将存心与穷理紧密结合起来,认为"为学大端不出存心穷理二事……今人不去穷理致知,只在文义上绰过,又不于日用事物上推究,所以只见浅陋"②。只讲存心,不做穷理之功,则会使人一味喜虚静、好高妙,进而"忽吾儒下学之卑近,厌应事察理之烦,而欲径趋高大无滞碍之境"③,最终会丧失儒家"下学而上达"的宗旨。综上所述,在明初理学向心学转化的过程中,胡居仁与其师吴与弼一样,都只能称为过渡时期的人物,其带有心学色彩的命题往往湮没在纷繁、庞杂的理学论说之中。

第三节 吴与弼、胡居仁与明代心学的兴起

由以上论述可知,一方面,吴与弼、胡居仁等明初朱子学者尚能守住朱熹理学的矩矱,没有超出朱熹理学的藩篱,更没有建立不同于朱熹理学的新思想

---

① (宋)陆九渊:《与李宰》二,见《陆九渊集》卷十一,钟哲点校,中华书局1980年版,第149页。

② (明)胡居仁:《与陈大中》,见《胡文敬集》卷一,"四库全书"集部第6册,上海古籍出版社1987年版。

③ (明)胡居仁:《与蔡登》,见《胡文敬集》卷一,"四库全书"集部第6册,上海古籍出版社1987年版。

体系;另一方面,他们无论在本体论抑或修养工夫论方面都试图对朱熹理学有所突破,表现出了心学的某些特色,对明代心学的兴起、发展产生了积极的影响。

就吴与弼而言,明代心学大师陈献章、王阳明都受到了其直接或间接的影响。陈献章青年时曾问学于吴与弼,可谓吴门嫡传弟子。不过,两人在学术上究竟有无关联性? 若有关联性,当为何种关联性? 这些问题尚有争议。黄宗羲说:"白沙出其门,然自叙所得,不关聘君(吴与弼,引者注),当为别派。"①他认为陈献章虽然出自吴与弼之门,但并未真正继承师说,而是背离吴门宗旨,另立新说,其创立的心学体系乃其自悟所得,无关乎吴与弼,以陈献章为中心的江门学派至多可称为吴门"别派"。而清代四库馆臣则指出:"与弼之学,实能兼采朱、陆之长,而刻苦自立。其及门陈献章得其静观涵养,遂开白沙之宗。"②这种看法就与黄宗羲截然不同,即认为陈献章从学于吴与弼,获益良多,尤其领悟到了吴氏学说中的"静观涵养"之旨,进而以此为基础,开启了"白沙之宗"。应该说,陈献章跟随吴与弼学习,不能够完全适应师门过于严谨、拘迫的学风,在学习过程中也产生了较多困惑、迷茫,这是其拜吴与弼为师半年之后即决意离开的原因。陈献章返回家乡之后,经过十年的艰苦探索,最终创立了"自得"与"自然"之学。陈献章自江西崇仁返回岭南后,并未尽弃所学,而是通过发挥吴与弼的"静观涵养"之说,倡导"静中坐养出个端倪来"③的修养工夫论。

吴与弼的学说对明代心学的集大成者王阳明亦产生了一定的间接影响。王阳明曾师从娄谅,而娄谅是吴与弼的得意门生。如果说,"吴—陈—湛"这一学术谱系广为人知,那么,"吴—娄—王"之间的学术传承往往被学者忽略。不少学者认为,王阳明心学远承孟子、陆九渊,就其基本的精神旨趣而言,这种说法当然不错。可是,一位哲学家建构其思想体系,固然会受益于古圣前贤的

---

① (清)黄宗羲:《崇仁学案一》,见《明儒学案》卷一,中华书局1985年版,第14页。
② (清)永瑢等撰:"《康斋集》提要",见《四库全书总目》卷一七〇,中华书局1965年版。
③ (明)陈献章:《与贺克恭黄门》,见《陈献章集》卷二,孙通海点校,中华书局1987年版,第133页。

某部经典或某种学说,但同时也会受到其所处时代部分思想家的影响,后者表现得更为直接,思想的冲击力也更强烈一些。黄宗羲说:"文成年十七,亲迎过信,从先生(娄谅,引者注)问学,相深契也。则姚江之学,先生为发端也。"①娄谅撰有《日录》《三礼订讹》《春秋本意》等著作,但不幸散佚,他如何继承、发展了吴与弼之说,王阳明又从娄谅处受到了什么教益,均不得详知。王阳明《年谱》亦载:"先生以诸夫人归,舟至广信,谒娄一斋谅,语宋儒格物之学,谓'圣人必可学而至',遂深契之。"②这是明孝宗弘治二年(1489 年)发生的事,阳明时年 18 岁,娄谅则已有 68 岁。娄谅给王阳明所讲的内容虽然是"宋儒格物之学",但应当不是朱熹格物说的本有之义,而是经过吴与弼、娄谅加工改造后的"兼采朱陆之长"的学说,否则阳明也不可能"深契之"。因而,有学者指出,吴、娄之学对阳明心学的兴起具有"启明"和"发端"作用。③

胡居仁作为吴与弼的一位高足,在学问的根本方向上与其师是十分契合的,他为明代心学的兴起也做了一定的铺垫与启蒙工作。当然,相较于吴与弼,胡居仁的朱学色彩更为浓厚一些。黄宗羲说:"先生(胡居仁,引者注)严毅清苦,左绳右矩,每日必立课程,详书得失以自考,虽器物之微,区别精审,没齿不乱。"④胡居仁堪称笃守儒家信条、言行一致的醇儒,也正因为如此,明万历年间他被追谥为"文敬公",并被奉祀孔庙。但胡居仁并非只是一位正统的朱子学者,在明初学界重视心体的学风影响下,他自然而然会调整自己的学说,开始注重探讨人的身心安顿问题,较为强调治心存性的工夫进路。不过,胡居仁也始终未能将理学之转向心学的问题上升到自觉的理论层面。直到陈献章心学崛起之后,明初思想才从朱熹理学中真正解放出来,进而实现了所谓的"范式转移"。

这里尚需澄清胡居仁与陈献章的关系问题,此问题亦牵涉胡居仁对明代

---

① (清)黄宗羲:《崇仁学案二》,见《明儒学案》卷二,中华书局 1985 年版,第 44 页。

② (明)钱德洪等撰:《年谱一》,见《王阳明全集》卷三十三,吴光等编校,上海古籍出版社 1992 年版,第 1223 页。

③ 参见侯外庐、邱汉生、张岂之主编:《宋明理学史》下卷,人民出版社 1987 年版,第 147 页。

④ (清)黄宗羲:《崇仁学案二》,见《明儒学案》卷二,中华书局 1985 年版,第 29 页。

心学的态度(陈献章是明代心学的代表人物之一)。众所周知,胡、陈均为吴与弼的及门弟子,但胡居仁对陈献章其人其学多有质疑、批评,认为献章之说近禅,他对献章的主静工夫论尤有微词。胡居仁说:"释氏是认精魂为性,专一守此,以此为超脱轮回。陈公甫说'物有尽而我无尽',亦是此意。……缘他当初,只是去习静坐、屏思虑,静久了,精神光彩,其中了无一物,遂以为真空。"①在他看来,献章之说流于禅学,是因为他在本体论上突出了"虚",在修养工夫上又强调"静",这与禅宗的致思趋向几乎无甚差异。应该说,陈献章无疑受到了佛禅之学的影响,但其最终归宿却在儒家。事实上,就连胡居仁本人也没有排斥"静中涵养"的工夫,只不过他强调,"静"不等于无所事事,而应操存、涵养未发之心。他反复阐述的"主敬"说也是贯通动静的,"敬赅动静:静坐端严,敬也;随事检点致谨,亦敬也"②,即认为无论动、静,都要保持心的专一,进而使心遵循理之当然。黄宗羲对胡、陈之辩就不以为意,他说:"其(胡居仁,引者注)以有主言静中之涵养,尤为学者津梁。然斯言也,即白沙所谓'静中养出端倪,日用应酬,随吾所欲,如马之御衔勒也',宜其同门冥契。"③所谓"同门冥契",即指胡、陈均为吴与弼门下弟子,两人在学术见解上尽管存在分歧,但在"静中涵养"的问题上却是十分契合的。可是四库馆臣却不同意黄宗羲的以上看法,认为"居仁与陈献章皆出吴与弼之门。与弼之学介乎朱、陆之间,二人各得其所近。……黄宗羲《明儒学案》乃谓其主言静中之涵养,与献章之静中养出端倪,同门冥契,特牵引附合之言,非笃论也"④。笔者认为,胡居仁作为明初朱子学派的一位代表人物,其思想观念无疑与已经摆脱朱熹理学窠臼、正式确立心学主旨的陈献章有很大的差异。两人虽然出自同一师门,却表现出不同的"气象":胡居仁"近于狷",陈献章"近于狂"⑤。不过,胡、陈之间并非水火不容。胡居仁没有一味固守朱熹理学,在其思想学

---

① (清)黄宗羲:《崇仁学案二》,见《明儒学案》卷二,中华书局1985年版,第42页。
② (明)胡居仁:《居业录》卷二,"丛书集成初编"本,中华书局1985年版,第12页。
③ (清)黄宗羲:《崇仁学案二》,见《明儒学案》卷二,中华书局1985年版,第30页。
④ (清)永瑢等撰:"《居业录》提要",见《四库全书总目》卷九十三。
⑤ (清)黄宗羲:《崇仁学案二》,见《明儒学案》卷二,中华书局1985年版,第29—30页。

说中,心学已是暗流涌动、若隐若现了。胡居仁其人其学对明代心学的产生也有所助益。

黄宗羲在《明儒学案》中把以吴与弼、胡居仁等为主要代表人物的"崇仁学案"作为首篇,把王阳明及王门后学的学案置于中间,所占篇幅亦最大,又把"蕺山学案"作为全书终篇,这种编排或许是黄宗羲刻意为之。他编纂《明儒学案》,即以心学为主线,恰如清代学者莫晋所言:"黄梨洲先生《明儒学案》一书,言行并载,支派各分,择精语详,钩玄提要,一代学术源流,了如指掌。要其微意,实以大宗属姚江,而以崇仁为启明,蕺山为后劲。"①这似乎暗示了吴与弼、胡居仁等儒者虽然不是严格意义上的心学人物,但若论及明代心学的产生,又不可轻忽他们的作用与贡献。

综上所论,吴与弼、胡居仁等明初朱子学者的思想学说中已蕴含有心学思想的萌芽,尽管他们只是在理学的架构之内阐发了一些心学的见解,但此举无疑会促使明初理学发生微妙的变化,从而为明代心学的兴起营造了一种蓄势待发的学术氛围。

---

① （清）黄宗羲:《明儒学案·莫晋序》,中华书局1985年版,第15页。

第二章　陈献章与江门学派：
明代心学的开端

　　陈献章(1428—1500年)，字公甫，号石斋，广东新会白沙里人，人称"白沙先生"。他是我国岭南地区唯一一位从祀孔庙的明代硕儒，同时是明代心学的真正开山祖师。黄宗羲说："有明之学，至白沙始入精微。其吃紧工夫，全在涵养。喜怒未发而非空，万感交集而不动，至阳明而后大。"①宗羲谓献章之学"始入精微"，是指明代学术发展到陈献章这里，已由逐外转向内敛，由支离走向简约。与同时代沉浸于典籍或奔忙于仕途、利禄的儒者不同，陈献章主张"学贵自得"。在他看来，人能否求得道，关键在于自我体认，若一味迷信书册，非但无益于求道，反而起到某种妨碍作用，"辞愈多而道愈窒"②，这与后来王阳明所说的"知识之多，适以行其恶也；闻见之博，适以肆其辨也；辞章之富，适以饰其伪也"③十分相近。一般来说，朱熹以及后世朱子学者大都推崇儒家经书和圣人，而陈献章、王阳明等心学家却主张破除圣贤权威，认为即使要读圣贤之书，也应该是"六经注我"式的读书，以圣贤之言来印证吾心中本有之理。

　　面对明初"此亦一述朱，彼亦一述朱"的僵固思想局面，陈献章率先倡导

---

　　①　(清)黄宗羲：《白沙学案上》，见《明儒学案》卷五，中华书局1985年版，第78页。

　　②　(明)陈献章：《复张东白内翰》，见《陈献章集》卷二，孙通海点校，中华书局1987年版，第131—132页。

　　③　(明)王守仁：《传习录》中，见《王阳明全集》卷二，吴光等编校，上海古籍出版社1992年版，第56页。

自得之说，教人直求本心，从而开启了一代学术新风。他十分强调"静中坐养
出个端倪来"①的修养方法，认为通过静坐的实践与体验，可使"此心之体隐然
呈露"②，这种直觉体认的方法可谓简易直截，与正统朱子学者倡导的循序渐
进的修养工夫论截然不同。因而，陈献章心学的崛起在明代思想史上实在具
有典范转移的效果。不过，陈献章所倡导的心学与陆、王心学也有显著的不
同，即其思想"并未沿着'心即理'的伦理方向发展，而是融进了道家自然观的
内容，追求浩然自得的心理境界"③。

第一节　陈献章的心本论

　　陈献章主张以心为本，极力倡导心学，其同邑后学黄淳说："先生（陈献
章，引者注）之学，心学也。先生心学之所流注者，在诗文。善读者，可想见其
天地胸襟、濂洛造诣。否则，等糟粕耳。神神相契，世能几人？"④黄淳将献章
之学归入心学，并认为只有从心学角度切入，才能真正领会献章之学的理论宗
旨以及他的胸襟、抱负。有学者统计过，"《白沙子全集》中'心'字出现的频率
较高，多达 272 次"⑤。"心"在陈献章学说中尽管具有不同的内涵⑥，但笔者
认为，陈献章所言之"心"大多是指道德之心。他说："人具七尺之躯，除了此

① （明）陈献章：《与贺克恭黄门》，见《陈献章集》卷二，孙通海点校，中华书局 1987 年
版，第 133 页。
② （明）陈献章：《复赵提学佥宪》，见《陈献章集》卷二，孙通海点校，中华书局 1987 年
版，第 145 页。
③ 刘宗贤：《陆王心学研究》，山东人民出版社 1997 年版，第 237 页。
④ （明）黄淳：《重刻白沙子序》，见《陈献章集》，孙通海点校，中华书局 1987 年版，第
903 页。
⑤ 姜允明：《陈白沙其人其学》，（台湾）洪叶文化事业有限公司 2003 年版，第 126 页。
⑥ 刘兴邦教授主要从认知、本体、境界等方面剖析了陈献章学说中"心"的内涵，参见
刘兴邦：《白沙心学》，社会科学文献出版社 2012 年版，第 10—17 页。而刘宗贤研究员则从
个体之心、直觉之心、主体之心的角度揭示了陈氏学说中"心"范畴的含义，参见刘宗贤：《陆
王心学研究》，山东人民出版社 1997 年版，第 214—218 页。

心此理,便无可贵,浑是一包脓血里一大块骨头。饥能食,渴能饮,能着衣服,能行淫欲。……凡百所为,一信气血,老死而后已,则命之曰'禽兽'可也。"①陈献章此处所谓的"心"显然不是指生理学或认识论意义上的心,而是指道德之心。他认为,人最可贵的是"此心此理",除此之外,便只剩下"一包脓血里一大块骨头"的血肉之身,这种血肉之身与禽兽等自然界的其他生命没有什么本质差别。因而,若缺少本心、良知的指引,人也只不过是一种"饥食渴饮"、依照本能而行事的动物而已,人之所以为人的价值则根本无法体现出来。

陈献章突出了道德之心的主宰作用。宋代陆九渊也说:"人精神在外,至死也劳攘,须收拾作主宰。"②这里的"收拾作主宰"并非要人仅凭一己的血气之心一意孤行,而是主张人须去掉过多的私欲与不合乎正道的偏见,让道德本心来指导自己的意识和行为,作出恰当的是非判断。陈献章受到了陆九渊心学的影响,他十分赞赏陆氏的"自作主宰"说,且作了进一步的发挥。比如,在身心关系上,陈献章认为,身、心虽然是不可分割的一个整体,但心较之于身,却显得更为重要。他说:"心寓于形而为主,主失其主,反乱于气,亦疾病之所由起也。今人惟知形体之为害,而不知归罪其心,多矣。"③在他看来,心为身之主宰。如果说,身体是人的本能欲望的集合体,那么,心则是本能欲望的调节器,通过人心的裁抑、平衡,才能将欲望保持在合理的限度之内,而不使其过多、过滥。陈献章进而指出,人之患病除了身体本身的原因之外,有时也应"归罪其心"。人心若不能自作主宰,精神走作、涣散,将不但有害于人的德性修养,也会给人的身体带来负面影响,甚至可能使人罹患重疾而命丧黄泉。

陈献章认为,存养、护持道德之心的重要性也远胜于追求文章、功业及名节,他说:"文章、功业、气节,果皆自吾涵养中来,三者皆实学也。惟大本不

---

① (明)陈献章:《禽兽说》,见《陈献章集》卷一,孙通海点校,中华书局1987年版,第61页。

② (宋)陆九渊:《语录》下,见《陆九渊集》卷三十五,钟哲点校,中华书局1980年版,第454页。

③ (明)陈献章:《与伍光宇》,见《陈献章集》卷二,孙通海点校,中华书局1987年版,第237页。

立,徒以三者自名,所务者小,所丧者大。虽有闻于世,亦其才之过人耳,其志不足称也。学者能辨乎此,使心常在内,到见理明后,自然成就得大。"①在陈献章看来,文章、功业及名节并非毫无用处,如果它们是内圣修养精纯之后自然外化的结果,那么它们则堪称"实学"。儒家与佛、道两家的不同之处恰好在于:前者除了与后两者一样关注个体的身心修养之外,还主张将个体内在的德性向外推拓,建功立业,服务于国家社稷、天下苍生,若无机缘,则应在"立言"方面有所成就。陈献章虽然长年隐居于岭南乡村,但其忠君爱国之心却不亚于在朝廷为官者。不过,陈献章又认为,不可将文章、功业及名节视为人生之根本,人生最要紧的事情仍是涵养心性,确立本心,成为一个堂堂正正、顶天立地的人。文章、功业及名节如果缺少了道德之心的规约,便难以显示其正面价值,人的追名逐利之心愈盛,则离道德本心愈远,"苟无是心,有文章足以收誉于众口,有功业足以耀荣于一时,有名节足以警动乎流俗,皆伪而已"②,文章、功业及名节虽然满足了人的名利及虚荣之心,但却不具有真正的道德价值。

在心与宇宙以及天地万物的关系问题上,陈献章明显受到陆九渊的影响。比如,他说:"终日乾乾,只是收拾此(理)而已。此理干涉至大,无内外,无终始,无一处不到,无一息不运。会此则天地我立,万化我出,而宇宙在我矣。得此霸柄入手,更有何事?往古来今,四方上下,都一齐穿纽,一齐收拾,随时随处,无不是这个充塞。"③陈献章所谓的"天地我立,万化我出,而宇宙在我矣"的讲法让人很容易联想到陆九渊的"宇宙便是吾心,吾心即是宇宙"④。这里的"我"亦即陆氏的"吾心",与陆氏一样,陈献章也主张从"吾心"的角度去了

---

① (明)陈献章:《书漫笔后》,见《陈献章集》卷一,孙通海点校,中华书局1987年版,第66页。

② (明)陈献章:《望云图诗序》,见《陈献章集》卷一,孙通海点校,中华书局1987年版,第17页。

③ (明)陈献章:《与林郡博·七》,见《陈献章集》卷二,孙通海点校,中华书局1987年版,第217页。

④ (宋)陆九渊:《年谱》,见《陆九渊集》卷三十六,钟哲点校,中华书局1980年版,第483页。

解宇宙的本质,他认为,宇宙一体,根于一心。当然,"宇宙在我"仅仅标明宇宙之理在"吾心",理流行于宇宙之间,而理不外乎心,人心能够领会、把握宇宙之理。陈献章所言的"天地我立,万化我出"也应作如此理解,天地万物固然都有各自生成演化的规律,人不可能干预它们,更无法代替它们。从这个意义上讲,天地万物是外在于人的,但人既然是天地间的一个精灵,人与天地万物必然有一定的关联,恰如陈献章所说:"天下事物,杂然前陈。事之非我所自出,物之非我所素有,卒然举而加诸我,不屑者视之,初若与我不相涉,则厌薄之心生矣。然事必有所不能已,物必有所不能无,来于吾前矣,得谓与我不相涉耶?"①天地万物乍看与我都不相干,但若深入反思,则可认识到,人赋予天地万物以价值与意义,若无人,天地万物都是死寂的,也即相当于不存在,人的出现使天地万物明朗起来且充满了生机,因而,陈献章断言,"君子一心,万理完具。事物虽多,莫非在我"②,"人不能外事,事不能外理。……身居万物中,心在万物上"③。在他看来,人与天地万物能够融合为一,在此融合的过程中,人心发挥了至关重要的作用。人心不仅仅能够认识万物之理,把握到宇宙生化的规律,而且能与万物发生感应,从而使得人与万物都获得了终极意义。

陈献章在倡导心本论的同时,又宣扬以道为本。他说:"道至大,天地亦至大,天地与道若可相侔矣。然以天地而视道,则道为天地之本;以道视天地,则天地者,太仓之一粟,沧海之一勺耳,曾足与道侔哉? 天地之大不得与道侔,故至大者道而已。"④他这里明确主张"道为天地之本"。在一般人的心目中,天地是广阔无边的,但陈献章却认为,天地虽大,却无法与道相比,天地较之于道,只不过是"太仓之一粟,沧海之一勺"。显然,陈献章把道看成是更为根源

---

① (明)陈献章:《论前辈言铢视轩冕尘视金玉》,见《陈献章集》卷一,孙通海点校,中华书局1987年版,第55页。

② (明)陈献章:《论前辈言铢视轩冕尘视金玉》,见《陈献章集》卷一,孙通海点校,中华书局1987年版,第55页。

③ (明)陈献章:《随笔》,见《陈献章集》卷五,孙通海点校,中华书局1987年版,第517页。

④ (明)陈献章:《论前辈言铢视轩冕尘视金玉》,见《陈献章集》卷一,孙通海点校,中华书局1987年版,第54—55页。

性的范畴，认为道是产生天地万物的终极本体。而且，他还指出，这种"至大"之道也是不可言说的，"或曰：'道可状乎？'曰：'不可。此理之妙不容言，道至于可言则已涉乎粗迹矣。''何以知之？'曰：'以吾知之。吾或有得焉，心得而存之，口不可得而言之。比试言之，则已非吾所存矣。故凡有得而可言，皆不足以得言。'"①道不能用通常的语言来描述，因为道不是某种具体的事物，而是事物得以产生和形成的根据，所以人们只能用虚静之心去体认道。可言之道已涉"粗迹"，而非"至大"之道了。不过，道虽然不可言说，但它却真实地存在着，并贯通于万物之中。他说："物囿于形，道通于物，有目者不得见也。"②一般事物有形象、有方所，而道则无形象、无方所，但正因为如此，道才无所不在。道本身不可见，只能透过其他事物来加以洞察，其他事物也因道而得以存在，所谓"天得之为天，地得之为地，人得之为人"③，天地人以及宇宙间的其他事物都从道那里获得了存在的意义和价值。

从以上分析可以看出，陈献章的学说从总体上看虽然倾向于儒家，但他在本体论及修养方法论方面无疑受到了老、庄道家思想的影响。比如，其关于"至大者道"的论述就带有老子学说的痕迹，老子说："大道泛兮，其可左右。万物恃之以生而不辞，功成而不有。衣食万物而不为主，常无欲，可名于小；万物归焉而不为主，可名为大。以其终不自为大，故能成其大。"（《老子·三十四章》）在老子看来，大道广泛流行，万物都依赖它而生长，但道从来不居功自傲，万物都归附于道，但道却不自以为主宰。恰因为道不自大，反而能够成就其大。再如，陈献章所谓的"道通于物"又打上了庄子学说的烙印。庄子说："物固有所然，物固有所可。无物不然，无物不可。故为是举莛与楹，厉与西施，恢诡谲怪，道通为一。其分也，成也；其成也，毁也。凡物无成与毁，复通为一。"（《庄子·齐物论》）也就是说，从道的层面来看，对事物所作的各种区分

---

① （明）陈献章：《论前辈言铢视轩冕尘视金玉》，见《陈献章集》卷一，孙通海点校，中华书局 1987 年版，第 56 页。

② （明）陈献章：《论前辈言铢视轩冕尘视金玉》，见《陈献章集》卷一，孙通海点校，中华书局 1987 年版，第 56 页。

③ （明）陈献章：《论前辈言铢视轩冕尘视金玉》，见《陈献章集》卷一，孙通海点校，中华书局 1987 年版，第 56 页。

都显得微不足道,甚至完全没有必要。宇宙间的事事物物都体现了道的一个方面,它们通而为一,构成了一个有机的整体,不宜强作分别。

这里有必要澄清一下陈献章所说的以心为本与以道为本之间的关系。苟小泉先生指出:"白沙'道'论表面上好像是抽象的宇宙本体论,实际上是心性之学。白沙在《论前辈言铢视轩冕尘视金玉》中的'道'论,其实质可归结为人生问题,其含有规劝人们淡泊名利,从现实的经验累赘中解脱出来之意。"①此论甚当。陈献章因为道家的自然情趣所吸引,其诗文不自觉地阐发了道论,但他的终极关怀却在儒家,尤其倾向于从儒家心学角度去思考人生的价值和意义问题,并建立了从心出发但又顺其自然的人生哲学思想体系。陈献章关注的重点其实是人生问题,他的道论是为其心论做理论铺垫的。心、道在他看来本来就是合一的,心可存道,道最终又体现为心。而且,"道是至大的,心同样至大、无所不包。心之至大就在于它能够通过自身的觉悟与道融为一体,达到直觉境界"②。

第二节　陈献章的心学工夫论

一、"静中坐养出个端倪来"

黄宗羲说:"先生(陈献章,引者注)之学,以虚为基本,以静为门户,以四方上下、往来古今穿纽凑合为匡郭,以日用、常行、分殊为功用,以勿忘、勿助之间为体认之则,以未尝致力而应用不遗为实得。"③从黄宗羲的评语中可以看出,陈献章的学说突出了"虚",且以虚为本,而要达到"虚"的状态,则须通过静坐的方式。他所谓的"虚"并非指玄虚、虚无,而是指人心上不着一物、不存一念,这是"虚"的根本要义,正因为人心有"虚"的特性,所以它才能与天地万

---

① 苟小泉:《陈白沙哲学研究》,中华书局 2009 年版,第 113 页。
② 刘宗贤:《陆王心学研究》,山东人民出版社 1997 年版,第 208 页。
③ (清)黄宗羲:《白沙学案上》,见《明儒学案》卷五,中华书局 1985 年版,第 79 页。

物产生感应,进而成就心体之大。陈献章说:"人心上容留一物不得,才着一物,则有碍。且如功业要做,固是美事,若心心念念只在功业上,此心便不广大,便是有累之心。是以圣贤之心,廓然若无,感而后应,不感则不应。又不特圣贤如此,人心本来体段皆一般,只要养之以静,便自开大。"①人追求功业、名利或学问本是无可厚非的,但人心若完全被这些东西充斥着,便说不上有"虚"可言,这是造成人心之累的渊薮。要摆脱人心之累,便须回归本虚之心。当然,虚、实又是一体的,陈献章所谓的虚是从本体角度来立论的,但本体离不开现象,广大高明之境最终须体现于"一语默,一起居"②的人伦日用之中。

陈献章的为学目标既然是"致虚",那么其在修养方法上自然会强调"静"。静、虚是具有密切联系的一对范畴,先秦儒家思想的集大成者荀子就倡导"虚一而静"(《荀子·解蔽》)的修养方法,宋代理学开山祖师周敦颐说:"一为要。一者无欲也,无欲则静虚、动直。静虚则明,明则通;动直则公,公则溥。明通公溥,庶矣乎!"③周敦颐的"静虚"之说突出了无欲,认为做到了无欲,才能静。静则虚,虚则明,明则通。周敦颐除了倡导"静虚"之外,也倡导"动直"。概而言之,"'静虚'是主体自身排除感性欲望所呈现的纯而无杂的精神状态,清明而无不通,这就是'诚'与'神'的境界。'动直'则是指主体精神的外现,即公而无私"④。佛、道两教更为重视虚、静的修养方法,并将两者紧密结合起来。陈献章对荀子、周敦颐等儒家以及佛、道的"静虚"思想均有所吸取,当然,他又试图与佛、道两家划清界限。

陈献章尝自叙其为学经历道:"仆才不逮人,年二十七始发愤从吴聘君学。其于古圣垂训之书,盖无所不讲,然未知入处。比归白沙,杜门不出,专求所以用力之方。既无师友指引,惟日靠书册寻之,忘寝忘食,如是者亦累年,而

---

① (明)陈献章:《与谢元吉》,见黄宗羲:《白沙学案上》,《明儒学案》卷五,中华书局1985年版,第84页。
② (明)陈献章:《送罗养明还江右序》,见《陈献章集》卷一,孙通海点校,中华书局1987年版,第25页。
③ (宋)周敦颐:《周敦颐集·通书》,陈克明点校,中华书局2009年版,第31页。
④ 蒙培元:《理学范畴系统》,人民出版社1998年版,第404页。

卒未得焉。所谓未得,谓吾此心与此理未有凑泊吻合处也。于是舍彼之繁,求吾之约,惟在静坐,久之,然后见吾此心之体隐然呈露,常若有物。日用间种种应酬,随吾所欲,如马之御衔勒也。体认物理,稽诸圣训,各有头绪来历,如水之有源委也。"①陈献章这里描述了其主静说形成的经过。他师从吴与弼期间以及返归家乡后的十余年间,亦如多数程朱学者一样,苦读圣贤经书,但毫无所得,找不到成圣之方,于是尝试静坐,竟然收到了意想不到的效果,不但使心体"隐然呈露",而且处理外部事物也能得心应手,优游从容。他认为,人经过静坐中的自我反思之后,再去"体认物理,稽诸圣训",就会感到线索清楚,有迹可循,因为这时人已确立了道德主宰之心,故可"以我观书",而不是被典籍牵着鼻子走,失去了自我。陈献章虽然没有完全追随其师吴与弼,但其主静说仍受到了吴与弼"静观""枕上思"等见解的影响。有学者指出:"陈献章把吴与弼的'静观',朝着内心冥悟方面推得更远,以至于有'通禅'之嫌,但这不能说是'别派';毋宁说,这是对吴与弼理学的一个合乎逻辑的发展。"②

陈献章重视静坐,也与其人生的坎坷经历有关。他还未出生时,其父陈琮即英年早逝,他与明末大儒刘宗周一样都是遗腹子,孤儿寡母的生活无疑会面临诸多的辛酸、苦涩,但生活的艰辛没有压倒这对相依为命的母子,陈献章在母亲的严格要求下,读了很多儒家经典书籍,笃信圣贤,同时受其母亲的影响,对佛、道思想也不加排斥,甚至较有好感。与古代大多数士子一样,陈献章早年也希望通过读书考取功名,以便步入仕途,建功立业。但他 21 岁时入京参加会试,仅中副榜,无缘殿试。三年后再赴进士考,结果仍名落孙山,两度科考的失败,对他打击很大,他对科举制度日益产生厌倦之情。不过,在母亲和朋友的劝说下,陈献章于明成化二年(1466 年)、成化四年(1468 年)两度复游太学,准备会试。成化五年(1469 年),陈献章再次应试,结果还是名落孙山,此事出乎很多人的意料,据说是因其试卷被人投进水中。受此打击,陈献章对科

---

① (明)陈献章:《复赵提学佥宪》,见《陈献章集》卷二,孙通海点校,中华书局 1987 年版,第 145 页。

② 侯外庐、邱汉生、张岂之主编:《宋明理学史》下卷,人民出版社 1987 年版,第 144 页。

考完全失望了,从此绝意科场,但他并不灰心丧气,而是愈发坚信其"自得"之学。与科考失利相应的是,陈献章在仕途上也难有造就,他甚至说不上有什么仕途可言,其一生唯一的官职仅仅是吏部文选清吏司历事,而且任职时间极其短暂。成化十八年(1482年),在时任广东左布政使彭韶和巡抚都御史朱英的举荐下,陈献章又获得了入京为官的机会,但由于赴京路上的颠簸,使得旧病复发,无法参加吏部考试,真乃祸不单行,他此时又收到了母亲病危的家书,于是只好上疏乞归,获得皇帝钦准之后,他又南归过起了隐居的生活。陈献章有济世救民之志,却无缘施展自己的政治抱负,只能做一个隐士型的儒者。此外,随着年岁的增长,陈献章的家境却每况愈下,有时甚至入不敷出,其晚年的身体状况也十分糟糕,经常饱受病痛的折磨,可谓贫病交加。陈献章曲折的人生际遇以及特立独行的个性使得其在言行举止及思想学说方面迥异于明初多数儒者。他归隐山林,抚琴弄艇、月中垂钓,尤喜静坐涵养,这既是其性情使然,也是出于一种无奈的人生选择。现实生活中的各种打击使得他只能退回到内心世界,以便寻求内心的自在与自足。丁为祥先生指出:"当他一心想通过科举出仕时,他连连落第;当他发愤从吴聘君学时,他又被断定为难得到伊川门下;而当他舍繁就约,惟在静坐时,却发现了'作圣之功',得到了'心体呈露'、'随吾所欲'的结果。"①

陈献章说:"为学须从静中坐养出个端倪来,方有商量处。……若未有入处,但只依此下工,不至相误,未可便靠书策也。"②又说:"伊川先生每见人静坐,便叹其善学。此一静字,自濂溪先生主静发源,后来程门诸公递相传授,至于豫章、延平二先生,尤专提此教人,学者亦以此得力。晦庵恐人差入禅去,故少说静,只说敬,如伊川晚年之训。此是防微虑远之道,然在学者须自量度何如,若不至为禅所诱,仍多静方有入处。若平生忙者,此尤为对症药也。"③陈

---

① 丁为祥:《明代心学的形成机缘及其时代特色》,《中国哲学史》2003年第3期。
② (明)陈献章:《与贺克恭黄门》,见《陈献章集》卷二,孙通海点校,中华书局1987年版,第133页。
③ (明)陈献章:《与罗一峰》,见《陈献章集》卷二,孙通海点校,中华书局1987年版,第157页。

献章所谓的静坐,当然不是指静坐示威,也不完全等同于佛教、道教、气功、瑜伽中的静坐修炼行为,而是儒家的一种心性修养工夫,即主张通过静坐排除外界事物及自身欲望的干扰,从而使道德本心充分地呈现出来。静有身静和心静,陈献章以及其他传统儒家学者所言之"静"兼具以上两方面的内涵。身静和心静是一个统一的整体,身不静,成天忙忙碌碌,疲惫不堪,心便难以安静下来。反之,心不静,身体虽然停顿下来,但因为心的烦躁不安,身体也会大受影响。两者相较,心静显得更为重要,静坐从根本上讲乃是"静心"。静坐并非意味着无所事事,当代学者方朝晖先生指出:"静坐是一种针对性特别强、意识高度专注、思想异常集中的心理活动。古人强调:静坐时切忌'身如槁木,心如死灰',静坐是'有针对性地向内用力'。木木地坐着,大脑一片混沌,就不能达到静坐的目的。"①

陈献章虽未像明末大儒刘宗周在《讼过法》②中那样对静坐的方法及过程进行详尽的描述,但他在诗文中也零星地提及静坐之方,尤其探讨了静坐中的静心、存心、养心等问题。比如,他说:"夫此心存则一,一则诚;不存则惑,惑则伪。……心之所有者此诚,而为天地者此诚也。天地之大,此诚且可为,而君子存之,则何万世之不足开哉!"③存心之说不是陈献章首倡,先秦时期的孟子就主张"存其心,养其性"(《孟子·尽心上》),宋代的陆九渊也说:"古人教人,不过存心、养心、求放心。此心之良,人所固有,人惟不知保养而反戕贼放失之耳。"④所谓存心,即是珍视、呵护并保存好道德本心,使它不至于迷失。存心与养心是统一的,都是让人重视、爱惜人的善良禀赋,进而发展出健全的人格,存心与养心的过程都离不开静中反思。可是,两者的含义也略有差异,

---

① 方朝晖:《儒家修身九讲》,清华大学出版社 2011 年版,第 29 页。

② 刘宗周在《讼过法》中说:"一炷香,一盂水,置之净几,布一蒲团座子于下。方会平旦以后,一躬就坐,交跌齐手,屏息正容。……顷之,一线清明之气徐来,若向太虚然,此心便与太虚同体。"(《人谱·讼过法》,见《刘子全书》卷一,清道光刻本)

③ (明)陈献章:《无后论》,见《陈献章集》卷一,孙通海点校,中华书局 1987 年版,第 57 页。

④ (宋)陆九渊:《与舒西美》,见《陆九渊集》卷五,钟哲点校,中华书局 1980 年版,第 64 页。

"'存心'是就具体的心理活动而言,强调抓住良心不放;'养心'则强调培养健全的心灵需要时间和耐性,不可能一蹴而就。'存心'从短期行为着眼,'养心'从长远效果着眼;'存心'需要毅力和决心,'养心'需要细心和体验。"①陈献章论存心,尤其突出了"诚",认为存心也就是"立诚",人之所以为人的本质在于诚,天地之所以为天地的本质也在于诚。"立诚"不需要特别的修持工夫,只要本心呈现,人自然而然会做到"诚";本心若被遮蔽,"诚"亦不复存在。因而,存心与"立诚"是二而一、一而二的关系。

陈献章所谓的"端倪"亦即"善端",此概念源自孟子,孟子认为人人都具有"四端之心",而"四端之心"是"四德"(仁义礼智)的先天基础,即"恻隐之心,仁之端也;羞恶之心,义之端也;辞让之心,礼之端也;是非之心,智之端也"(《孟子·公孙丑上》)。陈献章也十分重视人生来就具有的这种善端,他说:"夫养善端于静坐,而求义理于书册,则书册有时而可废,善端不可不涵养也,其理一耳。斯理也,识时者信之,不识时者弗信也。为己者用之,非为己者弗用也。诗、文章、末习、著述等路头,一齐塞断,一齐扫去,毋令半点芥蒂于我胸中,夫然后善端可养,静可能也。"②端倪或善端都是指人原初的一点善心、善性,是心体"隐然呈露"的一种状态,可是人的善端并非每时每刻都会呈现出来,特别是当"诗、文章、末习、著述"等占据了人的心灵空间时,善端就可能被遮蔽。陈献章主张通过静坐涵养的方式,尽量清除人的名利心、见闻心、知识心、习染心,让它们不过多地侵扰我们的心灵,进而重新唤起潜存于人内心中的善端,确立道德主体性。

二、"以自然为宗"

明末大儒刘宗周说:"先生(陈献章,引者注)学宗自然,而要归于自得。"③陈献章本人也说:"此学以自然为宗者也。承谕近日来颇有凑泊处,譬

---

① 方朝晖:《儒家修身九讲》,清华大学出版社 2011 年版,第 56 页。

② (明)陈献章:《与林缉熙书·十五》,见《陈献章集》"陈献章诗文续补遗",孙通海点校,中华书局 1987 年版,第 975 页。

③ (清)黄宗羲:《明儒学案·师说》,中华书局 1985 年版,第 4 页。

之适千里者,起脚不差,将来必有至处。自然之乐,乃真乐也。"①"自然"在陈献章学说中占有举足轻重的地位,其文集中多次出现了"自然"一词。在他看来,"自然"既是一种修养工夫论,也是通过修养而达到的境界。陈献章说:"人与天地同体,四时以行,百物以生,若滞在一处,安能为造化之主耶? 古之善学者,常令此心在无物处,便运用得转耳。学者以自然为宗,不可不着意理会。"②在他看来,人心的本来状态是"无滞"的,即不会永远滞留于某个对象或某件事情上,恰如时间一直向前,不会停留于某个时刻一样。人心若"滞在一处",则说明人心不自由、不自在,这种"有滞之心"无法让人变得洒脱,甚至会使人备感束缚、压抑。因此,陈献章主张"常令此心在无物处",以便使人心不受外物的牵抑之累,始终保持"虚明静一"、独立自由的特性,他认为做到了此点,便是人心之自然,这与庄子所理解的无伪饰、无造作、无目的、无意识的自然之义比较接近。陈献章所作诗文等亦是其心灵自然流露的产物,他"绝意著述",平生很少撰写传注、疏释一类的著作,但钟情于诗作,通过写诗来抒发其独特的性情。

如何做到"以自然为宗"? 陈献章认为,一是尽可能地投入自然的环抱之中,与自然融为一体。他一生大部分时间都住在家乡,过着悠闲的隐居生活,他在《和陶·归田园》的诗中写道:"东篱采霜菊,西渚收菰田。游目高原外,披怀深树间。禽鸟鸣我后,鹿豕游我前。"③乡村的生活是一种十分接近自然的生活,没有都市的喧闹,也少有人世的纷争与利益的追逐。乡村的生活虽然贫穷而艰辛,但耕作于田野,行走在林间,听着禽鸟的鸣叫,嬉戏于鹿豕之间,也能够让陈献章获得一种自然之乐,其所作描述让人不禁联想到陶渊明"采菊东篱下,悠然见南山"的生活意境与情趣,上引诗句恰好是陈献章韵和陶诗

---

① (明)陈献章:《与湛民泽》,见《陈献章集》卷二,孙通海点校,中华书局1987年版,第192—193页。

② (明)陈献章:《与湛民泽》,见《陈献章集》卷二,孙通海点校,中华书局1987年版,第192页。

③ (明)陈献章:《和陶·归田园》,见《陈献章集》附录一《白沙子古诗教解》卷之上,孙通海点校,中华书局1987年版,第737页。

之作。此外,陈献章一生外出的机会并不多,但只要有机会,他就会畅游名山大川,"悠然得趣于山水之中"①。明成化二年(1466 年),陈献章利用赴京师复游太学的机会,一路上尽情游览了祖国的大好河山,登山观湖,作诗赋词,逍遥自在,其所作《湖山雅趣赋》曰:"盼高山之漠漠,涉惊波之漫漫;放浪形骸之外,俯仰宇宙之间。当其境与心融,时与意会,悠然而适,泰然而安。物我于是乎两忘,死生焉得而相干? 亦一时之壮游也。"②陈献章纵情于山水美景,显然不是单纯的游山玩水,而是试图在观赏自然风光的过程中践行其倡导的自然、自得之说,提升思想境界,恰如苟小泉先生所分析的:"白沙所描摹的'自然'境界,实际上是其'自得'之气象的表现。……白沙流露出来的'放浪形骸'、'俯仰宇宙'的宏阔胸襟,物我两忘、死生无干的境界,以及悠然而适、泰然而安的自得自足,其优游不迫的风度,'气蕴春风之和,心游太古之面'的格调,虽然类似于庄子'忘其形骸,遗其耳目'的'真人',但实是儒家圣人气象的真实体现。"③山川平原、江海湖泊、松柏翠竹等都能带给陈献章很多启示,而四季更替、日落月出等自然运行变化的规律又可印证其体悟到的自然、自得之说。陈献章晚年还非常渴望游览南岳衡山等名山,并赋诗曰:"祝融我当住,往处还自然。未往亦由我,安知不是仙? 是身原有患,天道岂无缘? 难逢俗人说,可为知者传。"④"祝融"即衡山的祝融峰,这是陈献章内心十分仰慕的圣地,可惜因故未能成行。不过,纵情山水、回归自然是陈献章毕生之最爱,其弟子张诩在《白沙先生墓表》中谓其"或浩歌长林,或孤啸绝岛,或弄艇投竿于溪涯海曲,忘形骸,捐耳目,去心志,久之然后有得焉,于是自信自乐"⑤。

---

① (明)陈献章:《复江右藩宪诸公》,见《陈献章集》卷二,孙通海点校,中华书局 1987 年版,第 138 页。

② (明)陈献章:《湖山雅趣赋》,见《陈献章集》卷四,孙通海点校,中华书局 1987 年版,第 275 页。

③ 苟小泉:《陈白沙哲学研究》,中华书局 2009 年版,第 18—19 页。

④ (明)陈献章:《寄李子长》,见《陈献章集》卷四,孙通海点校,中华书局 1987 年版,第 306 页。

⑤ (明)张诩:《白沙先生墓表》,见《陈献章集》附录二,孙通海点校,中华书局 1987 年版,第 883 页。

二是涵养心性,以便获得自然而然的心理状态。此点是陈献章自然说尤为强调的一个方面。如何涵养心性?陈献章论述颇多,比如,他认为静坐是为学及涵养心性的"入手处"①,笔者前面已梳理、评论了其"静坐"说,此处不再赘述。这里只就献章提到的"勿忘勿助"等问题略做剖析。

儒家亚圣孟子首先倡导"勿忘勿助"的修养方法,他说:"必有事焉,而勿正,心勿忘,勿助长也。"(《孟子·公孙丑上》)也就是说,人在成就圣贤人格的过程中既不可忘记心性修养及道德实践之事,但又不能拔苗助长,急于求成,只有顺其自然,不强作妄为,才能取得理想的效果。② 孟子之后,程颢等大儒也把"勿忘勿助"作为存心养性的重要方法,并做了各具特色的阐发。作为明代心学的开启者,陈献章对"勿忘勿助"同样十分关注,比如,他说:"色色信他本来,何用尔脚劳手攘?舞雩三三两两,正在勿忘勿助之间。曾点些儿活计,被孟子一口打并出来,便是鸢飞鱼跃。"③又说:"终始一意,不厌不倦,优游厌饫,勿助勿忘,气象将日进,造诣将日深。所谓'至近而神','百姓日用而不知'者,始自此迸出体面来。到此境界,愈闻则愈大,愈定则愈明,愈逸则愈得,愈易则愈长。"④陈献章所谓的"勿忘勿助"实际上是一种自然而然的工夫,在他看来,世间万物均以各自的本来面目呈现出来,人心的本来状态也是自然的。因而,人们做修身工夫时也不需要太多的刻意,更无须像程朱学者那样过于拘束、严谨。做到了"勿忘勿助",气象才能宏大,造诣才能深远。陈献章这里还指出,曾点的"风乎舞雩"即是一种"勿忘勿助"的工夫。当然,他又认为,倡导自然不等于追随流俗,"出处语默,咸率乎自然,不受变于俗,斯可矣"⑤。

① (明)陈献章:《与贺克恭黄门(二)》,见《陈献章集》卷二,孙通海点校,中华书局1987年版,第133页。

② 参见姚才刚、王智慧:《论明代心学思想的纷争与歧异——以湛若水辩难王阳明心学为中心》,《湖北行政学院学报》2014年第1期。

③ (明)陈献章:《与林郡博·七》,见《陈献章集》卷二,孙通海点校,中华书局1987年版,第217页。

④ (明)陈献章:《与林缉熙书·十五》,载《陈献章集》,"陈献章诗文续补遗",孙通海点校,中华书局1987年版,第975页。

⑤ (明)陈献章:《与顺德吴明府》,见《陈献章集》卷二,孙通海点校,中华书局1987年版,第209页。

人只有摆脱了各种世俗的缠绕、束缚,人心才是自由的,拥有自由自在的心灵,人才能在"出处语默"等方面作出独立的判断与抉择,而这在陈献章看来恰好是"率乎自然"的表现。湛若水受到业师陈献章的影响,也高度重视"勿忘勿助"的修养方法,认为"勿忘勿助"是"心之中正"的理想状态,做到了"勿忘勿助",才能体认到心之中正,而天理即是"吾心中正之本体"。

陈献章以自然为宗,但其学说的最终归宿却在"自得"。他说:"自得者,不累于外,不累于耳目,不累于一切,鸢飞鱼跃在我。知此者谓之善,不知此者虽学无益也。"①"自得"的根本要义在于向内觅求、自我探索、自我体悟、自我成就。"自得"与"自然"在陈献章学说中本来就是相通无碍的,"自得"需要主体在自然而然、不受束缚与压抑的状态下才能实现,而"自然"的境界则需要依赖主体自身的体证(亦即"自得")方可获致。陈献章此处对"自得"的相关描述与"自然"尤为相近,两者都指向独立不羁、自由自在、无待无累的心灵世界,且均须"求诸心"②,而非依傍于外在的书册或师友的指点。当然,两者也略有差异,"自得"与"自然"在陈献章学说中尽管都有工夫论的内涵,但"自得"同时兼具方法论的意蕴,而"自然"则兼具境界论的意蕴。

第三节　陈献章开创的江门学派

陈献章开创了江门学派,"江门学派是明代理学向心学转向的产物,它源出于程朱理学,启开了王阳明心学,但又有别于程朱理学和陆王心学"③。本章前面两节已评析了江门学派的创立者陈献章其人其学,此处不赘。就陈献章后学而言,湛若水、张诩、林光、李承箕、贺钦等较有影响,故亦为江门学派的

① (清)阮榕龄等编:《编次陈白沙先生年谱》,见《陈献章集》附录二,孙通海点校,中华书局1987年版,第825页。
② (明)陈献章:《书自题大塘书屋诗后》,见《陈献章集》卷一,孙通海点校,中华书局1987年版,第68页。
③ 刘兴邦:《论江门学派》,《五邑大学学报(社会科学版)》2004年第1期。

主要代表人物。他们无疑都受到了陈献章其人其学的影响,但均未固守师说,有的进一步渲染了陈献章心学中的道家色彩与禅学意味,使得江门学派的学说与道、佛的界限日益模糊;有的吸收融会了程朱理学的思想要素,从而减少了陈献章心学中谈玄弄虚的成分。张诩等人属于前一种情况,湛若水等人则属于后一种情况。

张诩,字廷实,号东所,广东南海人,明代成化年间进士,曾拜陈献章为师。陈献章在《送张进士廷实还京序》中说:"盖廷实之学,以自然为宗,以忘己为大,以无欲为至,即心观妙,以揆圣人之用。其观于天地,日月晦明,山川流峙,四时所以运行,万物所以化生,无非在我之极,而思握其枢机,端其衔绥,行乎日用事物之中,以与之无穷。然则廷实固有甚异于人也,非简于人以为异也。若廷实清虚高迈,不苟同于世也,又何忧其不能审于仕止、进退、语默之概乎道也。"①这里的"忘己""无欲"便来源于道家之说。比如,庄子倡导"坐忘"说,其所谓的"坐忘",即是"堕肢体,黜聪明,离形去知,同于大通"(《庄子·大宗师》)。依庄子,只有把自己的外在形体及聪明才智都忘掉,人方能与大道相通、相融,这是一种典型的"忘己"说。庄子认为,人做到了"忘己",自然就不会执着于身外的功名利禄,如此才谈得上追求独立自由的精神。张诩强调"以忘己为大",也是旨在促使人忘却"小我",彰显"大我",以便形成包容万物的博大胸怀。我们不能以是否倡导"忘己"说作为分判儒、道的标准,儒家虽然主要关注现实的生活世界,但也有超越的精神追求,主张泯灭人己、物我的差别,消解一己的形骸之私,进而在有限的、具体的生活世界中获得无限的生命意义。但可以断定的是,张诩"忘己"说受到了道家思想的影响。他所谓的"以无欲为至"同样也主要源自道家。老子尝曰:"恒使民无知无欲也。"(《老子·第三章》)老子把知识(伎俩)、欲望看成是百姓犯上作乱以及各种祸患的渊薮,因而他极力倡导无知无欲。儒家有"寡欲"的说法。比如,孟子说:"养心莫善于寡欲。其为人也寡欲,虽有不存焉者,寡矣;其为人也多欲,

① (明)陈献章:《送张进士廷实还京序》,见《陈献章集》卷一,孙通海点校,中华书局1987年版,第12页。

虽有存焉者,寡矣。"(《孟子·尽心下》)多数儒家并未明确宣扬"无欲"说,宋代理学的开山祖师周敦颐所谓的"无欲故静"①,也是吸收、融会道家、道教思想之后的产物。张诩明确宣扬"以无欲为至",显然已突破了正统儒家的界限,将陈献章心学本有的道家倾向进一步放大了。当然,他所言的"无欲"不等于取消人的所有欲望,而仅仅主张要对人的过多的欲望加以抑制。此外,张诩又常以佛禅之说来诠释儒家义理,此种做法在陈献章心学中也有所体现,只不过张诩在这方面又迈出了更大的步伐,以至于逐渐偏离了师说②,遭到了同门湛若水、林光等人的非议。

湛若水是江门学派最为重要的成员之一,他深受陈献章的器重,其学说则直接渊源于陈献章心学。湛若水平生对老师也极其尊重,其所创办的书院大多建有白沙祠,以表达对先师的怀念之情。当然,他在继承陈献章心学思想大端的同时,对师说也多有扬弃:修正其师"静中养出端倪"说,主张"动静一体";在接受其师"自得""以自然为宗"等思想的基础上,提出了"体认于心,即心学也""随处体认天理"等主张;矫正其师学说过于倾向于内省等缺失,倡导合内外之道;等等。本书将列专章探讨湛若水及其创立的甘泉学派的思想学说,此处不再展开论述。

---

① (宋)周敦颐:《周敦颐集·太极图说》,陈克明点校,中华书局 2009 年版,第6页。

② 相关分析可参见侯外庐、邱汉生、张岂之主编:《宋明理学史》下卷,人民出版社 1987 年版,第 196—197 页。

第三章　湛若水与甘泉学派:明代心学的重要力量

第一节　湛若水心学的思想主旨及其与王阳明心学的歧异

一、湛若水心学的思想主旨

湛若水(1466—1560年),初名露,字民泽,27岁时因避祖讳而改名雨,40岁时定名若水,字符明,谥号"文简"。湛若水因家居广东增城县甘泉都沙贝村(今广州增城区新塘镇),故号"甘泉",学者称他为"甘泉先生"。弘治七年(1494年),湛若水前往江门,问学于陈献章。陈献章语之曰:"此学非全放下,终难凑泊。"①于是湛若水烧毁"部檄"②,以此方式表达了不再参加科举考试、安心治学的决心。在接下来的日子里,湛若水"独居一室,游心千古,默约圣贤,用功总括,因悟'随处体认天理'六字符诀"③,"随处体认天理"成为其标志性的学说,此说亦深得陈献章的赏识。

弘治十七年(1504年),湛若水奉母命北上,入学南京国子监。受到陈献

---

①　(明)洪垣:《湛甘泉先生墓志铭》,见《湛甘泉先生文集》卷三十二,"四库全书存目丛书"集部第57册,齐鲁书社1997年版,第246页。

②　这里的"部檄"是指古代士子在考中举人之后所取得的赴京参加会试的证明文书。

③　(明)洪垣:《湛甘泉先生墓志铭》,见《湛甘泉先生文集》卷三十二,"四库全书存目丛书"集部第57册,齐鲁书社1997年版,第246页。

章不求功名、逍遥自在的人生态度的影响，湛若水不愿参加会试已达 10 余年。他此次重习举业，既有母命难违（其母以父亲临终嘱托为由，催促若水尽快参加科举考试）的因素，也是好友徐纮、谢佑劝说的结果。湛若水本人此时对举业（科举考试）也有了新的认识，认为德业（心性修养与道德践履）、举业未必互相冲突，而是可以并行不悖、相得益彰。在次年的京师会试中，他名列第二，赐进士出身。此后步入官场，开始了长达 35 年的仕宦生涯，历任翰林院庶吉士、编修、南京国子监祭酒与吏部右侍郎、北京礼部侍郎以及南京礼部、吏部与兵部尚书等职，他在仕途上虽然起步较晚，但颇为顺畅，"三部"尚书的职位更使其仕宦事业如日中天，达到了巅峰。当然，南京毕竟不是明王朝的权力中枢，因而，湛若水尽管担任过"三部"尚书，官阶很高，但究其实还是一种虚衔，并无实权，他在政治上也不可能有很大的作为。不过，正因为湛若水长期担任此类闲职，他反倒有大量的时间来读书、著述，或与朋友、弟子论学，在学术及教育方面多有创获，成就了一代儒学宗师的美名。

"随处体认天理"是湛若水心学思想体系中最核心的学说，由这一学说可以看出其为学的"大头脑"处。笔者拟先梳理"随处""体认""天理"等概念的内涵，进而揭示该学说所蕴含的义理及其脉络。

其一，关于"随处"。湛若水所讲的"随处"范围较广，包含心、意、身、家、国、天下。他说："吾之所谓随处云者，随心随意随身随家随国随天下，盖随其所寂所感时耳。一耳，寂则廓然大公，感则物来顺应。所寂所感不同，而皆不离于吾心中正之本体。"[1]湛若水反对陆王心学仅仅求之于心，也不像程朱理学那样主要在外物上穷探力索、泛观博览，他所谓的体认天理，是指在个人身心意念活动、外部实践活动、一事一物上无所不求。在湛若水看来，天理并非外在于人心，"盖心与事应，然后天理见焉。天理非在外也，特因事之来，随感而应耳。故事物之来，体之者心也。心得中正，则天理矣"[2]，人心与天地万物

---

[1] （明）湛若水：《答阳明王都宪论格物》，见《湛甘泉先生文集》卷七，"四库全书存目丛书"集部第 56 册，齐鲁书社 1997 年版，第 571 页。

[2] （明）湛若水：《答聂文蔚侍御》，见《湛甘泉先生文集》卷七，"四库全书存目丛书"集部第 56 册，齐鲁书社 1997 年版，第 573 页。

本为一体,心可体察万物,随感随应,心之中正即是天理,而对万物的体察恰好可以印证心中之理。

湛若水对"随处"和"随事"作了区分。他说:"体认天理,而云随处,则动静心事,皆尽之矣。若云随事,恐有逐外之病也。孔子所谓居处恭,乃无事静坐时体认也,所谓执事敬,与人忠,乃有事动静一致时体认也,体认之功贯通动静显隐,即是一段工夫。"①"随处"可贯通动与静、已发与未发,"随事"则主要限于外部行为。相较而言,"随处"更能揭示湛若水的"心体物而不遗"的意蕴,"随事"则有逐外之弊。湛若水在致友人的一封书信中更明确地表达出这层意思,他说:"吾所谓体认者,非分未发已发,非分动静。所谓随处体认天理者,随未发已发,随动随静,盖动静皆吾心之本体,体用一原故也。"②也就是说,不管是寂而静的未发之本体,还是感而动的已发之作用,都应体认天理。

其二,关于"体认"。一般说来,中国哲学中的"体认"一词含有体悟、体察、反省、探索、呈现之意。湛若水如何界定"体认"? 这里兹举数例。

"体认"即反省。湛若水说:"随处体认天理工夫全在省与不省耳,白沙先生与周程孔孟文武周公禹汤尧舜等而上之,千古圣贤同条共贯,此心学也。"③此处的"省"即反省之意,体认天理即是向内反求诸己,但却不是仅仅囿于一腔之内。湛若水认为,天地之心即我之心,反求诸己既包括对人伦之理的涵养、省察,也包括对天地"生生之理"的体悟。

"体认"即慎独之"慎"。湛若水说:"体认天理与慎独,其工夫俱同。独者,独知之理,若以为独知之地,则或有时而非中正矣,故独者,天理也。此理惟己自知之,不但暗室屋漏,日用酬应皆然。慎者,所以体认乎此而已。若如是,有得便是天德,便即王道,体用一原也。"④在他看来,体认对应于"慎",天

---

① (清)黄宗羲:《甘泉学案一》,见《明儒学案》卷三十七,中华书局1985年版,第904页。
② (明)湛若水:《答孟生津》,见《湛甘泉先生文集》卷七,"四库全书存目丛书"集部第56册,齐鲁书社1997年版,第574页。
③ (明)湛若水:《问疑续录》,见《湛甘泉先生文集》卷十一,"四库全书存目丛书"集部第56册,齐鲁书社1997年版,第641—642页。
④ (清)黄宗羲:《甘泉学案一》,见《明儒学案》卷三十七,中华书局1985年版,第889页。

理对应于"独"，体认天理即慎独。湛若水还将"体认"与"克己复礼"联系起来，他说："己私才尽，天理立复，若其不继，又复如初。惟随处体认天理最要紧，能如是，则克复在其中矣。"①这里所说的"克复"即"克己复礼"，湛若水认为，体认天理涵摄了"克复"工夫。不管将体认天理与慎独、"克复"相结合，还是将其与上面所说的反省相结合，我们可以看出，湛若水实际上把体认天理作为一种道德修养方法，这至少是体认天理的一个重要面向，体认天理的目的不是为了求得外物之理，而是主体转化气质、进行道德修炼的一种方式，只不过湛若水强调内外合一，反对"是内而非外"。

"体认"兼涉知行。湛若水所谓的"体认"，包含知、行两个方面。湛若水所讲的"知"，主要是指德性之知，有时也指知觉之知、认知之知；其所谓的"行"不仅指外在的应事接物，还包括内在的存心养性，他认为"心中不放僻杂扰便是行""涵养便是行"②。湛若水对知、行的界定与王阳明有相似之处。王阳明所讲的知、行，大多也不是从认识论的角度来切入，而是将其视为道德实践与道德修养的范畴，恰如张学智先生所说，"他在论证知行合一命题中，所举的例子多为道德方面的，如孝亲的活动，忠君的活动等"③。在知、行关系上，湛若水一方面主张即知即行，知、行应紧密相连，不可割裂，比如，他说："知而行在其中，故吾有天包乎地、知通乎行之说。……必兼之乃尽，即知即行。"④另一方面，湛若水又主张知、行之间是不离不杂的，他说："知行者，造道之功，元不相混，亦不相离。古人学问，必有头脑，必须知所有，乃可养所有，此明道意也。子张务外，乃遽然问行，便是无头脑学问，且不先知所有，则所行者何事？行于州里、蛮貊云者，犹言无往而不行，如云'虽之夷狄，不可弃也'，但欲其随处而力行，必先须随处而有见始可行，故又告之以察见此道体，如'参前倚衡'，则见之亲切，自不能舍，而行亦不能

①　（清）黄宗羲：《甘泉学案一》，见《明儒学案》卷三十七，中华书局1985年版，第904页。
②　（明）湛若水：《新泉问辨录》，见《湛甘泉先生文集》卷八，"四库全书存目丛书"集部第56册，齐鲁书社1997年版，第610页。
③　张学智：《明代哲学史》，北京大学出版社2000年版，第96页。
④　（明）湛若水：《新泉问辨续录》，见《湛甘泉先生文集》卷九，"四库全书存目丛书"集部第56册，齐鲁书社1997年版，第621页。

已矣。"①这里,湛若水认为,知、行之间不可相混,也不可分离,此种看法与王阳明的"知行合一"论就有一定的差异了。湛若水所谓的"即知即行",也即"知行并进"。他说:"若仆之愚见,则于圣贤常格内寻下手,庶有自得处。故随处体认天理而涵养之,则知行并进矣。"②"知行并进"意味着知、行之间虽有联系,但两者仍有各自特殊的规定性与不同的功能。而王阳明的"知行合一"论则径直将知、行看成是同一道德实践活动的两面,"知之真切笃实处,即是行;行之明觉精察处,即是知"③,一般说来,"'明觉精察'本指求知活动,'真切笃实'本指实践行为,而在阳明的话语中,两者却颠倒了过来,他主张人在知的过程中做到'真切笃实',在行的过程中做到'明觉精察'。……阳明的用心是非常明显的,他是想表达这样一个重要观点:行的过程必须有知的参与,知的过程也必须有行的参与,知行是同一过程中的不同方面。或者说,'知之时'固然要求'明觉精察',但更要求做到'真切笃实';'行之时'固然要求'真切笃实',但更要求做到'明觉精察'。在知行过程中,它们彼此都需要对方"④。可见,湛若水"知行并进"的主张不同于王阳明的"知行合一"论。不但如此,湛若水所说的"不先知所有,则所行者何事""必先须随处而有见始可行"等语,还让人感觉到,他似乎又回到了程朱理学所主张的"知先行后"的老路上去了。

其三,关于"天理"。湛若水认为,天理乃是吾心中正之本体,而所谓中正,即不偏不倚,合乎中道,恰到好处。在湛若水看来,"中正"既指宇宙法则,也指人经过道德修养之后的中和状态。就前者而言,他说:"《易》'一阴一阳之谓道',即气即道,气之中正者即道,道气非二也。"⑤不过,罗钦顺曾质疑

① (明)湛若水:《新泉问辨续录》,见《湛甘泉先生文集》卷九,"四库全书存目丛书"集部第56册,齐鲁书社1997年版,第622页。

② (清)黄宗羲:《甘泉学案一》,见《明儒学案》卷三十七,中华书局1985年版,第881页。

③ (明)王守仁:《传习录》中,见《王阳明全集》卷二,吴光等编校,上海古籍出版社1992年版,第42页。

④ 吴震:《王阳明著述选评》,上海古籍出版社2004年版,第111页。

⑤ (明)湛若水:《问疑续录》,见《湛甘泉先生文集》卷十一,"四库全书存目丛书"集部第56册,齐鲁书社1997年版,第632页。

"气之中正者即道"一语,他说:"《易》卦三百八十四爻,中正备者六十有四……然但以得其中正者为道,不过六十四爻而已,余爻三百二十以为非道,则道器不容于不二矣。"①也就是说,湛若水本来倡导道器合一、理气合一,可是现在既然讲"气之中正者即道",那么就会产生一个问题:气有偏有正,气之不中正者是否即非道(理)? 若如此,道器、理气岂不割裂为二? 湛若水主张"气之中正者即道",无疑会面临着以上诘难,但他并未就此作出很好的说明。当然,湛若水讲中正,也许与易学爻位"中正"的概念并不十分吻合,他试图以"中正"来描述"天地位,万物育"的理想状态,而在理想状态中万物各得其所,无气不中正。

就后者而言,湛若水说:"心中正时,天理自见。难见者,在于心上工夫未中正也。"②又说:"心性之失也,情流之也,情非流也,失其中正故流也。惟君子立其中正。"③在他看来,心保持中正状态,未发、已发之时均无所逾越,天理自然会向人呈现出来;心失去中正,陷入"过"或"不及"之中,天理即被遮蔽。若只说个心安,尚够不上天理的标准,"人心之安固是天理,然恶人亦且安心为不善,则安与不安亦未可凭据,到了只还在勿忘勿助之间,心得其中正时安,即是天理矣"④,心安且中正,才合乎天理。心得中正,此中正之理可以贯通万事万物。

湛若水与王阳明都反对离心而求理(天理),但细究起来,两人对理(天理)的理解仍有差别。王阳明完全是从心(或道德主体)的角度来看待理,他心目中的理主要是指本体之理,或身心性命之理;而湛若水尽管持心学立场,但他所谓的理在一定程度上仍然带有朱子学的痕迹,他除了讲身心性命之理之外,也涉及具体事物之理,故湛氏心目中的理包含了知识之理与道德之理。

---

① (明)罗钦顺:《困知记》卷下,中华书局1990年版,第41页。

② (清)黄宗羲:《甘泉学案一》,见《明儒学案》卷三十七,中华书局1985年版,第891页。

③ (明)湛若水:《复郑启范进士》,见《湛甘泉先生文集》卷七,"四库全书存目丛书"集部第56册,齐鲁书社1997年版,第569页。

④ (明)湛若水:《答洪峻之侍御》,见《湛甘泉先生文集》卷七,"四库全书存目丛书"集部第56册,齐鲁书社1997年版,第580页。

从"理一分殊"的角度我们也可以看出湛、王对理(天理)理解的差异。"理一分殊"一语最早出自程颐之口。程颐所谓的"理一","是指一切分殊之德共本于同一的仁体、道德本源;'分殊'是指本于仁体、在伦理情境中又针对不同的对象而发为不同的伦理理分或本分,如事父曰孝、事兄曰悌。儒家所根据的理是同一的,但因分位不同,责任就不同。朱熹对'理一分殊'的观念也极为重视。在他的发扬光大之下,'理一分殊'的命题已完全从一个本属纯粹道德伦理学说的命题发展成为一个典型的形而上学的哲学命题。后来的理学家或多或少地论及'理一分殊',该命题几乎成为理学、心学的共法,在宋明理学中占据了很重要的地位。不过,相较而言,程朱理学一派更为重视'理一分殊'说"①。

王阳明较为强调一本之理,而非"分殊"之理,认为一本之理既明,则万事皆举,因而不必在外部事物上求"分殊"之理。而湛若水倡导"随处体认天理",他主张兼顾一本之理与"分殊"之理。湛若水说:"未应事时只一理,及应事时才万殊。"②又说:"未可谓此公(指朱子,引者注)不见道。初见延平,即举程子'仁者浑然与天地万物为一体'之语,岂不见得?被延平虑其过高,一语转却,谓要见理一不难,须要见分殊,吾尝谓理一、分殊本是一体,分殊即在理一之中。"③在湛若水看来,天下事物各有其理,可谓之万殊之理,万殊之理是同外部事物相联系的,因此不能离开外部事物而空求一理。同时,万理归于一理,或者说,未应事时只是一理,应事时乃是一"分殊"之理,理一与分殊不可分割,一理不离万理而存在,而"分殊"之理是从不同方面呈现一理的。由此我们可以看出,湛若水"在某种程度上承袭了宋儒尤其是程朱对'理一分殊'之理解,在一定意义上则认为'分殊之理'应包含'事事物物'之理在

---

① 姚才刚:《"理一分殊"与儒学重建——论刘述先新儒学思想的方法论原则》,《湖北大学学报(哲学社会科学版)》2005年第1期。另外,洪汉鼎先生在《从诠释学论理一分殊》(参见[美]成中英主编:《本体与诠释》,生活·读书·新知三联书店2000年版)一文中对"理一分殊"做了很好的阐释。

② (清)黄宗羲:《甘泉学案一》,见《明儒学案》卷三十七,中华书局1985年版,第890页。

③ (明)湛若水:《新泉问辨续录》,见《湛甘泉先生文集》卷九,"四库全书存目丛书"集部第56册,齐鲁书社1997年版,第620页。

内……甘泉对理的理解仍承袭了朱子的知识论取向"①。可以说,湛若水所谓的"理"乃是内外合一之理。由于湛、王两人对"理"的内涵的理解有分歧,两人在寻求理的方法、途径上也有差异之处,王阳明主张求诸心,心外无理,而湛若水除了讲求诸心之外,还主张"随处体认天理"。

由以上分析可知,湛若水的"随处体认天理"说主张内与外、已发与未发、动与静、知识与道德的统一。它既主张体认、探究物之理,但更强调随时随地学习、实践人伦日用之理以及更高层面上的普遍、永恒之理,或者说,"随处体认天理"就是"随处体认体现在此心物合一之中正体上的性理"②。此说涉及本体论、工夫论、认识论、方法论等问题。当然,湛若水更多的是从工夫论的角度来加以阐发。从工夫论的角度来看,"随处体认天理"说可以说是湛若水工夫论的总纲,在此总纲之下又包含了一系列具体的工夫论命题,他试图"将儒家古圣先贤有关工夫论思想的精华都囊括在其'随处体认天理'说的框架之内,认为孔子的'执事敬'与立志('志于道'与'志于学')、孟子的'勿忘勿助'与'求放心'、《大学》的'正心诚意'与'格物致知'、《中庸》的'戒慎恐惧'与'慎独'、二程尤其是程颐的'主敬'、朱熹的读书穷理、陆九渊的发明本心、陈献章的'养出端倪'等修养方法均有助于人们探寻天理、提升德性,因而可视为'随处体认天理'的应有之义。湛若水本人则十分强调以'随心随意随身随家随国随天下'的方式'体认天理',在'体认天理'的过程中则须'贯通动静显微',并辅以'执事敬'、'煎销习心'等修养方法"③。湛若水在学术思想之开展方面有大气魄,在工夫论上也展现了其融合诸家之学的特色。

二、湛若水心学与王阳明心学的歧异

湛若水、王阳明均为明代中叶的心学家。正德元年(1506年),湛、王定

---

① 郭晓东:《致良知与随处体认天理——王阳明与湛若水哲学之比较》,《中国哲学史》1998年第4期。

② 张学智:《明代哲学史》,北京大学出版社2000年版,第61页。

③ 乔清举先生在《湛若水哲学思想研究》[(台湾)文津出版社1993年版]"工夫论"部分对湛若水"随处体认天理"说所包含的工夫论条目有较为详细的梳理,请参阅。

交①,共同倡明圣学。正德五年(1510 年),两人再次相聚于京师,因比邻而居,故常能在一起探讨学问,彼此之间的情谊也得到了进一步地加深。此后,湛、王又多次相会或通过书信的方式论学。两人虽同属心学阵营,但在心物关系、格物、良知、"勿忘勿助"等问题上却不无纷争,且难以调和。

1. 对于心物关系的不同理解

湛若水说:"盖阳明与吾看心不同。吾之所为心者,体万物而不遗者也,故无内外;阳明之所谓心者,指腔子里而为言者也,故以吾心之说为外。"②湛若水所谓的"心",是"体万物而不遗"之心,也即所谓的"大心"。心体广大,无所不包,心与万物不分内外,融为一体。在湛若水看来,心不会仅仅局限于"腔子"之内,势必要扩展出去,去统摄、包容万物;反过来,天地万物也不是外在于人的客观存在,不是心外之物,而是以心为存在的根据。

湛若水一方面坚持心学立场,认为"有事无事,原是此心"③"随时随事,何莫非心"④,另一方面他对"徒守其心"的做法持强烈的反对态度,而主张"大其心"。他说:"所言'心外无事、心外无物、心外无理'三句无病。……又云'一念事亲事君即为物',非若后儒指天下之物为物,则又似以万物在心之外,是心外有物矣,不若大其心,包天地万物而与之一体,则夫一念之发以至天下之物无不在,而以其浑沦,则理通乎天地万物;以其散殊,则理在事亲事君之间。即心而事物在,即事而理在,乃为完全也。"⑤湛若水认为"心外无事、心外无物、心外无理"三句无病,这无疑是对王阳明心学的肯定,接下来他又强调"大其心",认为"心"非空洞虚无之心,而是浑沦之心,无论是人的"一念之发"还是天地万物都可以融摄于其中。

---

① 参见黎业明编:《湛若水年谱》,上海古籍出版社 2009 年版,第 32—34 页。

② (明)湛若水:《答杨少默》,见《湛甘泉先生文集》卷七,"四库全书存目丛书"集部第56 册,齐鲁书社 1997 年版,第 570—571 页。

③ (清)黄宗羲:《甘泉学案一》,见《明儒学案》卷三十七,中华书局 1985 年版,第 901 页。

④ (明)湛若水:《答欧阳崇一》,见《湛甘泉先生文集》卷七,"四库全书存目丛书"集部第 56 册,齐鲁书社 1997 年版,第 574 页。

⑤ (明)湛若水:《新泉问辨录》,见《湛甘泉先生文集》卷八,"四库全书存目丛书"集部第 56 册,齐鲁书社 1997 年版,第 605 页。

由心物一体的观念出发,湛若水又对王阳明学说提出批评。在他看来,王阳明所讲的"心"专就"腔子"而言,是与天地万物分离的灵明知觉。因此,湛若水认为,王阳明心学有"是内非外"之弊。不但如此,他还认为"是内非外"亦属支离。湛若水说:"夫所谓支离者,二之之谓也。非徒逐外而忘内谓之支离,是内而非外者,亦谓之支离,过犹不及耳。必体用一源,显微无间,一以贯之,乃可免此。"①在他看来,王阳明心学割裂了内外、心物关系,与"逐外而忘内"的程朱理学一样有支离之弊。他认为自己的学说是合内外之学,是"孔孟正脉"。

事实上,王阳明同样也有心物同体、"万物一体之仁"的思想,他说:"盖天地万物与人原是一体,其发窍之最精处,是人心一点灵明。风、雨、露、雷、日、月、星、辰、禽、兽、草、木、山、川、土、石,与人原只一体。"②可见,王阳明亦主张以心来统摄天地万物,倡导心物合一,此点似与湛若水有异曲同工之妙。黄宗羲在《明儒学案》中对湛若水略有微词,他说:"先生(指湛若水,引者注)以为心体万物而不遗,阳明但指腔子里以为心,故有是内而非外之消。然天地万物之理,不外于腔子里,故见心之广大。若以天地万物之理,即吾心之理,求之天地万物,以为广大,则先生仍为旧说所拘也。"③也就是说,王阳明讲"心外无理",正可表明心体之大,心与万物可通而为一。若像湛若水那样一定要到天地万物上求其理,无疑将又回到程朱理学的老路上去。

2. 对格物的不同理解

湛若水认为,格物即"至其理"。他说:"仆之所以训格物者,至其理也;至其理云者,体认天理也;体认天理云者,兼知行合内外言之也。"④从这里可以看出,湛若水训"格"为"至",训"物"为"理"(天理、道),格物即"至其理"。

① (明)湛若水:《答阳明》,见《湛甘泉先生文集》卷七,"四库全书存目丛书"集部第56册,齐鲁书社1997年版,第567页。

② (明)王守仁:《传习录》下,见《王阳明全集》卷三,吴光等编校,上海古籍出版社1992年版,第107页。

③ (清)黄宗羲:《甘泉学案一》,见《明儒学案》卷三十七,中华书局1985年版,第877页。

④ (明)湛若水:《答阳明王都宪论格物》,见《湛甘泉先生文集》卷七,"四库全书存目丛书"集部第56册,齐鲁书社1997年版,第572页。

他有时又把"格"解释为"造诣",比如,他说:"格即造诣之义,格物者即造道也。知行并造,博学、审问、慎思、明辨、笃行,皆所以造道也。读书、亲师友、酬应,随时随处,皆体认天理而涵养之,无非造道之功。"①"造诣"一词现在一般是指在学问、技艺等方面所达到的水平,湛若水所谓的"造诣"显然非此义,而是指体认、体察之意,格物即"造道"②,也即随处体认天理。所以,在湛若水这里,格物、造道、体认天理,含义都极为相近。至于格物的范围,湛若水说:"盖自一念之微,以至事为之著,无非用力处也。"③也就是说,自一念萌动到一言一行,在湛若水看来,都需要用力,都需要格之或体认之。

湛若水不同意王阳明将格物解释为"正念头"。他说:

> 盖兄之格物之说,有不敢信者四:自古圣贤之学,皆以天理为头脑,以知行为工夫,兄之训格为正,训物为念头之发,则下文诚意之意,即念头之发;正心之正,即格也。于文义不亦重复矣乎? 其不可一也。又于上文知止能得为无承于古本,下节以修身说格、致为无取,其不可二也。兄之格物训云正念头也,则念头之正否,亦未可据,如释、老之虚无,则曰"应无所住而生其心,无诸相,无根尘",亦自以为正矣。杨、墨之时,皆以为圣矣,岂自以为不正而安之? 以其无学问之功,而不知所谓正者乃邪,而不自知也。其所自谓圣,乃流于禽兽也。夷、惠、伊尹,孟子亦以为圣矣,而流于隘与不恭,而异于孔子者,以其无讲学之功,无始终条理之实,无智巧之妙也。则吾兄之训徒正念头,其不可者三也。论学之最有始者,则《说命》曰:"学于古训乃有获。"《周书》则曰:"学古入官。"舜命禹则曰:"惟精惟一。"颜子述孔子之教则曰:"博文约礼。"孔子告哀公则曰:"学问思辨笃行。"其归于知行并进,同条共贯者也。如兄之说,徒正念头,则孔子止曰"德之不修"可矣,而又曰"学之不讲",何耶? ……其不

---

① (明)湛若水:《答阳明》,见《湛甘泉先生文集》卷七,"四库全书存目丛书"集部第56册,齐鲁书社1997年版,第568页。

② "造道"一词来自《孟子·离娄下》:"君子深造之以道,欲其自得之也。"

③ (明)湛若水:《答王宜学》,见《湛甘泉先生文集》卷七,"四库全书存目丛书"集部第56册,齐鲁书社1997年版,第570页。

可者四也。①

在第一条诘难中,湛若水认为,王阳明将"格物"训为"正念头",与《大学》诚意、正心所含文义重复。应该说,湛若水的此种质疑不是全无道理。王阳明如此解"格物",确有语义重复之嫌。湛若水的疑惑也是当时很多学者的疑惑。可是,我们可以换一种角度来看待这个问题,即把《大学》之格物、致知、诚意、正心看作是修养工夫系统的不同环节,这些环节具有由微至著、层层推进的关系。② 王阳明正是抱持这样的观点。在他看来,将格物训为"正念头",并无湛若水所谓的重复的问题。如果硬将格物脱略于修养工夫系统之外,认为格物是"至物"或穷究事物之理,那么,此举又将回到程朱理学格物论的窠臼,而这是王阳明所极力反对的。王阳明说:"先儒解格物为格天下之物,天下之物如何格得? 且谓一草一木亦皆有理,今如何去格? 纵格得草木来,如何反来诚得自家意?"③这里,阳明批评了程朱的格物论,他认为,格天下之物是根本无法做到的,退一步说,即使能够格天下之物,对成就道德也是毫无意义的。

在第二条诘难中,湛若水认为,王阳明以"正念头"来解释格物,将与《大学》"知止"义以及从修身来说"格、致"的进路产生矛盾。在第三条诘难中,湛若水认为,王阳明的"正念头"与释、老、杨、墨、伯夷、柳下惠、伊尹等无法划清界限,后者也都"自以为正"。因此,仅以"正念头"来训格物,将会使儒家道德学说失去定准。其实,王阳明后来以"致良知"标宗,其判定念头是否为正的标准即是良知,内在良知时时刻刻都在对意念进行审查、监督。其致知(致良知)说与格物说是一贯的,只是强调的侧重点不同而已,"致良知是正面的端正意念——推致本正之意念于具体事为,格物是负面的端正意念——正其不正以归于正。能近取譬与省察克治都是他所强调的"④。在第四条诘难中,湛

① (明)湛若水:《答阳明王都宪论格物》,见《湛甘泉先生文集》卷七,"四库全书存目丛书"集部第 56 册,齐鲁书社 1997 年版,第 571—572 页。
② 徐梵澄先生认为,《大学》之格、致、诚、正,是说出了一从微至著、由小至大之心理过程。参见徐梵澄:《陆王学述——一系精神哲学》,上海远东出版社 1994 年版,第 152 页。
③ (明)王守仁:《传习录》下,见《王阳明全集》卷三,吴光等编校,上海古籍出版社 1992 年版,第 119 页。
④ 张学智:《明代哲学史》,北京大学出版社 2000 年版,第 69 页。

若水认为,王阳明的格物说割裂了"惟精"与"惟一"、博文与约礼等的关系,忽略了学问思辨行之功。应该说,王阳明虽然强调良知、本心的当下俱足,突出自我觉悟,但他亦未完全排斥学问思辨行。黄宗羲在评价湛、王格物之辩时也指出此点,他说:"先生大意,谓阳明训格为正,训物为念头,格物是正念头也,苟不加学问思辨行之功,则念头之正否,未可据。夫阳明之正念头,致其知也,非学问思辨行,何以为致? 此不足为阳明格物之说病。"[1]只不过,王阳明对"学问思辨行"的重视程度不及湛若水。

从以上分析可知,湛若水对王阳明的诘难既有值得称道的地方,也有不甚合理之处。同时,湛、王格物之辩也反映了他们为学宗旨上的差别。对湛若水来说,"格物"即"随处体认天理";对王阳明来说,"格物"即"致知"(致良知)。所以,湛、王格物论的差异实际上是"随处体认天理"说与"致良知"说之间的差异。

湛若水对自己的格物之说颇为自负。在他看来,其格物论彰显了知行并进的特色,符合《大学》以修身释格物的宗旨,符合"学问思辨行"的古训,且与程子格物论相契。不过,从后人的观点来看,湛若水的格物论不能说有太多的新意,它的确带有程朱理学的不少痕迹。

3. 对"致良知"的不同理解

湛若水不完全反对王阳明的"致良知"说,但他对该说亦有非议之处。他说:"良知二字,自孟子发之,岂不欲学者言之? 但学者往往徒以为言,又言得别了,皆说心知是非皆良知,知得是便行到底,知得非便去到底,如此是致。恐师心自用,还须学问思辨笃行,乃为善致。"[2]在他看来,良知人皆有之,亦可人人言之,因此,他并不讳言良知。但湛若水认为不可徒言良知,否则便会滋生弊病。他主要从以下三个方面批评了王阳明的"致良知"说。

第一,"致良知"说会导致师心自用,道德实践难以落实。在湛若水看来,王阳明强调心(良知)的知是知非的特性,对天理有所轻忽,是非的标准难以

---

① （清）黄宗羲:《甘泉学案一》,见《明儒学案》卷三十七,中华书局 1985 年版,第 877 页。
② （清）黄宗羲:《甘泉学案一》,见《明儒学案》卷三十七,中华书局 1985 年版,第 900 页。

确定，难免产生师心自用的问题。有鉴于此，湛若水在倡导心学的同时，又强调天理对良知的规约功能，强调多做学问思辨行的工夫，认为只有如此，才可避免言人人殊的局面。

事实上，王阳明也讲良知即天理，湛若水所谓师心自用的担忧是否显得多余？从湛若水的立场来看，此种担忧并非多余之举。他认为，王阳明讲良知即天理，天理乃是虚指，良知才具有实义，可是，徒致良知是远远不够的，它难以做到"天地位，万物育"，所以尚需"随处体认天理"，如此才是彻上彻下、贯通内外之功，才可避免仅仅局限于一腔之内来立论。然而，依王阳明，天下之理是不必尽知的，关键在于良知能否自作主宰，人能致良知，推致良知于事事物物，成己以成物，则人、物都有合适的安顿。

湛若水固然强调修养工夫，但平心而论，王阳明亦未尝忽略工夫，他的"致良知"说乃是本体与工夫的统一。王阳明虽有从积极的功能说良知的话头，但却不以之立教。在阳明看来，就一般人而言，要使良知得以呈现，就必须有"致"的工夫。王阳明的"致良知"说不过是要学者以自己的良知为是非之准则来审查自己的每一意念，看它是否符合天理本体，这里实际上体现了良知在王阳明工夫理论中的每一种审查、批判的消极功能，与其说它要求积极地去成就善，毋宁说它更强调消极地去抑制恶。① 王阳明的"致良知"说包含有工夫的法门，乃是不言而喻的。当然，其在教弟子方面确实也有过于轻巧之弊，而且，其"致良知"说本身也有过于高妙之处，故而遭到湛若水的批评。在湛若水看来，儒家圣贤之学是中正之学，向任何一个方向的偏离都会失却中正之道，做到中正才能入于圣贤之域。

第二，"致良知"说有以"知觉"为良知之嫌。湛若水说："知觉非良知也，所谓养知非是只养他这一点灵觉知识，乃养其所知之实理。"②在他看来，"知觉"非良知，"养知"也不是为了获得"灵觉知识"，而是要培养"实理"（道德理

---

① 参见郭晓东：《致良知与随处体认天理——王阳明与湛若水哲学之比较》，《中国哲学史》1998 年第 4 期。

② （明）湛若水：《新泉问辨录》，见《湛甘泉先生文集》卷八，"四库全书存目丛书"集部第 56 册，齐鲁书社 1997 年版，第 606 页。

性),体认天理。

湛若水又说:"知觉之理乃心之本体,而谓本体是天理,本自知觉,则彼凡有知觉运动之蠢然者皆天理,于是自堕于即心见性成佛之弊而不自知也。故良知之说最为难信者,此也。"①这里,他重申了"知觉"本身不是良知,从知觉之理的角度方可言良知。湛若水谓"良知之说最为难信者",乃指阳明的良知说易有混淆知觉与良知的弊病,故而"难信"。当然,湛氏此处对阳明的"良知"概念存在一定程度的误解(详见本节后面的分析)。

第三,"致良知"的修养工夫落于后着。湛若水说:"今之所谓致良知者,待知得这一是非,便致将去,此所谓待发见之后,一端求充一端也。只一随处体认天理,扩充到尽处,即足保四海,即是高明广大之本体。"②他认为,"致良知"说是在"待发见之后"才去致,"致良知"的修养工夫落于后着。在湛若水看来,"致良知"说非儒者修养究竟工夫,而他自己的"随处体认天理"则无时不体认,无处不体认,如此的修养工夫,才是无所不至、无所不包、无时不在的极致工夫。但事实上,王阳明的"致良知"说兼知兼行,工夫论贯穿于"致良知"过程的始终,并无所谓落于后着之类的问题。

4. 对"勿忘勿助"的不同理解

湛、王之间亦就"勿忘勿助"问题展开过辩论。"勿忘勿助"一语来自《孟子·公孙丑上》:"必有事焉,而勿正,心勿忘,勿助长也。"其大意是,人无论何时都不可忘记道德实践之事,但又不能心急火燎,如果勉强自己急于求成,妄加作为,不以直养,反害其气。

湛若水与王阳明在"勿忘勿助"问题上存在一定的分歧。先看王阳明的主张。阳明说:"必有事焉者,只是时时去集义。若时时去用必有事的工夫,而或有时间断,此便是忘了,即须勿忘。时时去用必有事的工夫,而或有时欲速求效,此便是助了,即须勿助。其工夫全在必有事焉上用,勿忘勿助只就其间提撕警觉而已。……集义只是致良知。说集义则一时未见头脑,说致良知

---

① (明)湛若水:《新泉问辨录》,见《湛甘泉先生文集》卷八,"四库全书存目丛书"集部第 56 册,齐鲁书社 1997 年版,第 606—607 页。

② (清)黄宗羲:《甘泉学案一》,见《明儒学案》卷三十七,中华书局 1985 年版,第 902 页。

即当下便有实地步可用工。"①王阳明所看重的是"必有事"，而"必有事"在他看来就是集义，也即致良知，致良知（"必有事"）是一种根本的工夫，"勿忘勿助"仅能起到辅助的作用，若将致良知的工夫落到实处，便无须再谈"勿忘勿助"。反之，若悬空守着一个"勿忘勿助"，却不用功于"致良知"，则是本末倒置之举。

与王阳明不同，湛若水对"勿忘勿助"给予了高度的重视，他说："天理在心，求则得之。夫子曰：'我欲仁，斯仁至矣。'但求之自有方，勿忘勿助是也。千古惟有孟子发挥出来。"②又说："勿忘勿助，心之中正处，这时节，天理自见，天地万物一体之意自见。"③湛若水类似的话头还有不少，此处不一一列举。在他看来，"勿忘勿助"乃是"心之中正"的理想状态，而且，只有做到"勿忘勿助"，才能体认到心之中正，而天理即是"吾心中正之本体"。

湛若水还认为，"勿忘勿助"是"定性之要"。他说："水能润泽万物，即天理之流行、万变万化、弥纶参赞之功用也。水在，澄之以复其本性之清。心在，定之以尽其本性之善，忘助便是坏性之端，勿忘勿助便是定性之要。"④也就是说，"忘""助"使得本心本性暗而不彰，通过"勿忘勿助"的修养工夫，就能够呈现本心本性，并加以贞定。

湛若水进而对王阳明将"勿忘勿助"视为第二义、虚义的做法提出批评。他说："惟求必有事焉，而以勿助勿忘为虚，阳明近有此说，见于《与聂文蔚侍御之书》，而不知勿正、勿忘勿助乃所有事之工夫也，求方圆者必于规矩，舍规矩则无方圆，舍勿忘勿助，则无所有事，而天理灭矣。"⑤湛若水认为，"勿忘勿

①　（明）王守仁：《传习录》中，见《王阳明全集》卷二，吴光等编校，上海古籍出版社1992年版，第83页。

②　（明）湛若水：《新泉问辨录》，见《湛甘泉先生文集》卷八，"四库全书存目丛书"集部第56册，齐鲁书社1997年版，第612页。

③　（清）黄宗羲：《甘泉学案一》，见《明儒学案》卷三十七，中华书局1985年版，第909页。

④　（明）湛若水：《新泉问辨续录》，见《湛甘泉先生文集》卷九，"四库全书存目丛书"集部第56册，齐鲁书社1997年版，第616页。

⑤　（明）湛若水：《新泉问辨录》，见《湛甘泉先生文集》卷八，"四库全书存目丛书"集部第56册，齐鲁书社1997年版，第608页。

助"是"必有事"的工夫,抛开"勿忘勿助",就无所谓"必有事"。对湛若水来说,"勿忘勿助"是更为根本的工夫。

湛、王就"勿忘勿助""必有事"的修养工夫论进行争辩,乃是立足于各自不同的哲学立场。在湛若水这里,其所求者乃是心之中正(天理),而"忘、助皆非心之本体也"①,因而他特别突出"勿忘勿助"。王阳明倡导"致良知"说,他"在长期的实践活动中锻炼体悟出的良知,是个无所不包的整体,它可以说就是精神活动本身。它包括理智、意志、情感及对自己精神活动的控制与调节。良知受道德理性的驱迫,它本有的道德情感时时显露,所以它'必有事焉'。良知又受其调节机能的驱使时时注意勿间断,勿欲速求效,而使'必有事焉'得以在雍容宽舒的心理状态下进行。它不求中正而自然中正,不强调随处而触处皆真"②。笔者认为,"必有事"与"勿忘勿助"是修养工夫的一体两面(两者是一正一反之说法,归宿乃是一致的),湛、王似乎不必过于纠缠于此问题。

笔者认为,湛若水、王阳明学说最根本的歧异在于致思方式的不同。王阳明主张向内自省、反躬自求,而不太关注外向性的认知(当然,他有时也倡导内外一体之说)。在王阳明看来,如果不返求内心,向外追逐,则愈求愈远,反而不利于成就道德。这种突出本心、良知的做法虽然简约易行,可是却产生了漠视事物存在、忽略客观知识的弊病,因而遭到湛若水的批评。湛若水则主张兼顾内外,其学说既不同于程朱理学,也有异于陆王心学,从而表现出融摄并试图超越理学、心学的特色。恰如有的研究者所指出的那样,湛若水的哲学体系"是一个突破理学而又吸收理学,属于心学而又批评心学的心学综合体系"③。非但如此,湛若水还十分重视"气"这个范畴,并主张将"气"与"理""心""性"等贯通起来,倡导理气合一、性气合一、心气合一。他将"气"论融入心学体系之中,目的是要凸显客观性。

① (明)湛若水:《答聂文蔚侍御》,见《湛甘泉先生文集》卷七,"四库全书存目丛书"集部第56册,齐鲁书社1997年版,第573页。
② 张学智:《明代哲学史》,北京大学出版社2000年版,第71页。
③ 乔清举:《甘泉哲学体系及其后传研究》,《哲学研究》1994年第2期。

　　湛若水固然认为王阳明之学有"是内非外"之弊，王阳明也指责湛若水"求之于外"。应该说，外在性的认知确实不是成就道德的充分必要条件。即使一个人的知识很多，甚至有关道德的知识也很多，也不能保证他在行动上就是一个道德完人。但是，知识对于道德无疑是有助缘作用的。平日如果重视知识特别是道德知识的积累，事情发生之后才不会仓皇走作，才能作出正确的道德判断。杨泽波先生说："无论是证之于古代中国哲学，还是借鉴于现代西方哲学，无论是理论的考辨，还是实例的分析，都可以证明，学习和认知在成就道德过程中的作用是不容丝毫否认的，因此以朱子为代表的理学不仅在学理上有其合理性，在逻辑上也有其必然性。"[①]从此角度来看，湛若水在坚持心学立场的同时，也部分地保留了朱熹学说重"智"的思想及对客观物理的探索精神，应有一定的价值。两人不同的思想倾向也影响到他们各自的后学。湛门后学多倡导"合一"论，主张兼顾内外；而王门后学则多突出本心、良知的主宰功能。正是有这些不同面向的存在，才使得明代心学思想发展异彩纷呈。

　　不过，湛若水在心物、格物、良知、"勿忘勿助"等问题上对王阳明心学的辩难均有不太合理之处。笔者在前面已作了一定的剖析，这里再以良知之辩为例略做说明。湛氏认为阳明的良知说易有混淆知觉与良知之弊，但事实上并非如此。王阳明在阐释良知时，确实提到知觉或灵觉的概念，比如，他说："良知是天理之昭明灵觉处，故良知即是天理。"[②]在王阳明看来，良知之所以为良知，就在于它随时知是知非，良知似乎表现为一种昭明灵觉或知觉。可是，王阳明没有将良知和知觉（灵觉）直接加以等同。他认为，良知不同于一般的知觉，因为一般的知觉不能知是知非，不能进行善恶的判断；而良知却能够知是知非。阳明所谓的良知"不仅指示我们何者为是何者为非，而且使我们'好'所是而'恶'所不是，它是道德意识与道德情感的统一"[③]。可见，湛若

---

① 杨泽波：《牟宗三三系论的理论贡献及其方法终结》，《中国哲学史》2006 年第 2 期。
② （明）王守仁：《传习录》中，见《王阳明全集》卷二，吴光等编校，上海古籍出版社1992 年版，第 72 页。
③ 陈来：《有无之境——王阳明哲学的精神》，人民出版社 1991 年版，第 167 页。

水对良知的理解均与王阳明的立论宗旨有一定出入。相应地,他对阳明良知
说所作的批驳也不足以令人信服,从而造成了一些不必要的辩难。

第二节　甘泉学派的传承谱系、
致思趋向与学术贡献

　　湛若水不仅建构了自己独具特色的思想体系,还创立了一个学派,即甘泉
学派。它兴起于岭南,但其后来的发展并非只限于岭南地区,而是遍及岭南
内外,其时间跨度大约是从明中叶至清初的 100 余年时间(以明代中、晚期
为主)。甘泉学派流传较广,对中、晚期明代心学发展的影响仅次于阳明
学派。

一、甘泉学派的传承谱系

　　湛若水一生遍修书院,并积极投身于书院教育,广招门徒。湛门后学中不
乏能自成一家之言、较具学术声望的弟子或再传弟子。黄宗羲在《明儒学
案·甘泉学案》中除了重点推介湛若水其人其学之外,还编纂了湛门后学吕
怀、何迁、洪垣、唐枢、蔡汝楠、许孚远、冯从吾、唐伯元、杨时乔、王道等人的学
案。未被黄宗羲列入《明儒学案》的湛门后学钱薇、庞嵩、霍与瑕等人在学问
与人品方面也俱佳。

　　在湛若水的亲炙弟子中,最著名者当属唐枢、洪垣、吕怀、何迁。唐枢,字
惟中,号一庵,嘉靖进士,曾任刑部主事,后因上疏直言而被削职为民。此后,
他一生大部分时间都在家乡湖州读书、讲学与授徒。嘉靖四年(1525 年),唐
枢拜湛若水为师。同时,他年轻时也十分仰慕王阳明及其心学思想,但因故未
能见到阳明。唐枢毕生致力于会通湛、王之说,其思想学说介于湛、王之间。
唐枢在学术上提出了"讨真心"的三字宗旨。

　　洪垣,字峻之,号觉山,江西婺源人,嘉靖进士,历仕永康知县、御史及温州
知府,后居家隐居长达 46 年之久,直至辞世。洪垣是湛若水十分欣赏的一位

弟子,被湛氏视为"可传吾钓台风月者"①。为了防止其他学者误解老师的"随处体认天理"之说,以为"随处体认"是"求之于外",洪垣便极力倡导"不离根之体认"②,"不离根之体认"因而也成为其标志性的学说。

吕怀,字汝德,号巾石,广信府永丰人,嘉靖进士,官至南京太仆少卿,曾师事湛若水。不过,吕怀对师说既有继承,也有所突破,而他以"变化气质"来标明论学要旨,则有偏离师说的倾向。

何迁,字益之,号吉阳,江西德安人,嘉靖进士,历任户部主事、九江知府、南京刑部侍郎等职。他是湛若水的入室弟子,同时受到阳明心学的影响,故其学说介乎湛、王之间。何迁主要倡导"知止"说。

蒋信、蔡汝楠、王道等人也是湛若水亲炙弟子中较具声望者。蒋信,字卿实,号道林,湖南武陵人,嘉靖进士,历任户部主事、兵部员外郎、四川水利佥事、贵州提学副使。后绝意官场,专事著述、讲学。蒋信曾出入王、湛之间,到了中晚年,他基本上归宗湛门了。黄宗羲一方面认为蒋信"得于甘泉者为多"③,另一方面在编纂《明儒学案》时却把蒋信列入《楚中王门学案》,而没有列入《甘泉学案》。蒋信极力倡导"万物一体""默识"等学说。

蔡汝楠,字子木,号白石,浙江德清人,嘉靖进士,官至兵部侍郎,后改任南京工部右侍郎。黄宗羲谓其"师则甘泉,而友则皆阳明之门下也"④,蔡汝楠精于诗学,在学术上则会通湛、王之说。

王道,字纯甫,号顺渠,山东武城人,正德进士,官至南京户、礼、吏三部右侍郎。王道"初学于阳明,阳明以心学语之,故先生从事心体,远有端绪。其后因众说之淆乱,遂疑而不信。……先生又从学于甘泉,其学亦非师门之旨"⑤,可见,他对阳明心学,开始较为信服,继而加以质疑,后来他转投湛门,

---

① （清）黄宗羲:《甘泉学案三》,见《明儒学案》卷三十九,中华书局 1985 年版,第 928 页。
② （清）黄宗羲:《甘泉学案三》,见《明儒学案》卷三十九,中华书局 1985 年版,第 934 页。
③ （清）黄宗羲:《楚中王门学案》,见《明儒学案》卷二十八,中华书局 1985 年版,第 628 页。
④ （清）黄宗羲:《甘泉学案四》,见《明儒学案》卷四十,中华书局 1985 年版,第 969 页。
⑤ （清）黄宗羲:《甘泉学案六》,见《明儒学案》卷四十二,中华书局 1985 年版,第 1038—1039 页。

不过,他也没有尽守湛学,而是有脱离师门宗旨的倾向。

在湛若水的二传弟子中,许孚远、唐伯元、杨时乔诸人较有影响,在明代思想发展史上占有一定的地位。许孚远,字孟仲(亦称孟中),号敬庵,浙江德清人,嘉靖进士,历任南京工部及吏部主事、陕西提学副使、南京大理寺卿、南京兵部右侍郎等职。许孚远去世后被追授为南京工部尚书,谥号"恭简"。他曾师事湛若水的入室弟子唐枢,故也可将其纳入甘泉学派之中来加以研究。① 一方面,许孚远将湛、唐的思想学说发扬光大,并做了新的阐发,其学说"以克己为要";另一方面,他又积极提携后学,培养了冯从吾、刘宗周等儒学名家。

唐伯元,字仁卿,号曙台,广东澄海人,万历进士,曾任江西万年及泰和知县、南京户部主事、礼部仪制司主事、吏部文选司员外郎等职。他为人耿介,刚正不阿,为官期间关注民生疾苦,所仕之处均能造福一方。去世后曾被明熹宗追封为太常寺少卿,并被赐赠"理学名卿"的巨幅横匾。唐伯元之学源自湛门弟子吕怀,他倡导的"修身""崇礼"等主张都深受吕怀"变化气质"说的影响,同时,他亦能通过吕怀继承湛若水的思想学说。唐伯元的学说带有较为浓厚的朱熹理学色彩。他反对侈谈心或心学,曾经强烈抗议明代心学大师王阳明从祀孔庙。不过,他对陈献章及湛若水的心学思想则一直充满好感。

杨时乔,字宜迁,号止庵,广信府上饶人,嘉靖进士,曾任吏部员外郎、吏部左侍郎等职,因遭人诬陷而被冤杀,后被追认为吏部尚书,谥端洁。杨时乔拜湛门高足吕怀为师,故为湛氏二传弟子。他在学术上倾向于朱熹理学,对阳明心学则持批判态度,认为阳明心学已与佛禅之学无异。不过,黄宗羲不认同杨时乔对阳明心学所作的批评,他为阳明辩护道:"阳明固未尝不穷理,第其穷在源头,不向支流摸索耳。至于敛目反观,血气凝聚,此是先生以意测之,于阳明无与也。"②黄宗羲认为杨时乔曲解了阳明之意,对阳明心学之批评多为主

---

① 当然,许孚远对王阳明及其心学思想也较为赞赏,他在创立学说时对阳明心学多有吸纳。不过,他对阳明心学的工夫教法多有微词。

② (清)黄宗羲:《甘泉学案六》,见《明儒学案》卷四十二,中华书局 1985 年版,第1027 页。

观臆测之词,并不合理。这样一来,黄宗羲对杨时乔反倒不无微词。

在湛若水的三传弟子中,冯从吾、刘宗周无疑是其中的佼佼者。冯从吾,字仲好,号少墟,长安(今陕西西安)人,万历进士,曾任河南道监察御史、左金都御史等职。从师承关系的角度来看,冯从吾受业于湛氏二传弟子许孚远之门,因而他也可被视为湛门后学。从学说宗旨的角度来看,冯从吾作为一位关中大儒,其人其学一方面体现了关学敦本尚实、崇正辟邪、重视躬行的特色,另一方面他又以心学思想为根底,将理学、气学与心学融会贯通。冯从吾去世后,被追赠为太子太保,赠一品文官诰,谥"恭定"。

刘宗周,山阴(今浙江绍兴市)人,万历进士。因讲学山阴县城北蕺山,学者们称他为"蕺山先生"。刘宗周曾任行人司行人、尚宝司少卿、通政司右通政、顺天府尹、工部及吏部左侍郎、都察院左都御史等职,他先后经历了明神宗、熹宗、思宗、福王四朝。不过,刘宗周在官之日甚少,他"通籍四十五年,在仕仅六年有半,实立朝者四年"[1],他因为刚正敢言,常不顾个人安危,犯颜直谏,指斥时弊,弹劾奸党,为魏忠贤、温体仁、马士英之流所不容,皇帝也难以忍受刘宗周这种不留情面式的直言相谏,故数次被革职为民。刘宗周素来以清苦、严毅著称,以"宿儒重望"而为晚明清流领袖。在南明大势已去的情况下,他临难仗节,以身殉国。在学术上,刘宗周对宋明诸儒之学多有所吸收、借鉴,同时又自立新说,极力倡导慎独、诚意之说,卓然成一家之言。他虽然较少论及湛若水,但从学术渊源上来看,他与湛氏不无关系。万历三十一年(1603年),刘宗周经人介绍,拜湛若水的二传弟子许孚远为师。自此之后,他终生"服膺许师",他的学说也深受许氏的影响。如此一来,刘宗周亦可被纳入湛若水创立的甘泉学派的脉络之下。

不可否认,甘泉学派内部存在着较大的差异,学派的理论衔接也相对薄弱,但不妨碍我们把湛若水及其门人弟子称为一个学派。一般来说,学派的组成大致应该有三个基本要素:学派领袖、学术主旨以及弟子群。领袖人物是学

---

① 　(明)刘宗周:《年谱》,见《刘子全书》卷四十,清道光刻本。

派的旗帜,学术主旨则是其核心,弟子群则代表着该学派的势力和影响。① 就甘泉学派而言,这三条应该都是具备的,学派领袖与弟子群自然不必多说,湛若水是学派领袖,而其追随者则遍布大江南北。甘泉学派的学术主旨尚需稍做辨析,湛若水以"随处体认天理"说标宗,此说在湛若水及甘泉学派的学说中均处于核心地位,我们由湛若水与弟子的一段对话中亦可看出此点。

盘问"日用切要工夫"。道通曰:"先生之教,惟立志、煎销习心、体认天理,之三言者,最为切要,然亦只是一事。每令盘体验而熟察之,久而未得其所以合一之义,敢请明示。"先生曰:"此只是一事。天理是一大头脑,千圣千贤,共此头脑,终日终身,只是此一大事,更别无别事。立志者,立乎此而已;体认是工夫,以求得乎此者,煎销习心,以去其害此者。……志如草木之根,具生意也;体认天理,如培灌此根;煎销习心,如去草以护此根。贯通只是一事。"②立志、煎销习心、体认天理是湛若水学说尤其是其修养工夫论的"切要"问题,三者不可截然分开,而是一个有机的整体,它们都指向天理,都是为了能够使人更好地体认、呈现以及践行天理,故三者相较,"体认天理"最为重要,湛若水反复提到的"只是一事"实际上就是指"体认天理"这一事,他还说:"此二图乃圣学工夫至切至要、至简至易处,总而言之,不过只是随处体认天理。"③可见,"随处体认天理"是湛学的主旨,殆无疑义,恰如"致良知"是王阳明晚年的论学主旨一样。两者的不同之处在于,阳明后学无不谈论良知学,湛门后学的情况则略显复杂,既有围绕"随处体认天理"说而做进一步发挥者,比如,湛若水弟子洪垣就认为,"体认天理"应是"不离根之体认"④,也有较少甚或只字不提此说以至于逐渐偏离师门宗旨者,如吕怀等

---

① 参见何俊,尹晓宁:《刘宗周与蕺山学派》,中国人民大学出版社 2009 年版,第 214 页。

② (清)黄宗羲:《甘泉学案一》,见《明儒学案》卷三十七,中华书局 1985 年版,第 888—889 页。

③ (明)湛若水:《四勿总箴》,见《湛甘泉先生文集》卷二十一,"四库全书存目丛书"集部第 57 册,齐鲁书社 1997 年版,第 73 页。

④ (清)黄宗羲:《甘泉学案三》,见《明儒学案》卷三十九,中华书局 1985 年版,第 934 页。

人。甘泉学派内部的理论衔接较之阳明学派无疑显得薄弱一些。不过,明代思想发展史上存在着一个以湛若水为核心的甘泉学派,这是一个不容否定的客观事实。

二、甘泉学派的致思趋向

甘泉学派主要代表人物在致思趋向上具有一些相似之处,主要表现为如下方面:其一,主张会通诸家,兼容并包。湛若水以及不少湛门后学均表现出此种学术态度。就湛氏而言,他在格物问题即受到了程朱理学的影响,认为格物即"至其理"①;而其所谓的"理"(天理)亦带有程朱理学的痕迹,他除了讲身心性命之理之外,也涉及事事物物之理。湛若水还吸取了张载的气学思想,认为"宇宙间一气而已"②,即是说,从实然的或宇宙本原的角度来看,宇宙间乃一气充盈。当然,这并不表明湛氏是一个气本论者,在他看来,气、道、心、性、理均可通而为一。湛门不少后学也倾向于将心学、理学、气学等统摄起来,以湛氏三传弟子冯从吾为例,他首先肯定了儒家圣贤之学即是心学,认为"自古圣贤学问,总只在心上用功,不然即终日孳孳,总属树叶"③。他进而又指出:"丢过理说心,便是人心惟危之心。"④冯从吾认为,言"心"应与"理"结合起来讲,如此才可防止一味宣扬心之灵明而使人心走作,故他对朱子理学也颇为重视。冯从吾出生于关中,后来又常讲学于关中,其学说受到张载气学思想的影响自不待言。冯从吾的著述中不乏气论以及变化气质等方面的论说,而关学躬行实践、敦本尚实的学风在其身上也得到了很好体现。可见,冯从吾之学也是力求会通诸家的。正因为湛若水及其后学常能博采诸家之长,而非执守某派之说,所以才使得后世学者在定位他们学说性质的问题上众说纷纭,难

---

① (明)湛若水:《答阳明王都宪论格物》,见《湛甘泉先生文集》卷七,"四库全书存目丛书"集部第56册,齐鲁书社1997年版,第572页。

② (明)湛若水:《新论》,见《湛甘泉先生文集》卷二,"四库全书存目丛书"集部第56册,齐鲁书社1997年版,第531页。

③ (明)冯从吾:《辨学录》,见《冯从吾集·冯少墟集》卷一,刘学智、孙学功点校整理,西北大学出版社2015年版,第32页。

④ (清)黄宗羲:《甘泉学案五》,见《明儒学案》卷四十一,中华书局1985年版,第985页。

以有定论。比如,对于湛若水,大多数学者认为其学说"属于心学,然而对程朱理学又有一定程度的吸收",也有学者不认同"湛若水的学说属于心学"的观点,而将其归入程朱理学①。笔者认为,湛若水倡导"合内外"之学,他既主张反求内心,突出内在的自我体验,又主张探索、体察一草一木等外物之理,其学说既不同于程朱理学,也有异于陆王心学,从而表现出融摄并试图超越理学、心学的特色。不过,从总体上看,湛若水仍坚持了心学的学术立场,其所言之"心"既包罗天地万物,又贯通于天地万物之中。湛门不少后学同样也是以心学为本,进而又在心学的架构之内,尽可能地吸纳了理学、气学等思想资源。当然,也有例外,湛氏二传弟子唐伯元就对陆王心学多有贬抑,他尽管称不上是一位正统的朱子学者,但其学说已带有较为浓厚的朱熹理学色彩。

其二,倡导"合一"论。甘泉学派从湛若水开始即倡导理气、性气、心气以及心性、心理、性理的合一,"所谓合一,是说理、气、心、性四者不可分离"②。当然,这些范畴在湛若水看来并非同质的、无差别的同一,而是异质的、有差别的统一。以心气合一为例,湛若水说:"人者,天地之心也。天地与人同一气,气之精灵中正处即心。"③在他看来,心、气相通。人(心)与天地万物都是禀气而生,但人(心)所秉承的乃是一种精灵、中正之气。如此一来,人(心)在宇宙间便担负着一种重要职责,即一方面要不断塑造自我,创造新的人类文化,另一方面又要将自己置身于宇宙间,以便能与天地合德、与万物同体。再看心理合一,湛若水对心与理关系的处理既不同于朱熹的"心具众理"说,也与陆九渊、王阳明的"心即理"说有所区别,他主张心理不二或心理合一。"心理合一"与"心即理"这两种说法看似一致,但实际上还是有一些细微的差别。也就是说,湛若水倡导的"心理合一"说较为重视心、理合一的条件性。他认为,

① 黎业明:《近百年来国内湛若水思想研究回顾》,见蔡德麟、景海峰主编:《全球化时代的儒家伦理》,清华大学出版社 2007 年版,第 242 页。

② 朱伯昆:《序》,见乔清举《湛若水哲学思想研究》,(台湾)文津出版社 1993 年版,第1 页。

③ (明)湛若水:《泗州两学讲章》,见《甘泉先生文集》内编卷三,嘉靖十五年刻本,董平校点,《儒藏》精华编第 253 册,北京大学出版社 2009 年版,第 65 页。

只有心处于中正的状态时,心、理才是合一的;若心有所偏差,陷入"过"与"不及"之中,那么,心与理便不再合一了,故湛氏不会轻言"心即理"。而陆、王的"心即理"说则较为突出本心(或良知)的当下即是,认为本心(或良知)即是理。湛门后学中亦不乏倡导"合一"论者。比如,洪垣就主张内外合一,认为"内外兼该,是贯处,盖一则内外兼该也"①。内、外关系在一定程度上也即心、物关系。在洪垣看来,内(心)、外(物)是一体的,"逐外而忘内"与"求内而遗外"都割裂了内、外之间的有机联系。

其三,凸显修养工夫的重要性。甘泉学派的成员多为躬行践履之儒,致谨于一言一行,笃行自律。此点既表现于他们的日用常行中,又在他们的学说中展露无遗。湛若水的学说将修养工夫论摆在十分突出的位置,他既注重吸收、借鉴陆王心学中反求诸心、端正心意的修养方法,又保留了程朱理学中强调格物穷理、虔敬笃实的工夫论特色。以其倡导的"煎销习心"的工夫为例,他说:"煎销习心,便是体认天理工夫。……如煎销铅铜,便是炼金,然必须就炉锤,乃得炼之之功。"②湛氏认为,"煎销习心"如同"煎销铅铜",后者通过千锤百炼,始可获得无比珍贵的纯粹金银;而"煎销习心"则意味着,人须做持续不断的修养工夫,除去"习心"之弊,方可体认天理。湛门后学许孚远径直以"克己"标宗,其学术兴趣不在于体悟天道性命之类的超越之理上,而更多地关注了"下学"或者说是儒家道德的践行问题。许孚远的弟子刘宗周更是以工夫严苛而著称,他倡导的"改过"说就主张"将个人的行卧起坐、言谈举止、思虑意念乃至潜意识状态都纳入改过的范围之内。"③

三、甘泉学派的主要学术贡献

湛若水及其创立的甘泉学派在阐扬、改造陈献章心学以及与阳明学派相互辩难的过程中发展出颇具特色的学说,在明代心学发展史上具有重要的地位。该学派的学术贡献可概括为如下方面:首先,重新诠释和改造陈献章学

① (清)黄宗羲:《甘泉学案三》,见《明儒学案》卷三十九,中华书局 1985 年版,第 929 页。
② (清)黄宗羲:《甘泉学案一》,见《明儒学案》卷三十七,中华书局 1985 年版,第 893 页。
③ 姚才刚:《刘宗周的"改过"说及其伦理启示》,《哲学研究》2014 年第 7 期。

说,为明代岭南心学注入了新的活力。陈献章是岭南心学的奠基人,湛若水的学说则直接渊源于陈献章心学,其本人亦是陈献章创立的江门学派的重要成员之一。湛氏在继承陈献章心学精神的基础上,又从以下数方面做了重新诠释和改造:扬弃其师"静中养出端倪"说,主张"动静一体";在接受其师"自得""以自然为宗"等思想的基础上,提出了"体认于心,即心学也""随处体认天理"等主张;矫正其师学说过于倾向内省等缺失,倡导合内外之道;等等。湛门后学亦能通过湛若水而消化、发挥陈献章之说,比如,被湛氏视为衣钵传人的洪垣对陈献章宣扬的"自然""自得"说就颇能心领神会,他说:"道在求自得尔。静体浑融,虚通无间,原不在喧寂上。……道以自然为至,知其自然,动不以我,斯无事矣。"①洪垣这里对"自得""自然"都有所阐发,若再结合他的其他相关论说,则可以看出,他对陈献章的"自得"说尤有善解,认为各种外在的规矩、律条、知识等虽然可以通过言传身教的方式获得,可是对"道体"本身却需要学者"自得",也即自我体认。可以说,正是有了湛氏及其后学的竭力弘扬,以及通过创造性的诠释而不断赋予其新义,才使得陈献章创立的岭南心学绽放异彩,并逐渐蔚为大观。

其次,湛学的广泛传播促进了整个明代心学的发展与繁荣。湛若水出生于岭南,且受学于岭南心学开创者陈献章,但湛氏后来的足迹却踏遍岭南内外,其学说的影响力也远远超出岭南地区。湛氏曾任明代"三部"尚书,为官30余年。同时,湛氏亦热衷于讲学与创办书院,去世之前仍讲学不辍,而他平生在全国各地创办的书院有近40所,弟子多达数千人,且遍布大江南北。因此,以湛若水为代表的甘泉学派不但为岭南心学注入了新的活力,而且对整个明代心学的发展产生了积极的影响。湛若水固然以"随处体认天理"说而在明代心学发展史上独树一帜,而湛门部分后学亦提出了诸多独到的见解,因而极大地丰富了明代心学的内容。比如,唐枢在会通湛、王两家学说的基础上,标举出"讨真心"说;洪垣主张"体认天理"乃是"不离根之体认";吕怀注重阐

---

① (明)洪垣:《觉山先生绪言》卷一,"续修四库全书·子部"第1124册,上海古籍出版社2002年版,第68页。

发"变化气质"说;何迁倡导"知止"说;许孚远之学"以克己为要";冯从吾强调从"本源处透彻";等等。笔者认为,明代中叶以来心学能够走向兴盛、繁荣,固然有赖于王阳明的创发以及王门后学的传播、推广,但不可否认的是,以湛若水为代表的甘泉学派也有较大的功劳,此学派是明代心学发展史上一个不可缺少的环节,殆无疑义。

再次,湛、王之辩开启了明代心学发展的不同面向。湛、王之辩是明代心学发展史上的一件大事。湛若水于正德元年(1506 年)与王阳明结识、定交。正德五年(1510 年),他与王阳明在京师比邻而居,因此得以经常相见,并会讲于大兴隆寺。后来,两人又多次相会或互致书信讨论学问。湛、王尽管都属于明代心学阵营的人物,但他们对格物、良知、"勿忘勿助"等问题的理解却有较大出入。大体说来,湛、王之间最根本的歧异在于致思方式的不同。王阳明主张向内自省、反躬自求,在他看来,如果不求内心,向外追逐,则愈求愈远,反而不利于成就道德。这种突出本心、良知的做法虽然简约易行,可是却产生了漠视事物存在、忽略客观知识的弊病,因而遭到湛若水的批评。湛若水在彰显心学的同时,部分地保留了朱熹学说重"智"的思想以及对外部世界的探索精神,倡导"合内外"之学。当然,湛、王之间的差异仍属心学内部的差异。两人不同的思想倾向也影响到他们各自的后学,湛门后学多倡导"合一"论,主张兼顾内外;而王门后学则多突出本心、良知的主宰功能。正是有这些不同面向的存在,才使得明代心学思想发展异彩纷呈。

最后,湛门部分后学纠弹王学末流之弊,有利于明末王学的健康、理性发展。王阳明意气风发,敢创新论,其掀起的思想解放潮流在当时具有"震霆启寐,烈耀破迷"的作用。可是,王阳明心学在促进思想解放运动的同时,也埋下了后来王学末流弊病丛生的祸根。一些王学末流逐渐突破了阳明心学的藩篱,滋生流弊。这种状况引起了晚明时期不少学者的不满,其中包括部分湛门后学,他们起而批评、矫正王学末流之弊,以扭转盛行于明末王学中的玄虚之风。甘泉学派对明代心学发展产生的积极影响,亦可由此略窥一斑。比如,湛氏二传弟子许孚远与王门后学周汝登就"无善无恶"问题展开过激烈辩论。周汝登对王畿的"四无"之说赞誉有加,被当时学者视为"今之龙溪"。许孚远则以

"无善无恶不可为宗"①,作《九谛》以辩难之,周汝登则作《九解》,对《九谛》一一加以响应。许孚远与周汝登关于"无善无恶"问题的辩论,在明代心学发展史上产生了较大的影响。许孚远辩难王门"无善无恶"说,旨在端正学风,进而重振世道人心。其他湛门后学亦致力于纠弹王学末流之弊。应该说,湛门后学此举有积极正面的价值,对明末王学中的玄虚之风有所抑制。当然,有的湛门后学(如唐伯元、杨时乔等)对王学的辩难、斥责则不完全合理,带有意气之争。

第三节 甘泉部分后学思想解析

甘泉后学(含湛若水亲炙弟子与再传弟子)人数众多,其中唐枢、洪垣、吕怀、何迁、蒋信、蔡汝楠、许孚远、唐伯元、杨时乔等人较具声望,在学术上能够自成一家之言。限于篇幅,本节仅以唐枢、洪垣、蒋信、许孚远为个案对甘泉后学的思想学说加以剖析。

一、唐枢

唐枢(1497—1574 年),字惟中,号"一庵",明嘉靖年间进士,其年轻时曾拜湛若水(号"甘泉")为师,同时亦十分仰慕王阳明及其学说,但因故未能见到阳明。唐枢在学术上既吸收、融汇了湛、王之说,又能有所创发,卓然成一家之言。其弟子众多,影响较大者当属许孚远,而明末大儒刘宗周又师事许孚远,"湛甘泉—唐枢—许孚远—刘宗周"这一学术谱系在明代儒学发展史上产生了较大的影响。笔者这里不拟全面评述唐枢的思想学说,而是着重剖析其用以表明自己学术宗旨的"讨真心"说。

1. "真心"的内涵

唐枢极力倡导"讨真心"说,他把"真心"视为一种"实有之心"。唐枢说:

---

① 此语是黄宗羲在评价许孚远与周汝登关于"无善无恶"之争时提到的,参见(清)黄宗羲:《泰州学案五》,见《明儒学案》卷三十六,中华书局 1985 年版,第 854 页。

"真心是人实有之心，实有之心乃天地生人之根底，亘古今不变。"①又说："真心乃人实有之心，实有之心是人自知的所在，无贤愚，无古今，无老幼，无操舍，无贵贱。"②在他看来，"真心"是人先天本有的至善本心，是人之为人的内在规定性，能够对人的言行起指导、监督作用。"真心"对于每人来说都是真切而实在的，不分圣凡智愚、古今中外、男女老幼或贫富贵贱，人皆有之。而且，"真心"还是"天地生人之根底"。唐枢认为，人来自天，天不仅赋予人以外在的形体，同时赋予人以"真心"或善的品性。人若珍惜与生俱来的禀赋，并加以呵护、扩充，那么人就是一个能够挺立起来的真正大写的"人"。反之，人若轻忽这种禀赋，甚至戕害它，那么人心便会陷溺下去，人性的光辉便无法彰显，以至于黯淡无光。

"心"在传统儒家学说中具有生理、认知、情感、道德等多重内涵。唐枢所谓的"真心"主要是指道德本心，他在"心"之前冠以"真"字，旨在强化道德本心真实无欺的特性以及规约人生的功能，同时也可将道德本心与感性欲念之"心"区别开来。"真"即真实、真诚，它是与"妄""假"相对而言的，无妄、不假即为真。唐枢所讲的"真"无疑具有此类含义，除此之外，他还赋予"真"以丰富的哲学内涵。唐枢说："'真'是颠扑不破，乃天道之自然，即《中庸》之诚，《易》之无妄。"③"真彻宇宙，真贯幽明，真动天地，真通民物，真合动静、内外、本末、精粗，故有偏全不足以语真，有难易不足以语真，有广狭不足以语真，有久暂不足以语真。"④在他看来，"真"与《中庸》的"诚"、《周易》的"无妄"概念是等同的，"真"贯通于宇宙、天地之间，并将动静、内外、本末、精粗等统而为一。实际上，唐枢以"真"来象征人心至善、德性圆满与天地和谐，"真"也可以

---

① （明）唐枢：《真谈》，见《木钟台集》亨卷（该文集分为元、亨、利、贞四卷），"四库全书存目丛书"子部第 162 册，齐鲁书社 1995 年版，第 479 页。
② （明）唐枢：《景行馆论》，见《木钟台集》亨卷，"四库全书存目丛书"子部第 162 册，齐鲁书社 1995 年版，第 463 页。
③ （明）唐枢：《真谈》，见《木钟台集》亨卷，"四库全书存目丛书"子部第 162 册，齐鲁书社 1995 年版，第 480 页。
④ （明）唐枢：《真谈》，见《木钟台集》亨卷，"四库全书存目丛书"子部第 162 册，齐鲁书社 1995 年版，第 481 页。

说是一种涵盖宇宙、人类社会以及人的内在精神生活的颠扑不破的真理。唐枢对"真"的评价之高几乎是无以复加了。今人所谓的真、善、美之间虽然有紧密的关联,但也不尽相同,它们三者各有所指。可是在唐枢看来,真、善、美三者都可以统摄于"真"之中,其所谓的"真",并非只限于真实、真诚、真理等含义,而是一个兼具哲学本体论、道德价值论以及审美意味的概念。

唐枢在"真心"与"习心"之间进行了区分。"觉之即为性,溺之即为习,觉之与溺相为进退。……真心用则合天下于一,无私好恶而与道为公,所以能使天下各得其所;习心用则岐天下于万,各是其是,以相非焉,各顾其私以相图焉,而相凌相轧、相仇相怨之祸起矣,此大乱之道也。故真心、习心之消长系世道升降之机,而治乱之所由出也。"①这里的"觉"即觉悟、觉解,"溺"即陷溺、沉溺。人通过学习与自我反思,体悟到人本有的心性禀赋,再将这种心性禀赋扩充开来,用之于立身行事,由此而使"真心"真正显豁起来,并能施展于外。"真心"不能呈现,"习心"便乘隙而入。"习心"即习染之心,是人陷溺过多的物欲、情欲之后所导致的一个结果,"着一物,为塞、为偏、为私、为躯壳之身,是谓失其真心"②,也就是说,人心中出现了阻塞、偏颇、私欲及躯壳之念,它使得"真心"不能自由舒展。

不过,唐枢又指出:"心无两心,立乎其心之大,耳目、口鼻、四肢、百骸从其所令,则为真心。以耳目、口鼻、四肢、百骸之所被以生心,则心非其心矣。心因所被以生,则必匿其己之所自有,此无明之所由来。"③从根本上说,人只有一个心,此即"真心",唐枢认为"真心"人人具足,并无亏欠。如此一来,人们甚至不需要区分"真心""习心",只言一个"心"即足矣。可是,人既是一种道德性的存在,也是一种感性的存在,有耳目口鼻之欲,有各种现实利益的考

① (明)钱镇:《景行馆论·序》,见《木钟台集》亨卷,"四库全书存目丛书"子部第 162 册,齐鲁书社 1995 年版,第 462 页。

② (明)唐枢:《真谈》,见《木钟台集》亨卷,"四库全书存目丛书"子部第 162 册,齐鲁书社 1995 年版,第 479 页。

③ (明)唐枢:《真谈》,见《木钟台集》亨卷,"四库全书存目丛书"子部第 162 册,齐鲁书社 1995 年版,第 480 页。

量。当人能"立乎其心之大"①，即确立道德本心，将其作为立身处世的准则和判断形形色色事物的标准，那么道德本心（也即唐枢所谓的"真心"）就可以向人充分展现出来。这个时候，人的感性欲求仍然存在，可是它并不会成为人德性修养的羁绊，因为"耳目、口鼻、四肢、百骸从其所令"，也就是说，人的耳目、口鼻之欲都在"真心"的规约之下，它们没有超出必要的限度，不会对人的成圣成贤目标构成挑战。可是对于绝大多数人而言，这种状态并不能长久维持下去，原因在于，"心得其心之体谓真，有所因而动，则受病而为假，体病则用必不当"②，现实生活世界的人无时无刻不面临着各种诱惑，人心便可能"有所因而动"。这里的"因"主要是指外部的诱惑及人自身的本能欲望，人心之"动"使得"心之体"受到了冲击，冲击过大，"真心"则会暗而不彰。这个时候人的"真心"仍然没有消失，它仍以潜隐的方式存在于人的内心深处，只要条件适宜，并采取得当的措施，仍可唤醒处于虚寂状态中的"真心"。

传统儒家中的心学一派大都把"心"作为人性的真正承担者，在他们看来，只有深入到心性的根源，才能真正领悟人之所以为人的道理，进而从根本处培养出人性的自觉。在修养方法上则倡导向内自省，突出人的自我体悟与自求、自得。唐枢也不例外，他把"真心"视为人之所以为人的根据与人立身行事的凭借，其所言之"真心"与陆王心学中的"本心""良知"以及湛甘泉学说中的"大心"等概念都十分相似。比如，唐枢认为，"真心即是良知"③，两者名异而实同。只不过，与王门学者不同的是，唐枢特别强调良知是"人生不能假的所在"④，进而又提挈出"真心"这一概念。他之所以如此做，是因为王门

---

① 《孟子·告子上》曰："先立乎其大者，则其小者弗能夺也。"宋代心学大师陆九渊对"先立乎其大"一语高度重视，反复阐发，并把它作为人生修养论的根本出发点。唐枢这里所谓的"立乎其心之大"显然汲取了孟子、陆九渊的观点。

② （明）唐枢：《真谈》，见《木钟台集》亨卷，"四库全书存目丛书"子部第 162 册，齐鲁书社 1995 年版，第 482 页。

③ （明）唐枢：《真谈》，见《木钟台集》亨卷，"四库全书存目丛书"子部第 162 册，齐鲁书社 1995 年版，第 482 页。

④ （明）唐枢：《真谈》，见《木钟台集》亨卷，"四库全书存目丛书"子部第 162 册，齐鲁书社 1995 年版，第 486 页。

部分后学"窃易简之谈,文粗率之虑,乃曰质任自然,此弊之兴,莫知所止"①,也就是说,王畿、王艮等阳明弟子由于较突出良知天然自有与当下即是的特性,因而良知便易与知觉、情识混淆,以至于逐渐丧失了其道德本体的意义,而非阳明所讲的良知的本义。唐枢倡导"讨真心"说,旨在呼吁人们珍视那个人人本来就具有的"无虚假,无异同,无始终,而一出于诚"②的"真心",进而使其成为人们行动的指南针。

不可否认的是,"真心"既是包括唐枢在内的传统儒家使用的一个概念,也是中国传统佛教及道教学者热衷探讨的问题,佛、道两家对"真心"的阐述还要早于儒家。比如,华严宗五祖宗密(781—841年)就将"真心"作为其佛教理论的一个核心概念,并阐释了"真心"的三大特性:"常住清净"、"昭昭不昧"和"了了常知"。"常住"即恒常久住,其意指"真心"超越了时、空及生死变化,永恒存在;"清净"是指自性清净,它是"真心"的又一重要特征。"昭昭不昧"是指明辨事理、明白不暗,主要揭示了"真心"具有灵知的特点。"了了常知"则指"真心"具有本觉。概而言之,宗密认为,众生的"真心"也就是佛性,它既是人生的本质,也是众生成佛的根源。③ 再如,道教"全真道"一派十分强调"真心"的重要性,认为"真心""真性""真行"是三位一体的。全真道的"真心",实际上是对"真性"的另外一种表达方式,其与"真性"一样都是上通天道、下贯性命的本体,具有既内在又超越的特点。两者的不同之处在于,"真心"是体,"真性"是用,而体用又是一致的。全真道认为,仅有"真心""真性"的心性修炼是不够的,还必须有"真行",才能实现登道升仙的目标。④ 唐枢的"真心"说对佛、道的心性论及修养方法有所借鉴,但他毕竟是一个正统

① (明)严大观:《真谈·序》,见《木钟台集》亨卷,"四库全书存目丛书"子部第162册,齐鲁书社1995年版,第476页。

② (明)王汝源:《真谈·序》,见《木钟台集》亨卷,"四库全书存目丛书"子部第162册,齐鲁书社1995年版,第477页。

③ 参见方立天:《中国佛教哲学要义》上卷,中国人民大学出版社2005年版,第341—342页。

④ 参见丁原明:《全真道哲学的意蕴及其理论底色》,《商丘师范学院学报》2012年第7期。

的儒家人物,其所念兹在兹者是儒家的圣贤之学与成德之教,而非成佛、成仙。

2."讨真心"的方法

唐枢所谓的"讨真心"即是唤醒真心的工夫,在他看来,通过"讨"的工夫,可使"真心"成为人行为的主宰。"讨"在汉语中主要有研讨、讨伐、治理、索取、乞求、招惹等含义。唐枢学说中的"讨"与上述诸种含义都不完全吻合,而赋予此概念以哲学内涵,"讨"即湛甘泉所言之"体认"或王阳明所言之"致",具有反思、觅求、呈现、推致之义。如何才能"讨"得"真心"? 唐枢做了较为细致、独到的论述,我们试从以下方面进行归纳、阐释。

(1)"须求自信之真"。唐枢所谓的"自信",主要是指一种道德自信。在他看来,确立道德自信是"讨真心"或成就道德人格的一个前提条件。他说:"本体之真实有,未尝息者。学者只被意见杂扰,妄以识神……今欲破无明之蔽,须求自信之真。"①又说:"尽子之道是尽自家所以为人之理,与他人不相假借,不相帮补,只从自家精神命脉处发挥,元非考古人之成法,效他人所为,所以师资友辅,尚论古人,只作成得自家善端了,当得自家本等,元不是冥然悍然随声附影,学者笃信圣人,直须自信才为真切。"②唐枢主张,人人都应相信自己有一颗"真心"(也即本心、良知),"真心"能够对人和事情进行道德和价值上的判断,能够指导自己的意识和行为,即使受到了物欲之蔽、气质之障,也不能使其完全泯灭。当然,不可否认的是,有人"违心自昧"③,要么对"真心"的存在视而不见,要么不能充分体认"真心"对人生的价值,如此一来,人则易于沉沦下去,以至于"恣荡情理,逐溺世情"④,令人惋惜。唐枢认为,人能否讨得"真心",关键在于能否守住"自家精神命脉处"。他没有完全排斥圣贤经典的

---

① （明)唐枢:《真谈》,见《木钟台集》亨卷,"四库全书存目丛书"子部第 162 册,齐鲁书社 1995 年版,第 486 页。

② （明)唐枢:《景行馆论》,见《木钟台集》亨卷,"四库全书存目丛书"子部第 162 册,齐鲁书社 1995 年版,第 466 页。

③ （明)唐枢:《真谈》,见《木钟台集》亨卷,"四库全书存目丛书"子部第 162 册,齐鲁书社 1995 年版,第 486 页。

④ （明)唐枢:《真谈》,见《木钟台集》亨卷,"四库全书存目丛书"子部第 162 册,齐鲁书社 1995 年版,第 486 页。

指引、老师的教导、朋友的帮助，不过，这些方面都只能作为一种外在的助缘。道德人格的完善，仍须自我体证，如果一味"随声附影"，则会南辕北辙，愈求愈远。

唐枢又结合王阳明的"致良知"说探讨了道德自信问题，"今时人尽明白理会，只欠躬行，所以阳明先生教之致良知。……实有的心常在这里，这便是良知，即此真察而真行之，便是致。若谓人无实有的心，则非所以为人；若谓实有的心不足用，便是躐等妄想"①。"实有的心"也即良知或"真心"，它并非血肉之心，而是指人的道德本心。唐枢这里借由阳明之说表达了人不但有先验的道德良知，而且足够人受用一生，只要善于反躬内省，良知或"真心"就会向人呈现出来。其所说的"实有的心常在这里""若谓人无实有的心，则非所以为人"等语，均宣扬了人的道德自信问题。在唐枢看来，人先天具有向善发展的潜能，人若珍视并充分发挥这种潜能，就能够不断迈向至善的境界。

唐枢认为，道德自信之确立也有赖于人的立志。他说："立志是为学种子，期王而王，期霸而霸。试欲行十里，若行十一二里便觉倦，十五里便觉厌，二十里便病，以其原志不及也，所以凡事必志以行之。……立志是植此元气，元气既植，开发收闭，自然生出许多节序，岂有岁功不成？"②他以行路的例子说明了志向高低决定了一个人在德、业方面所可能达到的高度和广度，志向高，则动力大，信心足，实现目标的可能性也就越大。人的志向有很多种，比如成为一个政治家、科学家、艺术家、企业家等，唐枢以及其他传统儒家最看重的显然不是以上志向，而是道德志向，即有志于实现仁德、追求道义。在他们看来，道德志向是其他各种具体的志向得以实现的前提和保障，具体的志向则应以道德志向为归宿。唐枢则进一步指出，道德志向有助于培植人的元气，元气旺盛，人的整体精神面貌就会昂扬向上，人的德性修养及其他诸方面亦会得到显著提升。

①　（明）唐枢：《景行馆论》，见《木钟台集》亨卷，"四库全书存目丛书"子部第 162 册，齐鲁书社 1995 年版，第 469 页。

②　（明）唐枢：《景行馆论》，见《木钟台集》亨卷，"四库全书存目丛书"子部第 162 册，齐鲁书社 1995 年版，第 465 页。

（2）"思则得之"。此语源自《孟子》："心之官则思，思则得之，不思则不得也。"（《孟子·告子上》）唐枢借用了孟子之语阐述了"讨真心"的方法，他说："心到极真处才了得心之官。心之官则思，讨则所以为思，思则得之。思非计量揣摩之思，亦非漫天泼地之思，又非将迎意必之思，存存不失之谓思。思者，圣功之本。"①在他看来，人若要讨得"真心"，应反求诸己，即反思、体悟内在本有的道德本心。唐枢以"思"释"讨"，也受到了其师湛甘泉的影响，湛氏说："随处体认天理工夫全在省与不省耳。"②可见，湛氏所谓的"体认"具有反思、反省之意。相较于湛甘泉，唐枢对"思"作了更为细致入微的描述，在他看来，"思"不是工于心计式的"计量揣摩"，不是漫无目的、不着边际的胡思乱想，也不是主观臆断或固执己见，主要是指道德上的自我反思，是反省自身缺失、提高德性修养、日益恢复本心并加以存养的过程。注重自我反思是儒家的一个传统，孔子、孟子、程颢、程颐、陆九渊、陈献章、湛甘泉、王阳明等历代大儒无不如此。在这些大儒看来，人通过自我反思，才能够使心性精纯，人的生命也才能超越动物的层次，而成为一个道德的存在。唐枢在此点上无疑能够与历代大儒的精神旨趣遥相呼应。

在传统儒家的话语系统中，"思"与"学"是不可分开的。孔子说："学而不思则罔，思而不学则殆。"（《论语·为政》）"思"与"学"对于人之求学及修养均较重要，不可偏废。如果学而不思，将会愈学愈迷茫，人的头脑最终只能变成各种知识、观点的容器。反过来，如果思而不学，人则又会陷入空想、虚寂之中，其危害性不亚于"学而不思"。只有兼顾二者，齐修并进，才能使自己在学问及德性修养方面有所提高。后世儒者大都十分赞赏孔子这种学思一致的观点。唐枢亦说："天下无无学之思，亦无无思之学，思、学偏废，总是罔人、殆人。"③显然，唐枢不赞成"无学之思"或"无思之学"，学、思总是一体的，无论

① （明）唐枢：《真谈》，见《木钟台集》亨卷，"四库全书存目丛书"子部第 162 册，齐鲁书社 1995 年版，第 480 页。

② （明）湛若水：《问疑续录》，见《湛甘泉先生文集》卷十一，"四库全书存目丛书"集部第 56 册，齐鲁书社 1997 年版，第 641 页。

③ （明）唐枢：《景行馆论》，见《木钟台集》亨卷，"四库全书存目丛书"子部第 162 册，齐鲁书社 1995 年版，第 466 页。

轻忽何者均会滋生弊端,比如,"学而不思正是模仿于外,而不自为主者"①,虚心地向书本或他人学习尽管是一件好事,可是如果一味模仿,不加反思,不作取舍,外在的知识终究不能变成自家的东西,无益于人的身心修养。同样,脱离了"学"的思则不是"真思",而是一种玄思,是一种没有根基的"思",所以,唐枢指出,"以学为思才是真思"②。

唐枢还将"思"与"慎"字紧密相连,认为"慎字从真、从心,必慎而后能思,必思而后见慎"③,他将"慎"字拆解为"真""心"二字,合起来即是"真心",这当然只是一种巧合,"真心"与"慎"并不能直接等同,可是唐枢"讨真心"的工夫却突出了一个"慎"字,所谓"必慎而后能思,必思而后见慎",人在道德反思的整个过程都应做到审慎、虔敬,只有如此,"讨真心"的修养工夫才能取得实效,而"真心"才有可能充分地向人敞开。湛甘泉也指出:"体认天理与慎独,其工夫俱同。……慎者,所以体认乎此而已。"④湛氏所谓的"体认"具有多重含义,"慎"是其中的一种含义。唐枢作为湛氏的亲炙弟子,对乃师学说多有吸纳与发挥。他以"思"或"慎"释"讨",就带有湛氏学说的遗风。

(3)"寻讨精详"。唐枢说:"人孰无心? 只因随情逐物,心非天地大中之本,心不得为事物之主。必寻讨精详,辨其真而用之,不帮补外求,亦不索之玄妙无影。……此讨之之功,所以不可废也。"⑤他认为,人如果"随情逐物",那么人本有的"真心"随时可能被遮蔽住,这样一来,辨别"真心""习心"的工夫便不可缺少。同时,寻讨"真心"又应避免两种倾向:一是避免"帮补外求",唐枢认为,若要讨得"真心",则不可向外觅求,而应返归内心。在他看来,忠信

---

① (明)唐枢:《景行馆论》,见《木钟台集》亨卷,"四库全书存目丛书"子部第 162 册,齐鲁书社 1995 年版,第 466 页。
② (明)唐枢:《景行馆论》,见《木钟台集》亨卷,"四库全书存目丛书"子部第 162 册,齐鲁书社 1995 年版,第 466 页。
③ (明)唐枢:《真谈》,见《木钟台集》亨卷,"四库全书存目丛书"子部第 162 册,齐鲁书社 1995 年版,第 480 页。
④ (清)黄宗羲:《甘泉学案一》,见《明儒学案》卷三十七,中华书局 1985 年版,第 889 页。
⑤ (明)唐枢:《真谈》,见《木钟台集》亨卷,"四库全书存目丛书"子部第 162 册,齐鲁书社 1995 年版,第 479 页。

孝悌等人伦道德之理都在人心之内，无须到人心之外去求索。如果一味向外追逐，则会背道而驰，反而不利于成就道德。唐枢虽然为湛甘泉的亲炙弟子，但是在此点上却更多地受到了阳明心学的影响，与湛甘泉倡导的"合内外"之学反而不太吻合。二是避免"索之玄妙无影"，依唐枢之意，倡导反求诸己的内省方法，目的在于呈现道德本心，而不是要人追求虚无缥缈的玄远境界。

唐枢认为，要做到"寻讨精详"，还须从应事接物的日用常行中做起，克己修身，转化气质。他说："人若以去人欲做存天理工夫，便如捕贼保家，所谓克己复礼。"①在唐枢看来，人不可只看重超旷之悟而忽略身体力行的践履工夫，只有重视"下学"工夫，脚踏实地，致谨于一言一行，才能获得真切的"上达"体验。与多数儒家一样，唐枢没有完全否认本能欲望存在的必要性，但却主张对人的过多欲望加以扼制。他认为，欲壑难填是人之过、恶形成的渊薮之一，无论是改过还是去恶，都需要谨身节欲，进而在天理与人欲之间保持平衡。

唐枢说："讨者天功也，非有加于人力。"②此语表明，人若要恢复本心之善，就应效法天道的自然无为，不矫揉造作，不过分拘谨。可见，唐枢虽然较为突出修养工夫的重要性，并且批评了王门部分后学舍弃工夫、径任自然的做法，但他并没有像明末大儒刘宗周那样倡导近乎自惩的极端工夫论，而是主张在做改过迁善等修养工夫的同时，也能拥有一份悠游自在的心境。

3. 小结

由以上分析可以看出，唐枢的"讨真心"说是本体与工夫的有机结合，"真心"是本体，"讨"是工夫，而本体与工夫是紧密相连的。唐枢说："工夫就是本体，不容添得一些寻见，本体不走作才是真工夫。"③此语表明，一方面，不可悬空去说本体，无工夫则无本体，工夫是本体得以存在的必要前提。另一方面，工夫不是盲目的气质生命的冲动，而是应在本体的规约之下开展，如此工夫才

---

① （明）唐枢：《景行馆论》，见《木钟台集》亨卷，"四库全书存目丛书"子部第162册，齐鲁书社1995年版，第466页。

② （明）唐枢：《真谈》，见《木钟台集》亨卷，"四库全书存目丛书"子部第162册，齐鲁书社1995年版，第483页。

③ （明）唐枢：《景行馆论》，见《木钟台集》亨卷，"四库全书存目丛书"子部第162册，齐鲁书社1995年版，第466页。

不会偏离正确的轨道。

唐枢标举"讨真心"说,目的在于一方面吸纳湛甘泉、王阳明两家学说的优长,另一方面又试图堵住湛、王学说尤其是阳明心学所可能产生的流弊。黄宗羲在评价唐枢之说时指出:"随处体认天理,其旨该矣,而学者或昧于反身寻讨。致良知,其几约矣,而学者或失于直任灵明。此讨真心之言,不得已而立,苟明得真心在我,不二不杂,王、湛两家之学,俱无弊矣。"①也就是说,湛、王之说各有所得,亦各有所失。就所失方面而言,湛甘泉的"随处体认天理"说对"反身寻讨"(即反求诸己)未能给予足够重视,他尽管持心学立场,但其所谓的理(天理)在一定程度上仍然带有朱子学的痕迹,认为理既指身心性命之理,也包含了事事物物之理,由此,"体认天理"便不可一味求之于心,还应探索、体察一草一木等外物之理。王阳明"致良知"说的缺陷则在于易导向"直任灵明"。他将心性本体讲得过于轻巧、简易,在工夫教法上也不够严谨。王艮等王门部分后学受到阳明的影响,主张良知当下即是,且倡导自然工夫论,此种工夫论"因不主张庄敬防检,不主张有所戒慎恐惧,很容易流入放旷"②,因而对明代儒学发展带来了一些负面影响。有鉴于此,唐枢的"讨真心"说在致力于会通湛、王之说的同时,又对两家学说的偏颇进行了纠正:一是强调"反求而得其本心"③,以便试图克服其师湛甘泉学说的逐外之弊,二是通过凸显工夫的方式矫治王阳明及其部分后学轻视修养工夫的弊病。

唐枢在倡导"讨真心"说的同时,又致力于"发明性学"。心、性在儒家学说中是一对密不可分的范畴,传统儒家在论"心"时往往会涉及"性",论"性"时又结合着"心",唐枢也不例外。他认为,性乃"心之生理也,故从心从生"④,从字形上看,"性"由"心"和"生"组成,本身就有"生"的内涵。不过,唐枢更突出了性的"生生"之义,恰如其弟子沈伟所言:"吾师一庵先生虑世之

---

① (清)黄宗羲:《甘泉学案四》,见《明儒学案》卷四十,中华书局1985年版,第950页。

② 陈来:《宋明理学》,华东师范大学出版社2004年版,第272页。

③ (明)严大观:《真谈·序》,载《木钟台集》亨卷,"四库全书存目丛书"子部第162册,齐鲁书社1995年版,第476页。

④ (明)唐枢:《太极枝辞》附录,载《木钟台集》元卷,"四库全书存目丛书"子部第162册,齐鲁书社1995年版,第442页。

言性者滞于形色而不知生生之活体,言定性者滞于故局而不知生生之活机,故托《太极图说》而系之以枝辞,盖将以开示后学,使归于一,非徒以训诂前闻而已也。"①所谓"生生之活体""生生之活机","生"字均重叠使用。"生"字的重叠使用有奇妙的效果,单讲一个"生"字,是自然主义的观点,当自然的生命力减退,到了终点就只剩下死亡。生生的托付却使我们在逆境中仍发挥出创造力,而自然生命的终结也不表示创造过程的终结,因为个体的生命本是天地之化的一部分。② 此外,唐枢亦如程颐、王阳明等宋明儒家一样,以"生生"释"仁"。他说:"心之所以生生处是为仁,修道以仁义礼智信,皆仁之流行也。肫肫其仁,心之所以生生也,即此义。"③在他看来,不可仅从狭义的人伦道德的角度来理解仁,而应同时从生生不息的创造性方面来把握仁的要义。仁是儒家"性学"的一个重要维度,仁可统摄义、礼、智、信诸德。相应,当谈到"性""定性"等问题时,唐枢认为也不可"滞于形色""滞于故局",而是要凸显"生生",在永不停息的大化流行中、在人与宇宙融合无间的过程中领悟人之为人的本质,了解人性的真谛。

总之,唐枢是甘泉学派的一位重要代表人物,其学说上承湛甘泉、王阳明,下启许孚远、刘宗周,他倡导的"讨真心"说也独树一帜,较具特色。因而,唐枢其人其学在明代心学发展史上无疑占有一席之地。④

二、洪垣

洪垣(1507—1593 年),字峻之,号觉山,明嘉靖壬辰进士,历仕知县、知府等地方官职,后居家隐居长达 46 年之久,直至辞世。洪垣是明代大儒湛若水(号"甘泉")最为欣赏的一位弟子,被湛氏视为"可传吾钓台风月者"⑤,即将

---

① （明)沈伟:《太极枝辞·序》,见《木钟台集》元卷,"四库全书存目丛书"子部第 162 册,齐鲁书社 1995 年版,第 434 页。

② 参见刘述先:《理想与现实的纠结》,(台湾)学生书局 1993 年版,第 231 页。

③ （明)唐枢:《景行馆论》,见《木钟台集》亨卷,"四库全书存目丛书"子部第 162 册,齐鲁书社 1995 年版,第 464 页。

④ 参见姚才刚:《甘泉后学唐枢"讨真心"说探析》,《哲学动态》2016 年第 1 期。

⑤ （清)黄宗羲:《甘泉学案三》,见《明儒学案》卷三十九,中华书局 1985 年版,第 928 页。

洪垣看成是其学说的衣钵传人。洪垣没有辜负老师的栽培,数十年来穷居偏僻乡村,却未曾一日废学,而是遍读群籍,苦学深思,并形成了较具特色的儒学思想体系。洪垣的著述主要有《觉山先生绪言》《觉山洪先生史说》,黄宗羲编纂的《明儒学案》卷三十九《甘泉学案三》亦摘编了洪垣的部分语录及论著。

1."不离根之体认"

洪垣在追随湛若水之前,曾对湛、王之学做过一番比较。他的一位族叔洪熹拜王阳明为师,学成归来之后,向洪垣述其所得。洪垣听后,并未受到什么触动,相反,他感到阳明之说与古圣先贤的讲法不类,继而对阳明之说加以质疑。洪垣认为湛若水的学说较为笃实、平和,于是执贽甘泉,成为湛若水的一位门生。洪垣除了在学问上能够与乃师同气相求、彼此呼应之外,师生之间的感情亦甚笃。湛若水曾建二妙楼供洪垣以及其另外一位门生方瓘①居住。而洪垣对老师也十分尊重,平日多嘘寒问暖。湛若水去世后,洪垣迅赴老师家奔丧,并协助家属料理老师后事,两月后方返回。不久,他又亲自整理、编辑老师卷帙浩繁的论著,名为《泉翁大全集》《甘泉先生续编大全》②,从而使后世学者得以窥见湛若水著述的全貌。

洪垣一方面继承、弘扬了师说,另一方面又致力于修正、完善师说。众所周知,"随处体认天理"说是湛若水思想体系中最具有标志性的学说,该学说自被提出以来,便备受当时及后世学者们的注目。洪垣作为湛若水学说的嫡系传人,他十分推崇其师倡导的"随处体认天理"说。不过,为了防止其他学者误解老师的"随处体认天理"之说,以为"随处体认"是"求之于外",洪垣便极力倡导"不离根之体认"③,旨在阐明"体认天理"应"在本体上、在未发上用功,不在讲说上、在已发之迹上用功"④。

洪垣说:"能通而不难者,即吾所谓性根知根,不学不虑而能者,其机括

---

① 方瓘(1507—1551 年),字时素,号"明谷"。他与洪垣为同邑好友,也深得湛若水赏识。

② 以上两种书现收藏于台北图书馆,是研究湛若水思想的较好版本。

③ (清)黄宗羲:《甘泉学案三》,见《明儒学案》卷三十九,中华书局 1985 年版,第 934 页。

④ 张学智:《明代哲学史》,北京大学出版社 2000 年版,第 75 页。

也。此知此能，古今人物所同，其不学者未论矣，其知学者只当志立虚己，随吾感应于与知与能，初念发动处，安则行之，不安则问思辨行，调停而中正之，不作己疑，不涉己见，即是继善接根通志之学。"①"根"的本义是草木之根，即植物生长于土中、水中吸收营养的部分，或指物体的下端、基部，后由其本义引申为事物的基础、本源或根由。洪垣所谓的"根"主要是在抽象的意义上来使用的，是指根本、根基之义，具有道德心性之根源或道德主宰等意涵。

洪垣认为，"性根""知根"是先验的道德良知或道德判断能力，它"不学而能""不虑而知"，人人与生俱来有这种"性根""知根"。当然，它又以潜隐的方式存在着，并非每时每刻都能外化为实际的善心、善行，甚至长期暗而不彰，因而，后天的修养工夫则是必不可少的。洪垣说："吾道一以贯之，一贯在心如木之有根，其生意总在根，学问思辨笃行皆栽培灌溉之事也。"②他这里以"木之有根"来比喻人的"性根""知根"。根是树木最重要的一部分，枝叶可以被修剪，但根绝对不可以被拔掉。树木能够保持旺盛的生命力，恰恰是因为其根部从土壤之中吸收了大量的养料。树木的根部如果得不到有效的呵护，甚或受到戕害，树木必将枯萎，最终慢慢死掉，根死则树木不存矣。同理，人的生命也有"根"，这包括自然生命之"根"与道德生命之"根"。洪垣主要是从道德生命的角度来论述"根"，这种"根"潜藏于心性的深微之处，前引"是故因吾未形方形，天然自有之几，审其止而出之勿失者"之语即是对这种道德心性之"根"的描述，人通过自我体认及"学问思辨行"等工夫可以对其加以把握，这是人之为人的根本之学。重视并实践这种根本之学，人们才可以拥有一个健全的人生。因而，"立根之说甚好，立根即便是生理、仁理"③。所谓"立根"，就是要确立人之为人的根本，挺立道德人格，让道德成为人们身心的主宰。

反之，人不能立根，便会滋生"无根之病"。洪垣说："百姓之病根，无根之

① （清）黄宗羲：《甘泉学案三》，见《明儒学案》卷三十九，中华书局 1985 年版，第947—948 页。

② （明）洪垣：《觉山先生绪言》卷一，"续修四库全书·子部"第 1124 册，上海古籍出版社 2002 年版，第 63 页。

③ （明）洪垣：《觉山先生绪言》卷二，"续修四库全书·子部"第 1124 册，上海古籍出版社 2002 年版，第 87 页。

病;百姓之善,亦无根之善,主宰未立,学问未讲故也。"①此处的"百姓"未必是指现代人所讲的群众或社会大众的意思,洪垣长期生活于民间,与普通民众多有接触,他不会轻视底层民众。他所谓的百姓应是泛指尚未真正从内心深处确立道德信念的人群。此类人群所有道德品行方面的毛病均可归咎于"无根之病",即不能确立道德主宰之心(也即本心、良知),不能充分发挥天理对个体行为的规约作用。显然,这里的"根"即是道德主宰之心。这样的人即使偶尔为善,但因为"主宰未立",仍是一种"无根之善",因此,偶尔的善心善行并不能长久保持下去。洪垣所讲的"离根之学,行善以为明者也,其事似是而心则非矣"②之语亦表达了类似的观点。

洪垣还列举了一系列对立或具有某种关联性的范畴、事物来描述"根",笔者这里试举数例。其一,"仁者,智之质也,仁其根;礼义其枝乎?是故归根而还虚"③。在洪垣看来,相较于"礼义","仁"更具有根源性的意义,因而,他认为"仁"是"根",而"礼义"是"枝"。其二,"天理有根,人欲无根,天理、人欲只是一物,只在此心真妄之间"④。洪垣认为,天理与人欲的区别在于前者"有根",而后者"无根"。其原因是:天理本身即是绝对的、普遍的、永恒的道德原则,而"根"在洪垣的学说体系中也具有道德的属性。天理与"根"几乎可以等同起来。而这里的人欲不是指人的正当、合理的欲望,而是指超出正当、合理范围之外的欲望,如此一来,人欲乃是"无根"的。也就是说,它不但无法彰显道德的光辉,而且还成为人性堕落的渊薮之一。其三,"父母,根也。孝弟是不离根发生处,故生生之谓仁,舍此便是无根之学"⑤。洪垣认为,父母是子女

---

① (明)洪垣:《觉山先生绪言》卷二,"续修四库全书·子部"第1124册,上海古籍出版社2002年版,第82页。

② (清)黄宗羲:《甘泉学案三》,见《明儒学案》卷三十九,中华书局1985年版,第947页。

③ (明)洪垣:《觉山先生绪言》卷二,"续修四库全书·子部"第1124册,上海古籍出版社2002年版,第77页。

④ (明)洪垣:《觉山先生绪言》卷二,"续修四库全书·子部"第1124册,上海古籍出版社2002年版,第83页。

⑤ (明)洪垣:《觉山先生绪言》卷二,"续修四库全书·子部"第1124册,上海古籍出版社2002年版,第89页。

之"根",这是因为,子女的生命本身就来自父母,善待父母就是善待自己生命的源头。此外,其所讲的"孝弟是不离根发生处"的寓意在于:孝弟是儒家人伦道德的根本,孝的对象是父母或其他长辈,弟的对象是兄长,抛开孝弟的对象,孝弟之道便荡然无存。其四,"心无根,根于天。天无根,无极而太极其根也"①。洪垣把"心""天""无极而太极"并列在一起,认为"心"之根在于"天",而"天"之根在于"无极而太极",三者之间有逐层递进的关系,后者分别是前者得以形成的根据。

当然,洪垣的"立根"(也即"不离根")之说不是仅仅停留于心性修养层面,而是同时也寄托了现实层面的关怀。他说:"无天下国家,是无世界,亦无学问,惟能于仁上求之,自不能外天下国家以为仁。"②也就是说,学者们在进行自身的心性修养的过程中,也要关注天下苍生与民生社稷,否则所学同样是无根之学。

2."真气"论

甘泉学派从其创立者湛若水开始就比较重视"气"的概念,认为"宇宙间一气而已"③。若再进一步追溯,湛若水的老师陈献章已经十分留意"气"了,他在一首诗中写道:"元气塞天地,顽固常周流。"④而陈、湛在此点上又均受到了明初大儒吴与弼气论的影响。吴与弼(1391—1469 年),字子傅,号康斋,江西崇仁人,其在学术上虽然主要倾向于朱子学,但同时亦开启了明代心学的滥觞。吴与弼倡导"元气"说,认为元气遍及宇宙万物,无所不在。他还把"元气"说应用于身心修养领域,主张保养人秉承于天地之间的元气,反对"耗丧

---

① (明)洪垣:《觉山先生绪言》卷二,"续修四库全书·子部"第 1124 册,上海古籍出版社 2002 年版,第 81 页。

② (明)洪垣:《觉山先生绪言》卷二,"续修四库全书·子部"第 1124 册,上海古籍出版社 2002 年版,第 94—95 页。

③ (明)湛若水:《新论》,见《湛甘泉先生文集》卷二,"四库全书存目丛书"集部第 56 册,齐鲁书社 1997 年版,第 531 页。

④ (明)陈献章:《五言古诗·五日雨霰》,见《陈献章集》卷四,孙通海点校,中华书局1987 年版,第 305 页。

元气""伤元气"①。

从吴与弼、陈献章、湛若水这一系的学术传统一路下来,到了洪垣等湛门弟子这里,注重阐发气论乃是顺理成章的事情。当然,与湛若水一样,洪垣等湛门弟子也没有将"气"与"理""心""性"等范畴截然分开,我们不能因为他们重视"气"范畴而将他们判定为气本论者,把他们称为"合一论"者可能更为恰当,他们大都主张理气合一、性气合一、心气合一、心性合一、性命合一。洪垣就指出:"穷理尽性以至命,浑是一气滚做、一气滚成。自其处富贵贫贱患难各当而言为穷理,自其各当之出乎本体而言为尽性。自理、性之自然出于人而实非人所能为为至命,命其原也。盖人未生,无可言。既生,则理性与富贵贫贱患难一体耳。曷为理?曷为性?又曷为命?又曷为富贵贫贱患难?浑然宇宙一气故也。"②理、性、心、命、气等范畴都可以通而为一。这些范畴之间既然没有实质性的区别,为何不能简化,而又要弄出这么多的范畴?主要是为了言说的便利,此种做法可使人们从不同角度了解儒家义理,进而将这些义理在个体身上实现出来,以便提高德性,提升境界。

洪垣说:"气无衰,其衰者气之躯壳耳。……犹之瓜果然,未衰则真气真性在;躯壳既衰,则真气真性在天地;天地既无,则真气真性在无极。"③这里出现了"气""真气""元气"等概念,我们对此稍做辨析。气是中国哲学中的一个重要范畴,具有宇宙论、本体论、心性论、中医学或宗教学等方面的意蕴,儒家、道家、医家等均形成了各自较成体系的气论。从气的本原意义来指称气,即为元气。同时,元气又指宇宙自然之气或天地未分前的混沌之气。真气的内涵稍复杂一些,道教认为真气是通过"性命双修"方式而获得的一种真元之气,而中医则认为真气是维持人体生命活动的最基本物质。洪垣不是从道教

---

① 参见邹建锋:《15世纪中国儒学本体论的内在理路》,《深圳大学学报(人文社会科学版)》2010年第4期。

② (明)洪垣:《觉山先生绪言》卷二,"续修四库全书·子部"第1124册,上海古籍出版社2002年版,第85页。

③ (明)洪垣:《觉山先生绪言》卷一,"续修四库全书·子部"第1124册,上海古籍出版社2002年版,第54页。

或中医的角度来诠释真气,而是从哲学的视角来分析。在他的学说中,真气、元气、气三者名异而实同,都是指宇宙的本原,亦是道德心性的形上根源。洪垣认为,人与世界万物都是由气组成,当作为个体的人或物存活于世时,气就潜存于人或物之中;当作为个体的人或物死亡后,气却不会消失,而是又回到天地之中。哪怕是将来天地都不存在了,气仍然存在。洪垣的气论暗含着"物质不灭"的思想。

洪垣认为,气(气脉)还是人与天地、万物得以感通的媒介。他说:"祭者,接也。祭必有气脉与所祭之人接续流通而无间,故感格。祭天以冬至,祭地以夏至,祭祖祢以生辰忌日清明之类。亦谓其气脉一路可流通耳。"①此段话不仅涉及祭祀祖先,还涉及祭祀天地。无论祭祀的对象是什么,祭者与被祭祀对象都应有所感通,否则祭祀便会流于形式。洪垣既然认为人与天地、万物都是由气组成的,那么人与人(包括生者与已故祖先)、人与天地、人与万物之间相感相通的媒介便是气。已故祖先的外在形体虽然不复存在,但曾经构成其形体的气却不曾消失,回归天地之间,亦可说在后代子孙的身上得到了延续。洪垣把"祭"释为"接","接"有"连接""接续""延续"之意,当然也有"通"的意思。祭者祭祀祖先,乃是希望自己能够秉承祖先的事业、心志、抱负等。祖先早已不在世上,但与后代子孙却能够相通,这显然是一种宗教性的看法了,中国古代的祭祀本身就表现出一定的宗教性。同样,人与天地、万物也通过气(气脉)得以感通。当然,若要做到这一点,则需要人"立诚"。洪垣说:"天地人物一气,浑浑耳,其流行真虚处是诚,流行真实处是物,虚实一也,故不诚无物。一息不诚,便与天地之气不通,是死因。"②也就是说,只有"立诚",通过个体真切的体认与真诚的践履,才能获得人与天地万物融为一体的境界。

洪垣在多数时候只是笼统地说"天地之气",没有在"天气""地气"之间

---

① (明)洪垣:《觉山先生绪言》卷一,"续修四库全书·子部"第1124册,上海古籍出版社2002年版,第60页。

② (明)洪垣:《觉山先生绪言》卷二,"续修四库全书·子部"第1124册,上海古籍出版社2002年版,第91页。

作进一步的区分。比如,其文集中出现过如下话语:"气即天地之气,谓有主客者非是,只暴与善养异耳"①;"天地人物一气而已,不动气是不动意之要诀"②;"天地之气无形而贯金石日月之光"③;等等。可是,他偶尔也区分了"天气""地气",认为"天无偏而地气有偏,然天至于生时已入地气矣,天气须从未生时观来"④。这里的"天气"显然不是现代气象学意义上的"天气",而是指尚未凝聚为人、物的宇宙混沌之气;"地气"则是指寓于人、物之中的精气。所谓"天无偏而地气有偏",是指宇宙混沌之气是纯粹的、清明的,而一旦凝聚为作为个体的人或具体的事物,它就会变得不是那么纯粹与清明了,而是有"偏",也即有缺陷、不完美,恰如基督教传统认为彼岸世界的上帝是完美的,而此岸世界的人、物都有缺陷一样。包括洪垣在内的中国传统思想家当然不会有此岸世界与彼岸世界的划分,可是他们能够体认到未生与已生、未发与已发或者说理想与现实之间既有密切的关联,也存在着较大的差距。"天气"对应的是未生、未发、理想的状态,"地气"对应的则是已生、已发、现实(当然往往不会完美)的世界。洪垣文集中的另外一段话也表达了类似的观点,他说:"天无形,地气有形。人之质禀躯壳,地气也。故君子学求端于天。"⑤天是无方所、无定体的,而地则是由千千万万有确定形态和属性的具体事物组成的。人的外在躯壳也源自"地气",故而也表现出一定的局限性,但人与世界其他万物终究有所不同,其不同之处即在于人可以通过精神性的追求超越外在躯壳的限制,向天看齐,或者说,人可以通过修养工夫摆脱自身过多情欲的束缚,获得自由自在的境界,进而与天为一。

---

① (明)洪垣:《觉山先生绪言》卷二,"续修四库全书·子部"第1124册,上海古籍出版社2002年版,第83页。

② (明)洪垣:《觉山先生绪言》卷二,"续修四库全书·子部"第1124册,上海古籍出版社2002年版,第84页。

③ (明)洪垣:《觉山先生绪言》卷一,"续修四库全书·子部"第1124册,上海古籍出版社2002年版,第66页。

④ (明)洪垣:《觉山先生绪言》卷一,"续修四库全书·子部"第1124册,上海古籍出版社2002年版,第60页。

⑤ (明)洪垣:《觉山先生绪言》卷一,"续修四库全书·子部"第1124册,上海古籍出版社2002年版,第73—74页。

　　洪垣的气论也受到其师湛若水的影响。湛若水认为"气之中正者即道"①，而洪垣也说："为政以德，其德全在《大学》好恶、《中庸》喜怒哀乐性情上。性情不中不和，皆于气上走作。……气之中即道也。予故曰：不动意实是不动气时着落。"②在他看来，气只有达到"中和"或"中正"，才能获得一种和谐的状态，也才能合乎"道"。人与天地均是如此。就人而言，人的性情须做到"中和"，喜怒哀乐皆能适度。而所谓适度，并非要人故作深沉，不表露自己的情感，而是指当喜则喜，当怒则怒，当哀则哀，当乐则乐，人的一切情感应当依据不同的境遇而有所变化。而要做到这些方面，则应养气，使"气"不走作。就天地而言，天地生生不息，万物各得其所，这是天地之气"中和"的表现。洪垣说："天之生物，必假于日月，合朔何也？曰：非假于日月也，一开一合而后天地生生之气流行而不已。开合所以致中和也，是故有节气，有中气。闰则天气之余耳，非余无以养所有。天下万事万物之理皆然。"③天地有开合、屈伸，这是天地之气运行变化的结果。在开合、屈伸的过程中，天地及其化生的万物自然而然地达到"中和"。当然，"致中和"并不意味着天地之气趋向于静止不动，恰恰相反，天地之气一直在运动变化之中，天地之间的开合也没有须臾停止过，"致中和"乃是一个动态的过程。

　　3. 修养工夫论

　　（1）"动静不失其时"。洪垣说："体认天理者，各随其资禀方便以入，入则得之。其言静以养动者，亦默坐澄心法也。不善用之，未免绝念灭性、枯寂强制之弊。故古来圣圣相授，无此法门。……故学在知止，不在求静。"④他认为，体认天理应根据人不同的禀赋而采取不同的途径、方法，不可强求一致。

---

　　①　（明）湛若水：《问疑续录》，见《湛甘泉先生文集》卷十一，"四库全书存目丛书"集部第56册，齐鲁书社1997年版，第632页。

　　②　（明）洪垣：《觉山先生绪言》卷二，"续修四库全书·子部"第1124册，上海古籍出版社2002年版，第97页。

　　③　（明）洪垣：《觉山先生绪言》卷二，"续修四库全书·子部"第1124册，上海古籍出版社2002年版，第99页。

　　④　（明）洪垣：《觉山先生绪言》卷一，"续修四库全书·子部"第1124册，上海古籍出版社2002年版，第68页。

就体认天理中的"主动""主静"问题而言,洪垣与湛若水一样,一方面,他没有完全反对"言静",认为它是心性修养的方法之一,"性静者可以为学。性静便近本体,非恶动也"①;另一方面,洪垣又认为,如果不善于运用静坐的方法,一味求静,则会产生"绝念灭性、枯寂强制"的弊病。湛若水在其文集中已提到"绝念灭性、枯寂强制"②一语,洪垣这里特地引证了其师的观点。他进而又指出,"学在知止,不在求静",这实际上是欲表明"随处体认天理"的根本目的是"知止","主动""主静"则是实现这一目的的方式,关键应做到"动静不失其时"③,即该动则动,该静则静,一切依时而定。可见,洪垣如其师湛若水一样,都对陈献章一味求之于静的做法进行了纠偏、矫正。

(2)"磨镜"与"刮垢还光"。洪垣重视"磨镜""刮垢还光"的修养方法,他说:"须是有此志,但习染既深,如磨镜然,自初刮磨,以至于员光,俱改过实地,非既复而又过,过而又改也。"④又说:"善无定在,如行路然。……如明镜之照物,然切磋琢磨,都是刮垢还光工夫,垢去而光自在也。故明意念忘而神可入也,故精择去不善而善可见也,故得一。"⑤洪垣认为,人心犹如一面镜子,本来是一尘不染,纯净至善的,可是由于人受到的"习染"太深,人心之善逐渐被遮蔽住了。因而,人须做"刮磨"的工夫,如同刮去落在镜子上的层层积垢一样,镜子"垢去而光自在也",人也可以通过心性修养工夫,"去不善而善可见也"。"磨镜""刮垢"不可一蹴而就,而是人终身都应坚持做下去的一件事。原因在于,镜子被"刮磨"之后,并非就万事大吉了,灰尘可能又会落在镜子上。同理,人心之弊被荡涤之后,人还会面临新的诱惑,若无法抵挡住诱惑,人

---

① (明)洪垣:《觉山先生绪言》卷一,"续修四库全书·子部"第1124册,上海古籍出版社2002年版,第66页。

② (明)湛若水:《语录》,见《湛甘泉先生文集》卷二十三,"四库全书存目丛书"集部第57册,齐鲁书社1997年版。

③ (明)洪垣:《觉山先生绪言》卷二,"续修四库全书·子部"第1124册,上海古籍出版社2002年版,第85页。

④ (明)洪垣:《觉山先生绪言》卷一,"续修四库全书·子部"第1124册,上海古籍出版社2002年版,第73页。

⑤ (明)洪垣:《觉山先生绪言》卷二,"续修四库全书·子部"第1124册,上海古籍出版社2002年版,第83页。

心之善则又重新被遮蔽住。只有不断做"刮磨"的工夫，人的善心善性才可能得以全幅呈现。"磨镜""刮垢"的目的一方面是使人心趋于至善，另一方面则是"照物"，使人获得"人与天地万物为一"的境界。洪垣的"磨镜"说与其师湛若水的"煎销习心"说若合符节，都强调了修养工夫的笃实。湛若水认为，"煎销习心"如同"煎销金银"，经过千锤百炼，反复打磨，才能得到真金真银。①洪垣同样主张通过"刮磨""切磋琢磨"的艰苦工夫恢复本善人性。

（3）"变化气质"。洪垣的修养工夫论也突出了变化气质的重要性，他说："人之生质，各有偏重，如造形之器。亦有志至而气未从者，譬之六月之冰，安得一照而遽融之？五十以学易，可以无大过。夫子亦且不敢如此说，故其变化，直至七十方不逾矩。"②洪垣认为，任何人都须做变化气质的工夫，就连孔圣人也是如此自我要求、自我期许的。在他看来，人虽然与生俱来禀赋了一种善性，可是人同时也具有驳杂不纯的气质，如何将这驳杂不纯的气质变得纯正？这就需要做变化气质的工夫。对于变化气质，洪垣一方面认为学者宜严肃对待，不可掉以轻心；另一方面又认为变化气质并非要人过于勉强，一味逼迫、防范自己，恰好相反，它应是一个自然而然、水到渠成的过程。"或问气质何以能变化？曰：熟之而已矣。瓜脱蒂，蝉脱壳，岂容欲速？气一刻不至，不能强化。速化之言妄也"③，洪垣这里以"瓜脱蒂，蝉脱壳"来比喻修养工夫的自然而然。人的修养工夫也有其规律，人不可违背这种规律。不过，洪垣这里所谓的自然又不是陆、王部分后学所主张的舍弃工夫、径任自然之义。事实上，他对陆、王部分后学轻视工夫的做法是持强烈批评态度的。比如，洪垣说："慈湖占得地步高，只是无根脚。……不起意自是慈湖聪明，自成融融一境界耳，不可以为训也。"④对于王学末流中出现的蹈虚凌空之弊，他则指出："若谓

---

①　参见(明)湛若水：《大科训规》，见《湛甘泉先生文集》卷六，"四库全书存目丛书"集部第56册，齐鲁书社1997年版，第554页。

②　(清)黄宗羲：《甘泉学案三》，见《明儒学案》卷三十九，中华书局1985年版，第934页。

③　(明)洪垣：《觉山先生绪言》卷一，"续修四库全书·子部"第1124册，上海古籍出版社2002年版，第68页。

④　(明)洪垣：《觉山先生绪言》卷二，"续修四库全书·子部"第1124册，上海古籍出版社2002年版，第98页。

只任自然,便谓之道,恐终涉于百姓日用不知。"①"慈湖"即陆象山弟子杨简,他对象山心学作了进一步发挥,认为人心本明,意动而昏,人无须刻意做何种修养工夫。他还掺禅入儒,使心学日益禅学化。洪垣这里对杨简及其心学加以批评,认为杨简立论虽然高妙,却没有"根脚",原因即在于他几乎取消了所有的修养工夫,走向玄虚。洪垣则主张,初学者无论信奉何种学说,必要的克己修身、变化气质的工夫是不可缺少的。

4. 小结

洪垣是湛若水的得意门生,他阐发师说最有新意的地方在于,他认为"体认天理"应当是"不离根之体认","不离根之体认"因而也成为洪垣本人用以标宗的学说。洪垣强调此点的用意在于,"体认天理"乃指体认本心具有之理,此理不在已发之意念上,亦不在外物上,而须在未发之隐微处着力。原因在于,若在已发之意念上用功,将难以挺立道德主体,天理的超越意涵也无法凸显出来;而一味在外物上寻觅天理或者将天理想象为某种实存之物,又将导致逐物之弊。洪垣试图通过宣扬"不离根之体认",对以上两种倾向进行纠正。此外,洪垣在气论、修养工夫论等方面都受到了湛若水的影响,并做了新的发挥。

洪垣在学术立场上倾向于心学。在他看来,儒家的根底即在心学,儒家古圣先贤传给后人的也是心学、心法,后人宜将此种学问继承下来,并发扬光大,而不可使其断绝。可是,洪垣又不满于王阳明及其部分后学倡导的心学,认为王阳明将天理收摄于内心之中,天理的普遍性、超越性被明显削弱了。到了王门部分后学那里,天理的作用被进一步贬抑,个体之心的裁量与决断则被空前地凸显,有的弟子主张顺应自然,以至于解缆放船、恣肆妄为,根本不讲天理对个体行为的规约作用。洪垣在质疑王阳明心学的同时却又追随湛若水,一是因为湛氏主张"大其心",认为不可仅仅局限于"腔子"之内来谈论心,心当贯通于天地万物之中,与天地万物融为一体;二是因为湛氏将天理的超越性与本心的判断加以结合,这与洪垣自身的学术追求是十分契合的,他主张在心学的

---

① (清)黄宗羲:《甘泉学案三》,见《明儒学案》卷三十九,中华书局 1985 年版,第 940 页。

架构之内尽可能地吸纳理学以及气学的思想资源。

三、蒋信

蒋信(1483—1559 年)，字卿实，号道林，武陵(今湖南常德)人，嘉靖进士，历任户部主事、兵部员外郎、四川水利金事、贵州提学副使等。蒋信晚年隐居于家乡著述、讲学，并创办了名为"桃冈精舍"的书院，"日讲学于其中，买田数十亩以馆学者，四方从游者以千计，庠舍莫能容"[①]。

蒋信曾先拜王阳明为师。王阳明因得罪宦官刘瑾，被贬谪到贵州龙场，途中经过常德府武陵，蒋信也随同阳明一起前往贵州。不过，蒋信并未终身追随王阳明。明嘉靖二年(1523 年)，蒋信到京师做贡生，有幸遇上了与王阳明齐名的另外一位明代大儒湛若水，他感到湛氏之学比阳明心学更为笃实、圆融，也易于为学者所了解、掌握，于是他向湛若水执弟子礼。自此以后，他与湛氏之间的师生情缘一直十分紧密地维系着，未尝中断。黄宗羲一方面认为蒋信"得于甘泉者为多"[②]，另一方面他在《明儒学案》中却把蒋信定位为王门后学，列入《楚中王门学案》之中。不过，笔者认为，蒋信年轻时尽管出入于王、湛之间，但他到了中晚年，基本上归宗湛门了，故笔者将其纳入甘泉后学的行列之中。

在学术上，蒋信在会通湛若水、王阳明学说的基础上，又试图有所突破，从而形成了独具特色的心学思想。他倡导心与理、性、气的统一，并以"万物一体"之说为依归，在工夫论上则倡导"默识涵养""主静无欲""戒慎恐惧"。笔者这里仍然不拟对蒋信的思想学说进行系统梳理，而仅仅评析其最具代表性的"万物一体"说。

1."万物一体"之义理阐释

"万物一体"说发端于先秦，《论语》《孟子》《大学》《中庸》《易传》《老子》《庄子》等先秦儒、道典籍均蕴含"万物一体"的思想萌芽。比如，《孟子·尽

---

① (明)蒋信:《蒋道林先生桃冈日录》，"美国哈佛大学哈佛燕京图书馆藏中文善本汇刊"第 17 册，商务印书馆、广西师范大学出版社 2003 年版，第 2 页。

② (明)黄宗羲:《楚中王门学案》，见《明儒学案》卷二十八，中华书局 1985 年版，第628 页。

心》篇即出现了"万物皆备于我"一语,此语意味着,当人的本心显露并生发出道德行为之时,便能体悟到一切道德之理即在本心,同时亦可感到人与万物融为一体,一切存在物都在本心的涵摄之下,展示着无限的意义。汉唐时期的不少思想家也阐发了"万物一体"说。不过,直至宋儒,才真正将"万物一体"说提炼为一种系统的哲学理论。张载主张将"见闻之心"升华为"能体天下之物"的"大心",如此一来,人就可以摆脱"见闻之心"的桎梏,进而做到"视天下无一物非我"①,这并非要占有天下之物,而是将天下万物都看成是与自身痛痒相关的存在,不忍心天下万物遭受破坏、摧残。张载还阐发了"民吾同胞,物吾与也"②的见解,这种"民胞物与"说是"万物一体"说合乎逻辑的发展与延伸。程颢则在字面上明确提出了"万物一体"说,认为"仁者,以天地万物为一体,莫非己也"③。湛若水、王阳明等明代大儒也能够秉承、阐扬宋儒有关"万物一体"的思想睿识。湛氏说:"夫心也者,体天地万物而不遗者也;性也者,天地万物一体者也。……故道与天地同用,性与天地同体,心与天地同神,人与天地同塞。"④他认为,天地万物不是心外之物,而是与人心同体的。若无人心的体悟、反思,天地万物便处于虚寂之中,它们存在的价值就无法彰显出来。只有从"万物一体"的角度,才能揭示出人与宇宙的本质。王阳明更是积极倡导"万物一体"说,认为"大人者,以天地万物为一体者也"⑤。有学者指出,"万物一体"是王阳明思想的基本精神。⑥

---

① (宋)张载:《正蒙·大心篇第七》,见《张载集》,章锡琛点校,中华书局1978年版,第24页。

② (宋)张载:《正蒙·乾称篇第十七》,见《张载集》,章锡琛点校,中华书局1978年版,第62页。

③ (宋)程颢、程颐:《河南程氏遗书》卷二,见《二程集》,王孝鱼点校,中华书局2004年版,第15页。

④ (明)湛若水:《孔门传授心法论》,见《湛甘泉先生文集》卷二十一,"四库全书存目丛书"集部第57册,齐鲁书社1997年版,第80页。

⑤ (明)王阳明:《大学问》,见《王阳明全集》卷二十六,吴光等编校,上海古籍出版社1992年版,第968页。

⑥ 参见陈立胜:《王阳明"万物一体"论——从"身—体"的立场看》,华东师范大学出版社2008年版,第1页。

蒋信在吸收、借鉴先秦及宋明诸儒相关论说的基础上，对"万物一体"说做了深入、系统的阐发，并将此说视为儒学的"立根处"（亦即根本宗旨）。据其《行状》记载，"信初读《鲁论》及关、洛诸书，颇见得'万物一体是圣学立根处'，未敢自信；直到三十二岁因病去寺中静坐，将怕死与恋老母念头一齐断却……乃信得明道所谓'廓然大公，无内无外'是如此，'自身与万物平等看'是如此，以此参之六经，无处不合"①。蒋信是在反复阅读、用心揣摩儒家诸种典籍的基础上，又进行了较长时间的静坐修炼，并验之于身心，最终才体悟到"万物一体是圣学立根处"的道理，此后便终生信奉，未曾更改。蒋信早年与其他大多数儒家士子一样，十分热衷研读儒家经典，尤其对《论语》以及宋儒张载的《西铭》、程颢的《定性书》等文献表现出浓厚的兴趣，并从中领悟到了"万物一体"的思想旨趣。蒋信说："仁者，以天地万物为体，《西铭》备言此理，学者惟体此意……千圣万贤，见知闻知，其谁能不以天地万物浑然同体为吾儒宗旨乎？某昔粗见此意时，尝告同志，释氏只悟得一空，即根尘无安脚处，吾辈若悟得物我同体，万私应即退听。"②又说："至于六经、《语》《孟》，千古圣神精神命脉，则惟在天地万物一体。"③在他看来，只有从"万物一体"（或"物我同体"）的角度切入，才能把握住儒学的大端、大本，否则便会舍本逐末，不得要领；人若真正悟得了"万物一体"的道理，便可能减少各种私心杂念，不再过多地计较个人的祸福得失，进而由近及远，关爱、呵护他人以及天地万物。

人与万物之所以是"一体"的，是因为两者都是由"气"化生而成的，具有同样的本源、根基。蒋信说："宇宙浑是一块气，气自于穆，自无妄，自中正纯粹精，自生生不息……此气充塞，无丝毫空缺，一寒一暑，风雨露雷，凡人物耳目口鼻四肢百骸，与一片精灵知觉，总是此生生变化，如何分得人我？"④他认为，宇宙间的事事物物尽管形态各异，千差万别，但都离不开气。有形之物是

---

① （明）柳东伯：《贵州等处提刑按察司副使蒋公信行状》，见（明）焦竑编：《献征录》卷一百零三，上海书店 1987 年影印本，第 4649 页。

② （明）蒋信：《简罗念庵内翰》，见《蒋道林文粹》卷八，岳麓书社 2010 年版，第 210 页。

③ （明）蒋信：《复谢高泉宪长》，见《蒋道林文粹》卷八，岳麓书社 2010 年版，第 220 页。

④ （清）黄宗羲：《楚中王门学案》，见《明儒学案》卷二十八，中华书局 1985 年版，第 628 页。

由气组成的,无形的太空也充塞着气,"无丝毫空缺"。"万物一体"从根本上来说即是"万物一气","物我同体"亦即"物我同气"。正是因为有气的存在,所以物物之间、人物之间、心物之间才具有了某种关联性,"万物一体""物我同体"的观念也才能得以成立。不过,蒋信并非气本论者,相反,他有明显的心学立场。他曾说:"大哉,心乎! 至哉,圣人之心学乎!"①只不过,他在阐发心学思想之时,也十分看重气,心与气在他看来是相通无碍的。

蒋信论"万物一体",往往将其与仁联系起来,即所谓"万物一体之仁"。他说:"只将自身放在万物中,一例看大小;大快活人,只有一个身,若知得是公共物事,虽万身何伤。学者须先识仁,仁者,浑然与天地万物同体,此皆明道泥塑端坐自家体贴出来者。"②在蒋信看来,一个人若体悟到"万物一体"的道理,便会"将自身放在万物中",把自己与万物看成是息息相关的,而做到此点,恰好符合儒家仁德的要求,所以,以天地万物为一体的人则称得上是一位仁者了。在蒋信之前,程颢、王阳明等宋明诸儒已论述了"万物一体"与仁之间具有密切的关联。比如,程颢在《识仁篇》中指出:"学者须先识仁。仁者,浑然与物同体。……孟子言'万物皆备于我',须反身而诚,乃为大乐。若反身未诚,则犹是二物有对,以己合彼,终未有之,又安得乐?"③"仁者浑然与物同体"的命题表明,人与万物同在天地乾坤之德的创生中,同生同长,浑然无别,人若能认识到这一点,便可与天地万物感通无滞。蒋信十分赞赏程颢的这种思想睿识,他在写给友人的书信中曾多次论及此语,并且认为人与万物都体现了宇宙生生之理,而儒家的仁德也具有"生生"的特性,因而,"万物一体"与"仁"是可以互释的。

蒋信等宋明理学家不是不明白自然界生物之间存在着弱肉强食的丛林法则,同样,人世间既有合作、友爱与互助,也不乏相互之间的激烈争斗乃至残暴

① (明)蒋信:《兼山堂记》,见《蒋道林文粹》卷四,岳麓书社 2010 年版,第 147 页。
② (明)蒋信:《答陈子东遽侍御·又》,见《蒋道林文粹》卷八,岳麓书社 2010 年版,第221 页。
③ (宋)程颢、程颐:《河南程氏遗书》卷二,见《二程集》,王孝鱼点校,中华书局 2004 年版,第 16—17 页。

杀戮，但他们仍然不会放弃"万物一体"的向往。理想与现实之间往往存在着巨大的差距，现实状况越糟糕，理想反而显得越珍贵。而且，蒋信等宋明理学家在阐发"万物一体"的理想时，并非着眼于狭义的人伦道德，而是广义的生生之德。若从狭义的人伦道德的角度看问题，我们就不能不区分是非、善恶，也不可能完全泯灭物我以及人己之间的界限。可是，当我们回到生生化化的本体时，整个宇宙即是"万物一体"，天地间所有事物都是一气贯通的，都是同一个生生不已的力量在起作用。如此一来，人与万物以及万物之间都是相通的。"万物一体"究其实是一种境界之说，它试图打破人与万物之间的界限与隔膜。

"万物一体"说不仅意味着人与自然万物应相融为一体，亦可指人与人之间应相亲相爱，和谐共处。蒋信说："夫人忍于邻之子，而不忍于同室之子者，为其同室与邻之子有间也。……诚使夫人有见于吾之与家国天下，同出于宇宙一大胞胎、天地一大父母，其纯粹至善之矩在吾心者，不能异于家国天下，而在家国天下者，亦不能有异于吾，则其视家国天下也，不亦犹夫人之视其同室与其兄弟矣乎？"①在他看来，人对禽兽、草木尚存有恻隐之情，对作为同胞兄弟的人类更应有同情、关爱之心。可是，在实际生活中，人们在"同室之子"与"邻之子"之间强作区分，并采取了截然不同的对待方式。人若能明白"宇宙一大胞胎、天地一大父母"的道理，那么，他在为人处世方面就会变得豁达大度，而不是斤斤计较。应该说，蒋信与阐发"民胞物与"说的张载一样，都属于儒家学者，他们不可能完全认同墨家宣扬的"视人之国，若视其国；视人之家，若视其家；视人之身，若视其身"（《墨子·兼爱中》）的"兼爱"说。儒家倡导的是"爱有差等，施由亲始"的仁爱思想，主张人须先爱自己的亲人，若有余力，再爱朋友、邻居、同事、陌生人以及天下之物。不过，若一味执着于差等之爱，过于突出亲疏远近，则又无法实现儒家"亲亲而仁民，仁民而爱物"（《孟子·尽心上》）的价值理想。因而，他们在阐发儒家差等之爱的同时，又高扬了"万物一体"或"民胞物与"之说，目的是试图在儒家的仁爱思想与墨家的兼

---

① （明）蒋信：《贺向子望山序》，见《蒋道林文粹》卷二，岳麓书社 2010 年版，第 71 页。

爱思想之间加以均衡,以避免两者分别趋向各自的极端而出现偏差。蒋信还说:"夫天之生物也一本,故近而家,远而天下,莫非同体。古之圣人,其于天下也,则有养老字幼恤孤独之政焉,其为法也详;其于家也,则有爱亲敬长之道焉,其为义也密。夫爱亲敬长与养老字幼恤孤独,以其事则固异矣,然而其心岂二哉! 为天下养老字幼恤孤独之心,即居其家爱亲敬长之心。"①在他看来,天生万物,万物都是一体的,人类社会也同样如此。人无论生活于何种社会环境之下,也无论扮演何种社会角色,都会与他人发生一定的关联,离群索居的人毕竟是极少的。一个人在与他人交往的过程中,应具备"四海之内皆兄弟"(《论语·颜渊》)的情怀。蒋信主张,当人居家之时,便须"爱亲敬长";当有机会将自己的才华施展于外时,便须实行"养老字幼恤孤独之政",两者没有本质上的区别。

2. 获得"万物一体"境界的途径、方法

蒋信之学归本于"万物一体",他本人也十分向往物我不分、浑然一体的境界。那么,如何才能获得这种境界? 蒋信做了较为细致、独到的论述,我们试从以下方面进行归纳、阐释:

(1)"默识涵养"。蒋信强调"默识涵养"在提升个体境界、成就圣贤人格中的作用。其所谓的"默识"即是静默中的当下体悟或心领神会,它摆脱了外部事物及语言文字的束缚,也没有停留于通常的经验判断、逻辑推理或理性思辨阶段,而是突出了对天道心性的洞观、神契与反求自识。严谨的、理性的思维方式对于分析经验现象是十分有效的,但在体悟超越的形上之境时却显得捉襟见肘。人在"默识"的体验过程中,需要做到精神高度集中,进而反躬自省,默然返照。"涵养"又被称为"存养",它是指对心性本原的直接培养。②蒋信所谓的"默识"即是一种涵养心性的工夫,它在蒋信的工夫论系统中占有重要的地位。

"默识"概念源自《论语》。孔子说:"默而识之,学而不厌,诲人不倦,何有

---

① (明)蒋信:《泰和郭氏族谱序》,见《蒋道林文粹》卷一,岳麓书社 2010 年版,第 34 页。
② 参见蒙培元:《理学范畴系统》,人民出版社 1998 年版,第 390 页。

于我哉?"(《论语·述而》)孔子所言"默识"之本义并不难理解,即把自己的所见所闻默默地记在心里。后世不少儒者没有拘泥于"默识"的本义,而是从不同的视角进行了阐发,尤其将"默识"作为描述直觉理论的一个语词,认为"默识"是消除了主客、能所、内外、物我界限的顿超直悟,是浑然与天道合一的大彻大悟。比如,宋儒程颢说:"'《诗》《书》、执礼皆雅言。'雅素所言也。至于性与天道,则子贡亦不可得而闻,盖要在默而识之也。"①"性与天道"在程颢看来是超越的性理,属于形而上之道,故不可仅用观察、归纳、总结等方法去了解这些知识,而应在寂然、澄然中领悟它们,进而默识心通。道德实践、人生意境等本身就不是一个经验性或认识论的问题。② 明儒陈献章反对程朱理学末流支离烦琐的学说,倡导心学,突出静观、默识的修养工夫。陈献章的衣钵传人湛若水虽然主张动、静一体,反对一味求静,但湛氏晚年思想却有所转变,开始倡导"大同默识"说。③ 蒋信则对"默识"作了如下解释:"《鲁论》'默识'二字,默乃'静默'之默,即动静之间是也;识乃知识之识,即知止,即识仁,即知性知天是也。……天地万物一体,孔门立教之宗。"④他认为"默"即为"静默"之义,这与孔子及后世其他儒家学者对"默"的界定大同小异。不过,"识"则被他解释为一个抽象的哲学观念。在蒋信看来,"识"即认识、明白或体认,认识或体认的对象也不是普通的事物,而指向了天道心性或至善,当然,他个人最看重的还是"万物一体"之理。所以,蒋信认为,"默识"即是静默中体认、觉悟"万物一体"的道理。"默识"既是一种境界,也是一种悟道的方法。

　　蒋信认为,通过"默识"的心性涵养工夫,可以使人在某一时刻豁然贯通,领会语言文字之外的意蕴,进而获得一种廓然大公或"万物一体"的境界。他说:"'默识'二字,王心斋看得好,云:'默识个甚么? 识得天地万物一体。'此

---

①　(宋)程颢、程颐:《河南程氏文集》卷十一,见《二程集》,王孝鱼点校,中华书局 2004年版,第 132 页。

②　参见邓晓芒:《〈实践理性批判·导言〉句读》,见邓晓芒、戴茂堂主编:《德国哲学(2015 年卷)》,社会科学文献出版社 2016 年版,第 20 页。

③　参见黎业明:《湛甘泉晚年思想述略——以〈甘泉先生重游南岳纪行录〉为中心》,《华南师范大学学报(社会科学版)》2009 年第 1 期。

④　(明)蒋信:《答何吉阳·又》,见《蒋道林文粹》卷八,岳麓书社 2010 年版,第 216 页。

心斋善体认也。中离反以为叛于师门而攻之,浅矣。某旧尝有说:'人苟心悟得万物一体,一切私意何处安脚?'"①又说:"体认所见,及得本体,澹然无染,亦是亲切语,欣甚。……孔门所谓默识,亦是由此养去;到极默处豁然有悟,便是廓然大公头面。"②王艮(号心斋)主张"默识"即是"识得天地万物一体",蒋信同意这种看法,且对此深信不疑。在他看来,一个人若跳出自我的藩篱,即有可能做到与物同体、物我两忘,一方面不隔绝于外部世界,另一方面又不执着于任何事物,进而摆脱各种纷纷扰扰而达到自由、和乐的境地,获得"廓然而大公,物来而顺应"的心灵体验。

(2)"主静无欲"。理学开山祖师周敦颐在吸收、改造佛教禅定与道教静坐调息方法的基础上,曾经提出了"主静立人极""无欲故静"③之类的主张。受周敦颐的影响,蒋信也极力宣扬"主静无欲"的修养方法,认为它有助于人收敛心意,进而体悟"万物一体"之境。蒋信32岁时因患肺病,曾到道林寺静坐,此次静坐除了使其身体逐渐好转之外,也使他在领会儒家天道性命之学方面有所长进,他愈发坚信"万物一体"之说。待身体完全康复之后,蒋信仍坚持静坐养身,同时将静坐视为心性修养的一种基本工夫。他认为,在求学问道的过程中,经典的启示、师友的点拨固然重要,但静中的自我反思同样不可或缺,它对于初学者而言尤有非同寻常的意义,只有通过静坐清除心中的浮妄之气,初学者方可真正入学,二程即以此法教人,蒋信对此颇为欣赏,认为让初学者习静"非是教人屏日用离事物做工夫,乃是为初学开方便法门也"④。

蒋信等宋明理学家所谓的"主静"(静坐),不是指静坐示威,而是基于心性修养的目的,通过静坐排除外界事物及自身欲望的干扰,充分彰显人本有的善心善性,进而提升境界。静可分为身静、心静,蒋信以及其他宋明理学家所言之"静"兼具以上两方面的内涵。身静和心静是一个统一的整体,身不静,

---

① (明)蒋信:《复刘初泉督学》,见《蒋道林文粹》卷八,岳麓书社2010年版,第219页。
② (明)蒋信:《答陈子东遽侍御·又》,见《蒋道林文粹》卷八,岳麓书社2010年版,第221页。
③ (宋)周敦颐:《周敦颐集·太极图说》,陈克明点校,中华书局2009年版,第6页。
④ (清)黄宗羲:《楚中王门学案》,见《明儒学案》卷二十八,中华书局1985年版,第630页。

成天忙忙碌碌,疲惫不堪,心便难以安静下来;反之,心不静,身体虽然停顿下来,但因为心的烦躁不安,身体也会大受影响。两者相较,心静显得更为重要,静坐从根本上讲乃是心静。静坐并非意味着人无所事事,当代学者方朝晖先生指出:"静坐是一种针对性特别强、意识高度专注、思想异常集中的心理活动。古人强调静坐时切忌'身如槁木,心如死灰',静坐是'有针对性地向内用力'。木木地坐着,大脑一片混沌,就不能达到静坐的目的。"①

蒋信又倡导"无欲",认为"无欲""主静"可以相得益彰。也就是说,当人的欲望较少时,则不会心浮气躁,此时人的身、心都趋向于静;而当人的身、心都静下来时,欲望亦不易滋生。无论是"无欲"还是"主静",最终都指向湛然、清明之境。当然,蒋信所谓的"无欲"并非要弃绝人的所有欲望,而仅仅主张要对人的过多的欲望加以抑制。就当代社会而言,一部分人在物质及生理欲望方面或许容易得到满足,没有深陷其中而不能自拔,但却容易沉溺于追求个人影响力、知名度与成就感的"无形欲望"之中,后者看似合理,甚至可能让人产生一种高尚感,但若过多、过滥,同样会对人的身心以及社会的和谐发展造成较大的危害,不可不谨防。

(3)"戒慎恐惧"。蒋信认为,追求"万物一体"的高远境界,不可走向玄虚,恰好相反,人应脚踏实地做修身、克己之功。他说:"是故其(指孔子,引者注)诲诸门弟子也,惟忠信,惟戒慎恐惧,灵明弗道也。夫不云灵明,非其智不及也,惟诚敬而后可以语心之存,心存而知止,是真灵明也已。其提揭真面目,示人趋也,惟曰:'己欲立,立人,己欲达,达人。'空无弗道也。夫不云空无,非以是不足贵也,浑然与物同体,乃始合德于天地内外。……贵灵明而贱诚敬,主空无而弗察仁体,此其去横议无几矣。"②蒋信这里指出,孔子教诲门人弟子,往往告之以忠信、戒慎恐惧及诚敬的道理,而不轻言空无、灵明,不是因为孔子及其弟子不够聪明睿智,而是因为他们不愿意多讲玄言虚语,在他们看来,要获得上达之境,离不开脚踏实地的修养工夫。蒋信则认为,空无、灵明不

---

① 方朝晖:《儒家修身九讲》,清华大学出版社 2011 年版,第 29 页。
② (明)蒋信:《原学说》,见《蒋道林文粹》卷四,岳麓书社 2010 年版,第 119 页。

是不可讲,但须慎言,空无、灵明与诚敬、察识仁体等修养工夫是密不可分的,"贵灵明而贱诚敬,主空无而弗察仁体"的做法是非常不可取的,对于大多数人而言,若没有经过一系列艰苦卓绝的修养工夫,便无法触动心机而真切地体验到灵明之境,他强调"惟诚敬而后可以语心之存,心存而知止,是真灵明也已",其用意正在于此。

蒋信突出敬畏工夫,主张人应对天理或普遍的道德法则心存敬意,不可违越,在日常生活中则应谨言慎行、整齐严肃。他说:"千古圣贤相传,只是'戒慎恐惧'四字。"①"戒慎恐惧"一语源自《中庸》:"道也者,不可须臾离也,可离非道也。是故君子戒慎乎其所不睹,恐惧乎其所不闻。"它意味着,一个人在没有他人监督的情况下仍须自我警觉、小心谨慎。"戒慎恐惧"后来成为很多理学家修养工夫论的基本范畴之一,蒋信也不例外,他主张人应常常提撕本心、省察克治,尤其应积极防患于未然。而且,在蒋信看来,"戒慎恐惧"还应与"博学、审问、慎思、明辨、笃行"相结合,若缺少后者,"戒慎恐惧"将与胆怯、畏难无异。

蒋信在强调"戒慎恐惧"敬畏工夫的同时,也没有忽略洒脱、和乐的境界追求。在他看来,敬畏与洒落本身即是密不可分的。依今人的看法,所谓"洒落",即指"见事透彻,处事潇洒磊落,不偏不倚,无丝毫固执,通达晓畅,廓然大公,能与自然融为一体"②。蒋信认为,不必以敬畏排斥洒落,这两种修养工夫并无尖锐冲突,而是可以相通、相融的。也就是说,人在日常生活中一方面须庄重、严肃,另一方面也不可过于拘谨、刻板,而应做到悠然自乐、清逸潇洒。

3. 小结

蒋信的"万物一体"说主要涉及人与自然万物以及人与人之间的关系问题。在他看来,人与自然万物本来是"一气流通"的,两者之间具有血肉相连的关系;人与人之间既属同类,彼此之间更应相互体贴与扶持。蒋信倡导"万

---

① (明)蒋信:《答何吉阳·又》,见《蒋道林文粹》卷八,岳麓书社 2010 年版,第 212 页。
② 兰宗荣:《论李侗的"洒落气象"及其对朱熹的影响》,《上饶师范学院学报》2014 年第 1 期。

物一体"说，并非一味追求虚无缥缈的玄境，而是主张将高远的理想落实于人的一言一行、一举一动之中，在日常生活中则关爱他人，尊重生命（包含人以及其他自然存在物的生命），保护环境。蒋信是一位躬行践履之儒，无论仕于朝廷还是居家休养，他一向淡泊明志，自律笃行，心系苍生，为民请命，同时通过对天道心性的反思，上达天德，体验与自然万物融为一体的快乐。

蒋信的"万物一体"说对于当代人具有一定的启示意义。也就是说，当代人也应培养一种"万物一体"的仁爱情怀，如此方能真正关爱、呵护他人以及自然界中的禽兽、草木乃至瓦石。人本来就来源于大自然，无论是过去、现在抑或未来，人只可能是大自然中的一员，而非大自然的中心或全部，人与其他自然万物共处于一个宇宙之内，与万物休戚相关。人不可把自己看成是万物之主、凌驾于万物之上。大自然中的其他生命或存在物遭到破坏，最终也会殃及人类。在这种情况之下，只有维系并重新发扬"万物一体"的理想，使其不至于失坠，才能拯救自然万物与人类自身。除此之外，"万物一体"说还能够促使人超越形体的有限性，而在精神上获得与天地同体的永恒性；有助于培养人们济世救民的责任感、悲悯情怀和担当精神。

不过，蒋信的"万物一体"说也有其不足之处。他过于突出静观反思、默识涵养在达到"万物一体"境界中的作用，在一定程度上导向了神秘主义。蒋信所谓的"忽觉此心洞然宇宙，浑属一身，呼吸痛痒全无间隔"①就属于一种非同寻常的个人体验，带有较强的神秘色彩。在宋明理学家中，获得并描述过这种神秘体验的远不止蒋信一人，不少理学家在他们各自的文集中或多或少地提到类似的体验。比如，陈献章所谓的"见吾此心之体隐然呈露，常若有物。日用间种种应酬，随吾所欲"②以及"天地我立，万化我出，而宇宙在我矣"③，高攀龙所谓的"一念缠绵，斩然断绝。忽如百斤担子，顿尔落地。又如电光一

---

① （明）柳东伯：《贵州等处提刑按察司副使蒋公信行状》，见焦竑编：《献征录》卷一百零三，上海书店1987年影印本，第4649页。

② （明）陈献章：《复赵提学金宪》，见《陈献章集》卷二，孙通海点校，中华书局1987年版，第145页。

③ （明）陈献章：《与林郡博》，见《陈献章集》卷二，孙通海点校，中华书局1987年版，第217页。

闪,透体通明,遂与大化融合无际,更无天人内外之隔"①与蒋信描述的体验、意境大同小异。此类体验只可意会、不可言传。它对于当事者来说可能是心知肚明的,对于他人而言则未必那么清楚明了。如此一来,蒋信等宋明理学家倡导的"主静""默识"等修养方法就难以避免神秘化的倾向。

四、许孚远

许孚远(1535—1604 年),字孟仲,号敬庵,浙江德清人,明代嘉靖进士,官至南京兵部右侍郎。他师从湛若水的入室弟子唐枢,是湛氏的二传弟子。许孚远又是明末大儒刘宗周的老师。据《明史·艺文志》所载,许孚远著有《语要》、《论语学庸述》(含《论语述》《大学述》《中庸述》)、《左氏详节》、《敬和堂集》等。② 其中,《敬和堂集》有明万历刻本,现已收入"四库全书存目丛书"。《明儒学案·甘泉学案五》亦收录了许孚远的部分论著和论学书信。笔者拟从许孚远的心性关系论、善恶观、"克己"说等方面来揭示其思想主旨。

1. 心性关系论

在心、性关系上,许孚远先对"心"的不同内涵加以分梳,再阐明两者之间的关系。他说:"心者至虚而灵,天性存焉,然而不免有形气之杂,故虞廷别之曰'人心,道心',后儒亦每称曰'真心,妄心,公心,私心'。其曰道心、真心、公心,则顺性而动者也,心即性也。其曰人心、妄心、私心,则杂乎形气而出者也,心不可谓之性也。"③"心"既可以指道心、真心、公心,也可以指人心、妄心、私心。许孚远认为,只有把"心"界定为道心、真心、公心时,"心即性"才可成立;当"心"是指人心、妄心、私心时,"心即性"则不能成立。或者说,心只有被赋予道德本心的内涵时,说"心即性"才具有合理性;如果把心看成是感性经验

① (明)高攀龙:《困学记》,见《高子遗书》卷三,《四库全书·集部·别集五》,第 1292 册,上海古籍出版社 1989 年影印本,第 357 页。

② 《明史》卷九十九"艺文四"将《敬和堂集》写为《致和堂集》,当为笔误。《敬和堂集》载于"四库全书存目丛书"集部第 136 册,齐鲁书社 1997 年版。当代学者张琴又以日本"内阁文库"藏本为底本,对许氏的《敬和堂集》进行了点校、整理,已收入《儒藏》精华编第 263 册。

③ (清)黄宗羲:《甘泉学案五》,见《明儒学案》卷四十一,中华书局 1985 年版,第 983 页。

之心时,心不是性。当然,王阳明主张"心之本体即是性,性即是理"①,他所谓的"心"无疑是指道德本心,可是其后学未必都能理解阳明本意,故有可能将"心"的不同内涵加以混淆,使"心即性""心即理"变成鼓吹感性法则及本能欲望的借口。许孚远对"心"的不同内涵加以分疏,并非多余之举,其目的是纠正王学末流之弊。

许孚远虽未一概反对"心即性"说,但他更倾向于将心、性视为"一而二、二而一"的关系,此种立场与朱熹的心性论有一定的相似之处。许孚远说："经传之中,或言性而不言心,或言心而不言性,或心与性并举而言,究其旨归,各有攸当。混之则两字不立,析之则本体不二,要在学者善反自求,知所用力,能存其心,能复其性而已矣。"②这里,许孚远认为,心、性之间不可混,又不可离。"心"是"合灵与气而言之者"③,灵即灵觉、灵明,气即气质,"性"不离灵觉、气质,而灵觉、气质不即是性。

与王阳明相比,许孚远更突出"性"。王阳明直承孟子以及陆九渊以来的心性论,以心摄性,突出人的本心、良知。许孚远对这种心性论既流露出赞赏之情,又表现出相当的忧虑。他说："我朝王文成先生揭良知三字,直透本心,厥旨弘畅矣。乃其流侈虚谈而甚少实行,世之君子犹惑焉。"④也就是说,王阳明学说直透本心,固然非常简约、畅达,可是阳明的一部分后学却不能像阳明那样守住儒学阵脚,逐渐收拾不住,专向灵明一路走去,因而日益崇尚虚谈,而较少做实质的修养工夫。以此之故,许孚远不仅主张将心、性"合二为一",同时也主张将心、性一分为二,突出性天之尊,防止专任灵明。

许孚远还专门探讨了人的"觉性"问题。所谓"觉性",是指人们对人性的觉解程度以及其在日常行为中的相应表现。他把人的觉性分成五个层次,即

---

① （明）王守仁：《传习录》上,见《王阳明全集》卷一,吴光等编校,上海古籍出版社1992年版,第24页。

② （清）黄宗羲：《甘泉学案五》,见《明儒学案》卷四十一,中华书局1985年版,第983页。

③ （清）黄宗羲：《甘泉学案五》,见《明儒学案》卷四十一,中华书局1985年版,第983页。

④ （明）许孚远：《敬和堂集·〈胡子衡齐〉序》,"四库全书存目丛书"集部第136册,齐鲁书社1997年版。

"觉之至""觉之次""觉之昧""觉之反""觉之贼","觉之至"是圣者才能达到的境界,即"清明在躬,湛然常觉一性圆融,洞达无碍,沛若江河之决,而渣滓浑化,皎若日月之明,而一疵不存者"①,这是最高的一种境界。"觉之次"是针对贤人君子而言的,贤人君子在禀赋上不如圣人,可是贤人君子勤于做道德实践,因而也能够"向道而行,循性而动,激发于师友箴规之际,而退省于幽独隐微之中"②。"觉之昧"是针对大多数的"庸众人"而言的,他们在世俗生活中所受习染较深,本心本性时而呈现,时而被遮蔽。"觉之反"是指针对所谓的"自暴自弃"者而言的,他们的行为不合乎礼义忠信之道,任情纵欲。"觉之贼"是针对所谓的"邪说诬民"者而言的,他们喜欢高谈性命之学,却又不能落于实地,或混淆儒、佛的界限,违背儒家思想主旨。当然,在许孚远看来,不管是哪一层次,包括"觉之反"者、"觉之贼"者,其本性都未尝泯灭,觉与不觉,存乎其人。

从许孚远对"觉性"的前两个层次的阐述也可以看出,他不排斥"上达"之境,"上达"是孔子儒学应有之义,许孚远为人为学虽然都极为严谨,但他对超越的境界也有一定的体悟。不过,许孚远反对对心性之学作玄虚化的理解。比如,他在写给罗汝芳的一封信中即明确地表达了此种看法,他说:"所谓透性与未透性云者,不知从何处分别?为是见解虚实耶?为是躬行离合耶?为是身心枯润耶?为是论说高卑耶?易言'美在其中,而畅于四肢,发于事业',孟子言'根心生色,睟面盎背,四体不言而喻'者,此真透性之学。若以知解伶俐,谈说高玄为透性,某方耻之而不敢,翁更何以教之?"③许孚远此处指出,真正的"透性",是指内心对道德有真切的体悟(真切的体悟是人通过文行忠信、下学上达的日用工夫获得的),表现出来自然会"中节",自然是和颜悦色的,具有道德上的亲和力,在此基础上,进一步成就外在事功。如果将高妙、玄虚

---

① (明)许孚远:《敬和堂集·觉觉堂说》,"四库全书存目丛书"集部第 136 册,齐鲁书社 1997 年版。
② (明)许孚远:《敬和堂集·觉觉堂说》,"四库全书存目丛书"集部第 136 册,齐鲁书社 1997 年版。
③ (清)黄宗羲:《甘泉学案五》,见《明儒学案》卷四十一,中华书局 1985 年版,第 980 页。

的话头当作是"透性"，则是大错特错。在许孚远看来，"知解伶俐"、将心性之学说得"活泼泼地"，对成就道德并无益处，反而有害。

2.善恶观

对于人性的善恶问题，许孚远曾围绕王门"无善无恶"说与周汝登（字继元，别号海门）进行过激烈的辩论。周汝登曾在南京讲会宣讲"天泉证道"的有关问题，对王畿的"四无"之说赞誉有加。许孚远以"无善无恶不可为宗"①，作《九谛》以辩难之。周汝登则作《九解》，对许孚远的《九谛》加以回应。黄宗羲的《明儒学案·泰州学案五》以及周汝登的《东越证学录》全文收录了《九谛》《九解》。笔者不拟逐条进行疏解，而只通过梳理两人争论的焦点问题，揭示许孚远的思想倾向。②

（1）善、恶不容混淆。许孚远基本上把善、恶当成是一对对立的范畴，界限分明，不容混淆。他在《九谛》中说："宇宙之内，中正者为善，偏颇者为恶，如冰炭黑白，非可以私意增损其间。故天地有贞观，日月有贞明，星辰有常度，岳峙川流有常体，人有真心，物有正理，家有孝子，国有忠臣。反是者，为悖逆，为妖怪，为不祥。"③在他看来，善是善，恶是恶，各有其特殊的规定性。而且，善（善性、善行等）是应该受到鼓励的，恶（恶性、恶行等）是应该受到贬抑的。故而，古人常讲"为善而去恶""赏善而罚恶"，儒学经典也极力宣扬一个"善"字，"《易》言元者，善之长也。又言继之者善，成之者性。《书》言德无常师，主善为师。《大学》首提三纲，而归止于至善。夫子告哀公以不明乎善，不诚乎身。颜子得一善，则拳拳服膺而弗失。《孟子》七篇，大旨道性善而已"④。许孚远认为，古圣先贤极力追求的就是善，善是天下之大本，是人之为人的本质规定，它有区别于恶的确定的内涵。

---

① 此语是黄宗羲在评价许孚远与周汝登关于"无善无恶"之争时提到的，参见（清）黄宗羲：《泰州学案五》，见《明儒学案》卷三十六，中华书局1985年版，第854页。
② "无善无恶"之争仍属心性论的范围之内，不过，此问题在许孚远学说中占有重要的地位，故笔者单列一小节来讨论。
③ （清）黄宗羲：《泰州学案五》，见《明儒学案》卷三十六，中华书局1985年版，第862—863页。
④ （清）黄宗羲：《泰州学案五》，见《明儒学案》卷三十六，中华书局1985年版，第862页。

可是周汝登却认为,善、恶之别并非那么绝对,而只有相对的价值。他说:"曰中正,曰偏颇,皆自我立名,自我立见,不干宇宙事。以中正与偏颇对,是两头语,是增损法,不可增损者,绝名言而无对待者也。"①在他看来,将善、恶截然相分,是"两头语""增损法"。真正的善是绝对的至善,至善不与恶相对待,而是超出了善恶对待的层次。许孚远与周汝登由于对善、恶的内涵理解不同,使得他们在评价王阳明的"四句教"以及王畿的"四无"之说等问题上也产生了较大的分歧。

(2)"无善无恶"与"为善去恶"之间存在着矛盾。许孚远对王阳明"四句教"的首句表示异议,对王畿的"四无"之说尤为不满。他认为,若倡导"无善无恶",就会与"为善去恶"的道德实践发生矛盾。原因在于,讲"无善",自然就不需要追求善;讲"无恶",就不需要消除恶,"为善去恶"之功因而会变得不必要,儒家的道德学说也将不能成立。

许孚远说:"古之圣贤,秉持世教,提撕人心,全靠这些子秉彝之良在。故曰:'民之所好好之,民之所恶恶之。'……奈何以为无善无恶,举所谓秉彝者而抹杀之? 是说倡和流传,恐有病于世道非细。"②"秉彝"一词来自《诗经》③。许孚远所谓的"秉彝之良",是指人本来就具有的好善恶恶之心或先天的善端、善性,在他看来,没有"秉彝之良",圣贤之教化、人心之提撕则不可能。若讲"无善无恶",将会抹杀"秉彝之良",这意味着放弃了道德实践的先天根据。

可是,在周汝登看来,"无善无恶"说不会妨碍人的道德实践,他说:"无善无恶,即为善去恶而无迹,而为善去恶,悟无善无恶而始真。"④也就是说,做"为善去恶"之功而不执着,就是"无善无恶";"为善去恶"最终达到的境界就是"无善无恶"。"为善去恶"之功只可作为手段,"无善无恶"才是道德修养的极致。至于许孚远所谓的"秉彝之良",周汝登认为它不是好善恶恶之心,

① (清)黄宗羲:《泰州学案五》,见《明儒学案》卷三十六,中华书局1985年版,第863页。
② (清)黄宗羲:《泰州学案五》,见《明儒学案》卷三十六,中华书局1985年版,第864页。
③ 《诗经·大雅·烝民》云:"天生烝民,有物有则,民之秉彝,好是懿德。"
④ (清)黄宗羲:《泰州学案五》,见《明儒学案》卷三十六,中华书局1985年版,第862页。

而是"无作好无作恶之心"。他认为,执着于"善",会成为一种"善见","善见"不但对于人成就道德不利,也会造成实际的危害。

事实上,许孚远也反对有意为善,他说:"书曰:'有其善,丧厥善。'言善不可矜而有也。先儒亦曰:'有意为善,虽善亦粗。'言善不可有意而为也。……古人立言,各有攸当,岂得以此病彼,而概目之曰无善?"①"有意为善"是指以善为标榜,执着于善,甚至掺杂功利的目的,许孚远对这种善是持明确反对态度的,可是他仍坚信真正的"善"是存在的,不能抹杀善,不能像王阳明部分后学那样一味宣扬"无善无恶"说。

(3)驳斥"两种法门"说。对于王门所谓的"两种法门"的说法②,许孚远也明确表示反对。他说:"龙溪王子所著天泉桥会语,以四有四无之说,判为两种法门,当时绪山钱子已自不服。……而奈何以玄言妙语,便谓可接上根之人?其中根以下之人,又别有一等说话,故使之扞格而不通也。"③在他看来,对于何为"上根之人"、何为"中根以下之人",并没有一个合理的标准,不能以能否讲玄言妙语便妄下断语,否则便会纵容学者蹈空骛虚。当时的实际情况亦如此,自"四无"之说产生以来,王门部分后学便谈不离口,而其他聪明之士,也争相效仿。许孚远认为此举"非以尊文成,反以病文成"④。

对于许孚远以上质疑,周汝登说:"人有中人以上、中人以下二等,所以语之亦殊。此两种法门,发自孔子,非判自王子也。均一言语,而信则相接,疑则扞格,自信自疑,非有能使之者。……然则有志此事,一时自信得及,诚不妨立论之高,承当之大也。"⑤他认为,"两种法门"的说法来自孔子,孔子就有"中人以上"与"中人以下"(《论语·雍也》)的区分,也有"生而知之""学而知之"(《论语·季氏》)等区分。

周汝登还指出,"四无"之说也符合王阳明学说的宗旨,是王阳明学说合

---

① (清)黄宗羲:《泰州学案五》,见《明儒学案》卷三十六,中华书局1985年版,第866页。
② "两种法门"即王阳明的两种教人之法,他认为,"四无"之说是为"上根人"立教,"四有"之说是为"中根以下人"立教。
③ (清)黄宗羲:《泰州学案五》,见《明儒学案》卷三十六,中华书局1985年版,第867页。
④ (清)黄宗羲:《泰州学案五》,见《明儒学案》卷三十六,中华书局1985年版,第868页。
⑤ (清)黄宗羲:《泰州学案五》,见《明儒学案》卷三十六,中华书局1985年版,第868页。

乎逻辑的发展。王阳明的"无善无恶心之体"是就喜怒哀乐未发时廓然、寂然的状态而言,未发、已发是二而一的关系,心意知物也统为一体。如同王畿一样,周汝登也认为,由心之体的无善无恶,可以推出意、知、物的无善无恶。而且,在周汝登看来,"四无"之说与古圣先贤所宣讲的义理也能够相吻合。他在《九解》中列举了十条古圣先贤之语来证明"无善无恶"说不是凭空杜撰,而是"千圣所相传者"①。

许孚远与周汝登在"无善无恶"问题上无法达成一致,也很难加以调和。他们立论各有自己特定的角度,我们很难以单纯的是与非对两人作出判断。恰如蔡仁厚先生所分析的,双方在论辩中之所说及其所作的论证,在义理上各有所当,不能说是错误。许孚远讲"好善恶恶",是就"实有"层来立论的,实有层之善,不可抹去,据此而可以说"有",这是分解地、客观地言之;周汝登讲"无善无恶",是就"工夫"层来立论的,工夫层上之无迹,则是表示不可存有任何执着,据此而可以说"无",这是主观地、圆熟地言之。②

3. "克己"说

许孚远之学强调克己,突出工夫的重要性,趋于内敛。黄宗羲说:"先生(许孚远,引者注)之学,以克己为要。"③"克己"来自孔子的"克己复礼"一语,此语在儒家著作中会经常出现,许孚远对它给予特别的重视。冈田武彦先生认为,许孚远所谓的"克己",即是"将缠绕着人的生命的肉体之累,即气质之障蔽等主观的、利己的欲念尽行克治,而复归于纯粹客观的性命之真体的工夫④。

许孚远的"克己"说受到其师唐枢的影响。唐枢在会通湛、王两家学说的基础上,标举"讨真心"说,认为人无论贤或不肖,本来都有"真心",只是有的人因桎梏于过多的欲望之中,使"真心"暗而不彰,所以讨求"真心"的工夫就

---

① （清）黄宗羲:《泰州学案五》,见《明儒学案》卷三十六,中华书局 1985 年版,第 868 页。
② 参见蔡仁厚:《王门天泉"四无"宗旨之论辩》,见《新儒家的精神方向》,(台湾)学生书局 1984 年版,第 244—245 页。
③ （清）黄宗羲:《甘泉学案五》,见《明儒学案》卷四十一,中华书局 1985 年版,第 976 页。
④ ［日］冈田武彦:《王阳明与明末儒学》,吴光等译,上海古籍出版社 2000 年版,第 262 页。

不可缺少。唐枢践履笃实,许孚远曾谓其师"以躬行践修为讨真实际。故于辞受、取予、出处、进退以及衣冠、言动、起居、饮食之节,靡有不严"①。许孚远直接以"克己"标宗,无疑进一步突出了工夫问题。

许孚远的"克己"说是存养与省察克治的统一。存养与省察是理学家基本的修养方法。存养有时被称为涵养,即体验于未发之前的自我修养,省察则是随时随事反省、察识。许孚远主张兼顾存养与省察,既在省察中存养,又在存养中对人之种种弊病痛加省察克治。

依许孚远,存养之道在于"收敛精神"。他说:"今初学之士谈玄说微,终日犹任气质用事,私意纷扰,靡有宁时,而欲窥未发之中。何啻千万里之远也。吾子真有志于学,有见于此理之在我,其尚收敛精神,毋令浮动走作,而早夜黾勉求之,稍见头脑,方有商量,可以进步。"②也就是说,如果像现成良知派那样浮动走作,对儒家天道性命之学的体悟就难免会有所欠缺,故而应收敛精神。当然,他认为,存养并不意味着要人走向枯槁虚寂,而是通过静养体验未发之中。而且,他并不认为只有在静时才能存养,而是主张无论动、静都要存养。这一点受到甘泉学派的创立者湛若水的影响,湛若水虽曾拜陈献章为师,可是他后来并不十分赞同陈献章的"静中养出端倪"之说,而是把陈献章以静坐"忽见心之体"融摄在他的体认天理的"随静随动之中"。

许孚远认为,存养之中的省察克治之功不可缺少。省察克治的对象主要是人伦之失,依许孚远,人伦之失主要表现在"乱""灭""私""悖""罔"等方面,他说:"人生于天地之间,视而不明,听而不聪,动作进退而不得其理,则威仪乱。有父子而不相亲,有君臣而不相事,有夫妇长幼朋友而不相别、相序、相信,则人纪灭。养其身,不以为天下,则私。役于物,反以遗其身,则悖。探索于形名度数、礼乐名物之烦而日亦不足,则支。驰骛于高虚玄远、

---

① (明)许孚远:《敬和堂集·唐一庵先生祠堂记》,"四库全书存目丛书"集部第 136 册,齐鲁书社 1997 年版。

② (明)许孚远:《敬和堂集·答陆以建》,"四库全书存目丛书"集部第 136 册,齐鲁书社 1997 年版。

简旷自便之域,而实之不存,则罔。"①以上论说主要是针对当时学者身上的弊病而发,其中最后一条主要是批评王门后学中的现成良知派,认为"驰骛于高虚玄远、简旷自便之域"便是"罔",而前数条"威仪乱""人纪灭""私""悖"则是由于当时学者不修身、不"克己"而造成的,"支"是由于向外追逐、不知返归内心而造成的。当然,这些弊病不是人的本性使然,只要加以省察克治,就可以消除,"乱而治之,灭而修之,私而扩之,悖而反之,支而约之,罔而诚之,则性顺而心安"②,对每一种弊病都进行矫治,就可以使"性顺而心安"。

许孚远的"克己"说突出"实修"。他说:"学不贵谈说,而贵躬行。不尚知解,而尚体验。……凡古今圣贤所为师表人伦信今传后者,必以躬修道德而致之,断非声音笑貌之所能为也。故学者之学,务实修而已矣。"③这里,他明确强调"躬修道德""实修"。如何进行实修?除了以上提到的存养及省察克治之功外,许孚远又曾将"实修"之方归纳为八条:第一,志于学,学而不厌,这是作圣第一义。第二,言忠信,行笃敬。不妄语,可称忠信;不愧屋漏,可称笃敬。第三,己欲立而立人,己欲达而达人,这是儒家教人求仁之方。第四,事贤友仁,亲师取友。第五,时时反观内省。第六,在追求成圣成贤的过程中,不能急于求成,不能被小利蒙蔽。第七,多识前言往行以蓄德,它包括读儒家易、诗、书、礼、春秋等经典,以及诸子、历史类书籍等,通过展卷诵读,了解古今嘉言善行,以培养德性。第八,文辞求"达"而已,或者说能够讲明义理即可,而不要刻意追求靡丽、奇诡、玄虚,此条是指文风而言。④ 以上八条既包括消极意义上的克制欲望,也包括积极意义上的自我德性的提高。

---

① (明)许孚远:《敬和堂集·〈胡子衡齐〉序》,"四库全书存目丛书"集部第136册,齐鲁书社1997年版。

② (明)许孚远:《敬和堂集·〈胡子衡齐〉序》,"四库全书存目丛书"集部第136册,齐鲁书社1997年版。

③ (清)黄宗羲:《甘泉学案五》,见《明儒学案》卷四十一,中华书局1985年版,第978页。

④ 参见(明)许孚远:《敬和堂集·圣训敷言八则》,"四库全书存目丛书"集部第136册,齐鲁书社1997年版。

许孚远也将"克己"说贯穿到其格物论之中。他说："若得常在根上看到方寸地洒洒不挂一尘,乃是格物真际。人有血气心知,便有声色,种种交害,虽未至目前,而病根常在,所以诚意工夫透底,是一格物。孔子江、汉以濯,秋阳以暴,胸中一毫渣滓无存,阴邪俱尽,故能毋意毋必毋固毋我。此非圣人,不足以当格物之至。鄙意格物以为神明之地,必不累于一物,而后可以合道。格致诚正,与戒惧慎独、克复敬恕,断无殊旨"①。在许孚远看来,格物就是察识声色之欲、利害得失之心以及其他各种病根,然后再加以矫正,直至"方寸地洒洒不挂一尘""胸中一毫渣滓无存,阴邪俱尽"。此种格物论既不同于朱熹的"即物而穷其理",也不完全同于王阳明的"正其不正以归于正",其特色在于将格物与"克己"的修养方法紧密相连。

4. 小结

在甘泉后学中,许孚远与其师唐枢都发挥了承上启下的作用。就许孚远而言,一方面,他将湛、唐的思想学说发扬光大,并做了新的阐发;另一方面,他又积极提携后学,冯从吾、刘宗周等人在学问及为人处世方面都受过许孚远的点拨、启发,而冯、刘诸人在甘泉学派乃至整个明代儒学阵营中都是较为重要的代表人物,不容小觑。

许孚远区分"心"的不同内涵,重新疏解心、性关系,突出"性"的作用,旨在使心学理论更加完善。这一点也为刘宗周所继承,并得到更为系统的阐发。刘宗周在剖析"独体"概念时,一方面主张独体是心体与性体的统一,另一方面又将性体置于十分重要的地位。

许孚远与周汝登关于"无善无恶"问题的辩论,在明代学术史上产生了较大的影响。在中晚明时期,对王门"无善无恶"说加以批驳的远不止许孚远一人。客观地讲,许孚远的批驳是较为系统、全面的。在许孚远看来,王学末流滋生各种弊病,如束书不观、追求玄虚、无视人伦规矩、不重践履等,其根源之一即在于"无善无恶"说。王阳明晚年以"无善无恶"来界定心体,同时也主张做"为善去恶"的工夫,王阳明尚不至于突破儒学矩矱。可是,王阳明的追随

---

① （清）黄宗羲：《甘泉学案五》,见《明儒学案》卷四十一,中华书局 1985 年版,第 982 页。

者却有可能只执着于"无善无恶"说的表层含义,然后"以无善无恶,扫却为善去恶",冲淡礼法名教对个体的约束力①。许孚远试图以批驳、修正王学部分理论缺失的方式来达到重振道德的目的。当然,这种方式并无多少现实可能性。

许孚远以"克己"来标明学术宗旨,说不上是什么太新的见解,"克己"对于儒者来说是一种基本的修养工夫。可是,如果把其"克己"说放在明末清初特定的思想背景里来看,无疑有其价值。许孚远的"克己"说主要是针对王门部分后学不重修身、不重践履的状况而立论的,他重申修持工夫的重要性,目的是纠正王学之失。

---

① 在中国传统社会中,礼法名教在维系社会人心、规范民众行为等方面无疑发挥了重要的作用。当然,礼法名教也存在被僵固化的可能,违反人性的礼法名教应当是我们批判的对象。

第四章　王守仁与阳明学派:明代心学的集大成者

第一节　王阳明心学的思想创获与理论缺失

一、王阳明心学的思想创获

阳明学派是王守仁创立的一个心学学派,又称姚江学派。陈献章之后,明代心学发展的高峰即是王守仁及其创立的阳明学派。王守仁(1472—1529年),字伯安,浙江余姚人,因筑室会稽阳明洞修道,遂取号"阳明子",世称阳明先生。王阳明28岁进士及第后,步入仕途。他平定了宁王朱宸濠的叛乱,为稳定明朝的统治立下了汗马功劳,官至南京兵部尚书,被封为新建伯。不过,他的仕途并不顺利,比如,34岁时他抗疏反对把持朝政的宦官刘瑾,为此受廷杖四十,被贬到僻远的贵州龙场驿做驿丞。龙场地处贵州西北,瘴气弥漫,荒凉贫瘠。但阳明没有被外来的政治挫折、险恶的自然环境压倒,而是坦然面对自己的生死、荣辱问题。而且,恰恰就在极端艰难困苦的环境中,他的思想有了根本性的突破,"忽中夜大悟格物致知之旨……始知圣人之道,吾性自足,向之求理于事物者误也"①,他体悟到,圣人之道(天理)就在自己心中,不必求之于外在的事物,只要摒除人欲的障蔽,就可恢复心中固有之天理。这

---

① 参见(明)钱德洪等撰:《年谱一》,见《王阳明全集》卷三十三,吴光等编校,上海古籍出版社1992年版,第1228页。

也即是学者们常提到的"龙场悟道"。"龙场悟道"标志着阳明心学的诞生,标志着阳明心学与朱熹的理学体系相脱离而独立出来。

王阳明的学说独树一帜,其"心即理""知行合一""致良知"等学说都是学界常说而又常新的话题。① 可以说,王阳明心学极大地张扬了人的个性,推动了明代思想解放的运动。概而言之,王守仁心学的思想创获可归纳为以下数个方面。

其一,克服了朱熹理学的支离外求之弊。朱熹重视读书穷理,倡导渐进式的修养方法,即通过"今日格一物,明日格一物"的积累过程而"豁然贯通",体悟到最根本、普遍的"理"(天理)。朱熹突出"理"的客观外在性,充分肯定人研究外部事物的重要性,同时彰显圣贤、经典对于人们成就道德人格的不可或缺性,强调外在道德规范对主体的约束。可是,朱熹没有解决好心与理的关系问题,他虽然说过"理即是心,心即是理"②之类的话,但他多数时候将"理"视为一种外在之理,既然是外在之理,就很难避免如王阳明所说的"心理为二"③的问题。格一草一木,对于探究物理尚可,以此方式而获得人伦之理,似不可。王阳明年轻时"格"竹子,不但没有"格"出什么道理,反而害了一场病,遂使他对朱熹的"格物穷理"之说产生怀疑。王阳明曾指出:"先儒解格物为格天下之物,天下之物如何格得?且谓一草一木亦皆有理,今如何去格?纵格得草木来,如何反来诚得自家意?"④这里,王阳明指出了穷究万物之理与确立内心道德信念的矛盾,因此,他起而提倡心学,将理收摄于一心,晚年又倡导"致良知"说,认为先致良知,确立本心,以之为指南,一切知识(尤指道德知识)才能为人所用。阳明心学简易直截,为当时的学界带来一股清新、自由、活泼的学风。

其二,宣扬了独立自主的精神。一般说来,程朱学者重视对儒家经典的学

① 海内外学界有关王阳明"心即理""知行合一""致良知"等命题的研究成果已较多,本书不再逐一剖析。

② (宋)朱熹:《朱子语类》卷三十七,中华书局1986年版,第985页。

③ (明)王守仁:《传习录》中,见《王阳明全集》卷二,吴光等编校,上海古籍出版社1992年版,第42页。

④ (明)王守仁:《传习录》下,见《王阳明全集》卷三,吴光等编校,上海古籍出版社1992年版,第119页。

习,在现实行为中常常能够认同并自觉遵守既有的行为规范。陆王学者比较突出个体之"心"的作用,认为凡事都须经过一己之心的反思与检视才可获得其合理性,不盲信既有的规则、教条,因而极大地宣扬了独立自主精神。应该说,两种致思路径各有利弊,而利弊之评价应结合不同时期的社会实际情形。比如,当一个社会的道德规范趋于僵固化、教条化的时候,就应当大胆冲破束缚,张扬个性;当一个社会过于宣扬个性解放,以至于发展为放任自流的时候,就需要突出道德理性精神对个体的规约作用。王阳明心学对朱熹理学的批判以及明中叶至清初的一些学者对王学进行修正的意义都可以从这个角度看出。

朱熹学说发展到明代,已逐渐走向僵化,成为士人谋取功名的工具。不少士人仅将朱熹学说视为谋取功名的工具,而未将其看作是提高身心修养的圣贤之说,以至于在知、行方面严重脱节。王阳明不满于这种状况,创立了不同于朱熹理学的另外一种学说体系。他主张不唯书,不唯圣贤、权威,而是极大地突出了个体的道德反思能力和决断能力。他说:"夫学贵得之心。求之于心而非也,虽其言之出于孔子,不敢以为是也,而况其未及孔子者乎! 求之于心而是也,虽其言之出于庸常,不敢以为非也,而况其出于孔子者乎!"①也就是说,不论什么人的思想理论观点,都应经过自己本心、良知的审查,将本心、良知作为判断是非的准则。王阳明的这种主张充分地肯定了个体的作用,极大地张扬了个性,对于冲破朱熹理学的思想禁锢是有积极作用的,具有反专断的意味,达到了思想解放的目的。

其三,倡导"圣凡平等"的良知观。兹引《传习录》中的一段话:"一日,王汝止出游归,先生问曰:'游何见?'对曰:'见满街都是圣人。'先生曰:'你看满街人都是圣人,满街人到看你是圣人在。'又一日,董萝石出游而归,见先生曰:'今日见一异事。'先生曰:'何异?'对曰:'见满街人都是圣人。'先生曰:'此亦常事耳,何足为异?'"②王阳明认为,"就人先天禀赋的良知而言,圣人、

---

① （明）王守仁:《传习录》中,见《王阳明全集》卷二,吴光等编校,上海古籍出版社1992年版,第76页。

② （明）王守仁:《传习录》下,见《王阳明全集》卷三,吴光等编校,上海古籍出版社1992年版,第116页。

凡人都是一样的,良知并不会因为人的等级高下、聪明愚笨等因素而有所区分,良知对任何人来说都应当是当下具足、现成圆满的。因此,每个人都要充分相信自己的良知,它是人得以成圣的根据。如果对自己的良知缺乏自信,那就是自暴自弃。王阳明'满街是圣人'的主张打破了传统的人性品级、等级的区分,在客观上无疑增强了普通人成就道德理想、完善道德人格的自信心。当然,就王阳明的本意而言,他倡导'满街是圣人',仅仅是就人的本性来讲的,其意是,人人都具有成圣的可能性,但并不意味着人人已经现成的就是圣人"①。人们不可能每时每刻都呈现出良知,人在良知没有呈现出来的时候,就只能称为潜在的圣人,潜在的圣人不等于现成的圣人,两者并不能直接画上等号,从现实状态回到人的本然状态,中间还要有一个实践过程。② 可是,王阳明的部分后学不明白这一点,不做修身工夫,也不守基本的礼法规矩,却大讲"满街是圣人"之类的高妙话头,遭到学者们的批评。

这里顺便提及的是,王阳明除了倡导"圣凡平等"的良知观之外,也倡导"四民平等"说(所谓"四民",即士、农、工、商)。他说:"古者四民异业而同道,其尽心焉,一也。士以修治,农以具养,工以利器,商以通货,各就其资之所近,力之所及者而业焉,以求尽其心。其归要在于有益于生人之道,则一而已。士农以其尽心于修治具养者,而利器通货,犹其士与农也;工商以其尽心于利器通货者,而修治具养,犹其工与商也。故曰:四民异业而同道。"③在阳明看来,四民之间的差别仅仅在于职业上的不同,并没有高低贵贱之分,只要尽心且有益于生民,就都可以成为圣贤。可见,阳明已将道德心性的平等扩展到不同社会阶层的平等了,这在重视士、农而抑制工商的古代社会来说是非常难得的。

其四,追求"万物一体"的境界。历史上很多儒者都表达了"万物一体"的

---

① 姚才刚:《王阳明心学的理论缺失及其对中晚明儒学发展的影响》,《哲学研究》2010年第12期。

② 参见吴震:《王阳明著述选评》,上海古籍出版社2004年版,第164—165页。

③ (明)王守仁:《节庵方公墓表》,见《王阳明全集》卷二十五,吴光等编校,上海古籍出版社1992年版,第941页。

境界追求。王阳明在此问题上主要继承了孟子、程颢等儒者的讲法，并结合其良知说作了进一步的阐发。陈立胜先生指出："'万物一体'是王阳明思想的基本精神。"①

王阳明说："夫圣人之心，以天地万物为一体，其视天下之人，无外内远近，凡有血气，皆其昆弟赤子之亲，莫不欲安全而教养之，以遂其万物一体之念。"②又说："夫人者，天地之心。天地万物，本吾一体者也，生民之困苦荼毒，孰非疾痛之切于吾身者乎？不知吾身之疾痛，无是非之心者也。是非之心，不虑而知，不学而能，所谓良知也。"③阳明认为，人与人、人与天地万物都是息息相通的，没有间隔。因此，人既要爱自己，也要爱他人，以至于爱天地万物。就人和人的关系来说，四海之内皆兄弟，所以他人的困苦荼毒，也是自己的切肤之痛。阳明将这种"疾痛"称为"是非之心"，也即"良知"。就人与天地万物的关系来说，人是自然界的产物，人与天地万物共处于一个宇宙之内，因此，人对他人、对宇宙间的一草一木或一禽一兽都应充满仁爱之心。当然，包括王阳明在内的儒家学者所倡导的爱乃是一种差等之爱，有先后、轻重、厚薄之分。

王阳明认为，人与天地万物"同此一气"，这可以看作是其"万物一体"说的理论基础。他说："盖天地万物与人原是一体，其发窍之最精处，是人心一点灵明。风、雨、露、雷、日、月、星、辰、禽、兽、草、木、山、川、土、石，与人原只一体。故五谷禽兽之类，皆可以养人；药石之类，皆可以疗疾：只为同此一气，故能相通耳。"④天地万物"一气流通"乃是传统儒、道共有的主张，如庄子亦谓"通天下一气耳"（《庄子·知北游》）。当然，王阳明与庄子对"气"的界定不尽相同，方旭东先生认为，"阳明所说的'同此一气'的'气'似乎不同于那种实

---

①　陈立胜：《王阳明"万物一体"论——从"身—体"的立场看》，华东师范大学出版社2008年版，第1页。

②　（明）王守仁：《传习录》中，见《王阳明全集》卷二，吴光等编校，上海古籍出版社1992年版，第54页。

③　（明）王守仁：《传习录》中，见《王阳明全集》卷二，吴光等编校，上海古籍出版社1992年版，第79页。

④　（明）王守仁：《传习录》下，见《王阳明全集》卷三，吴光等编校，上海古籍出版社1992年版，第107页。

体性的气,而更接近于某种精神性的东西(比如'心''良知''灵明'之类)。就阳明用'同此一气'所要表达的意思而言,也许'共此一心'这个说法更为确切"①。

王阳明"万物一体"说的意义在于,它能够促使人超越形体的有限性,而在精神上获得与天地同体的永恒性;有助于培养人们济世救民的责任感、悲悯情怀和担当精神;对人们处理好人与自然、人与人的关系也具有借鉴意义。

其五,倡导"知行合一"说,反对"著空"。王阳明反对宋儒的"知先行后"说,在他看来,打破"知先行后"的观念,倡导"知行合一",才能从根本上矫正当时社会上普遍存在的"知而不行"的现象。王阳明有关"知行合一"的论述非常多,这里略举数例。王阳明说:

> 知之真切笃实处,即是行;行之明觉精察处,即是知。②
>
> 知是行的主意,行是知的工夫;知是行之始,行是知之成。③
>
> 外心以求理,此知行之所以二也。求理于吾心,此圣门知行合一之教。④

王阳明认为,从本源上来看,知、行是合一的,如果将知、行割裂,知而不行,知便不是真正的知;行而不知,行便是妄行。知、行是同一个过程中的开始和结束。王阳明所说的"知之真切笃实处,即是行;行之明觉精察处,即是知"非常清楚地揭示了此层意思。一般说来,真切笃实是描述实践、行为的一个词,明觉精察是描述认知的一个词,阳明这里故意颠倒过来。也许在阳明看来,"知之时"固然要求"明觉精察",但更要求做到"真切笃实";"行之时"固然要求"真切笃实",但更要求做到"明觉精察"。"行的过程必须有知的参与,

---

① 方旭东:《同情的限度——王阳明万物一体说的哲学诠释》,《浙江社会科学》2007年第2期。

② (明)王守仁:《传习录》中,见《王阳明全集》卷二,吴光等编校,上海古籍出版社1992年版,第42页。

③ (明)王守仁:《传习录》上,见《王阳明全集》卷二,吴光等编校,上海古籍出版社1992年版,第4页。

④ (明)王守仁:《传习录》中,见《王阳明全集》卷二,吴光等编校,上海古籍出版社1992年版,第43页。

知的过程也必须有行的参与,知行是同一过程中的不同方面"①。

王阳明所谓的知,主要是指德性之知,而不是通过对外界客观对象的认识而形成的见闻之知;其所谓的行,则主要是指道德意识或德性知识在现实中展现自身的实践过程,阳明甚至认为,"一念发动处"就是行了,"一念发动",就意味着道德意识的开始,善念则须存善,并见之于行;恶念则须去恶,从而"不使那一念不善潜伏在胸中"。

王阳明的"知行合一"说虽然存在混淆知、行之类的问题,但仅就道德实践领域而言,该学说不无意义。它批驳了当时一些学者知、行脱节的不良习气,揭示了道德认知与道德行为之间的不可分离性,突出了"行"的地位。当然,王阳明的部分后学未能将这种"知行合一"说落于实地,趋于玄虚,此种做法无疑违背了阳明心学的初衷。

二、王阳明心学的理论缺失②

王阳明意气风发,敢创新论,其人其学在明代哲学史上均产生了较大的影响。不过,王阳明心学也有其内在的矛盾、罅漏。当代研究者多注重阐释王阳明心学的学术创获,对其理论缺失虽然亦有所论及,但往往语焉不详。笔者此处拟对王阳明心学的理论缺失作一探讨。

第一,王阳明心学有过"显"之弊。由孟子至陆王一系的心性论,直立人的本心本性和良知良能。孟子是以心摄性而从心上说,仁义礼智即根源于心。当然,孟子也讲:"尽其心者,知其性也。知其性,则知天矣。"(《孟子·尽心上》)他将心、性、天连为一体,但性、天却居其次地位。陆九渊远承孟子,认为心、性、理完全合一;"心之体"甚大,包摄一切,宇宙本体之心与道德本体之心通而为一。王阳明的整个思想体系也偏重对心体的阐发,强调良知的真诚恻怛、灵明妙用的一面。

---

① 吴震:《王阳明著述选评》,上海古籍出版社 2004 年版,第 111 页。

② 关于此节,参见姚才刚:《王阳明心学的理论缺失及其对中晚明儒学发展的影响》,《哲学研究》2010 年第 12 期。

王阳明之说不可不谓简易、高妙，但正因为如此，才极易暗含着某种理论上的罅漏，在流传之中则可能违背阳明的初衷，甚至走向其反面。比如，王阳明讲"心即理"，原本只是想表明，理不是外在于人的，理就在人心中，普遍之理与个体道德意识是可以融合的。但"心"本身又具有多重内涵，可以指道德本心、认知之心、情感之心，也可以指贪财之心、好色之心等。"心"在阳明学说中应为"道德本心"，而且假定了天下之人乃同此一心，进而同此一理。可是，后来的学者在宣讲、阐发"心即理"的命题时，对"心"未必作出和阳明相同的界定，因此该命题就有可能被加以篡改，明末一些王门学者即是在"心即理"的形式下将自然生命、本能乃至情识、玄虚等方面的内容掺入本心、良知之中。

王阳明虽然主张"心之本体即是性，性即是理"①，但他事实上已淡化了"性""理"，转而突出本心、良知的作用，将"性""理"收摄于本心之中。王阳明主张先致良知，确立本心，认为凡事都须经过一己之心的反思与检视才可获得其合理性，不可盲信既有的规则、教条。他说："夫学贵得之心。求之于心而非也，虽其言之出于孔子，不敢以为是也，而况其未及孔子者乎！求之于心而是也，虽其言之出于庸常，不敢以为非也，而况其出于孔子者乎！"②在阳明看来，不论是什么人的思想理论观点，都应经过自己本心、良知的审查，将本心、良知作为判断是非的准则。王阳明的这种见解无疑极大地宣扬了人的独立自主精神，突出了个体的道德反思能力和决断能力，其价值是不容抹杀的。可是，"求之于心"的说法后来却遭到顾宪成等学者的批评。顾宪成认为，凡事均"求诸心"，是非常靠不住的。在他看来，除了少数圣人之外，在现实中有几人凭一己之心就能够判断天下之是非？现实的情况恰恰是："或偏或驳，遂乃各是其是，各非其非，欲一一而得其真，吾见其难也。"③由于现实中的人气质混杂不一，并非完全合乎"天理之正"，故而在判断事物时就未必能够获得

---

① （明）王守仁：《传习录》上，见《王阳明全集》卷一，吴光等编校，上海古籍出版社1992年版，第24页。

② （明）王守仁：《传习录》中，见《王阳明全集》卷二，吴光等编校，上海古籍出版社1992年版，第76页。

③ （明）顾宪成：《与李见罗先生书》，见《泾皋藏稿》卷二，四库全书本。

"真是真非"，甚至发展成为"自专自用，凭恃聪明，轻侮先圣，注脚六经，无复忌惮"①。顾宪成从经验层面来批评王阳明的心学理论，这种批评固然不太相应，可是，王阳明心学片面强调本心、良知，过于张扬个性，也不能说无弊。当代学者张锡勤先生分析道："王守仁既然教人'求理于吾心'，以自心良知为准则，自然要损害天理、经训等客观标准，诱发'各是其是，各非其非'的异端思想。"②由于将是非判断的权力完全交给主体自身，王阳明心学便难以消除主观臆断之讥。

王阳明心学突出个体性，主张凭借个体内在的良知来作出道德抉择，而不是仰仗圣贤权威，这在客观上起到了冲破朱熹理学思想藩篱的作用，对中晚明时期的个性解放思潮提供了直接的理论依据。个性解放是人的独立意识的萌生与自我意识的苏醒，是人的生存价值和生命意义的追求与实现。不过，如果对个性解放的理解及实践有偏差，同样会滋生弊病。③

第二，王阳明心学有"不善用工夫"之嫌。在工夫问题上，王阳明虽然没有完全排斥修养工夫，但他毕竟有"不善用工夫"之嫌。一方面，王阳明主张本体与工夫的统一。以其"致良知"说为例，王阳明认为，良知是主体先天本有、内在具足的规定性，是由是非知觉当下判断所体现的至善本性，被赋予了本体意义。王阳明以"至"训"致"，"致良知"即是去除私欲障蔽，充拓良知至其极，或者说，要扩充良知本体至其全体呈露、充塞流行，"无有亏缺障蔽"。"致"可以看成是后天的工夫。王阳明认为，良知的至善性、普遍性仅仅为人们的道德践履和成圣成贤的追求提供了内在根据和可能性，要使良知真正呈现出来，必须借助于后天的工夫。他说："利根之人，世亦难遇，本体工夫，一悟尽透。此颜子、明道所不敢承当，岂可轻易望人！人有习心，不教他在良知上实用为善去恶工夫，只去悬空想个本体，一切事为俱不着实，不过养成一个虚寂。"④可见，

---

① （明）顾宪成：《与李见罗先生书》，见《泾皋藏稿》卷二，四库全书本。
② 张锡勤：《论陆王心学中可能诱发"异端"思想的因素》，《哲学研究》2001 年第 5 期。
③ 关于此点，本章第三节将做进一步的分析。
④ （明）王守仁：《传习录》下，见《王阳明全集》卷三，吴光等编校，上海古籍出版社1992 年版，第 118 页。

王阳明对为善去恶的修养工夫给予了必要的肯定,他对博文与约礼、唯精与唯一、事上磨炼与静坐、戒慎恐惧与何思何虑等涉及工夫的具体问题也进行了探讨。①

可是另一方面,王阳明在工夫论上的确存在轻易指点弟子之弊。他在教导弟子时,有时仅仅是"因病立方",不可视为定法;有时乃随机立言,只讲到成圣修养工夫之一面,而未及全体;有时甚或只是王阳明偶尔流露的"险语"。可是,其门人弟子却可能各执一端,并将此一端视为阳明宗旨之定法,并做过度发挥。另外,阳明阐发工夫论,有时加上了限语,比如,他认为,只有"上根人"才做得到"无有物欲牵蔽",故而"流行"是为"上根人立教","收敛"是为"中根以下人立教"。但这种"轻快洒脱"的本体流行说,自被提出之后即开始脱离"上根人"的限制。②

王阳明工夫教法遭到学者诟病,还因其赞成并倡导"满街都是圣人"之类的见解。"满街都是圣人"的主张有可能会诱导学者淡化修身工夫。如果不做修身工夫,也不守基本的礼法规矩,却大讲"满街都是圣人",便易滋生流荡、放纵之弊。

王阳明"四句教"的首句给士人修身也带来不利影响。王阳明晚年提出了"无善无恶是心之体,有善有恶是意之动,知善知恶是良知,为善去恶是格物"③的"四句教"法,它是王阳明晚年思想发展的一个核心课题。阳明弟子钱德洪(绪山)、王畿(龙溪)对"四句教"的理解分歧较大。王畿认为,心既是无善无恶,意、知、物也都应该是无善无恶的,因此,他将阳明"四句教"发挥为"四无"之说。与王畿相反,钱德洪是以"四有"说来理解阳明"四句教",他强调为善去恶的复性工夫,并将阳明"四句教"改为:至善无恶者心,有善有恶者意,知善知恶是良知,为善去恶是格物。王阳明对钱、王的分歧采取了调和的

---

① 关于王阳明工夫论的详细内容,可参见陈来:《有无之境——王阳明哲学的精神》,人民出版社 1991 年版。

② 参见钱明:《阳明之教法与王学之裂变》,《孔子研究》2003 年第 3 期。

③ (明)王守仁:《传习录》下,见《王阳明全集》卷三,吴光等编校,上海古籍出版社 1992 年版,第 117 页。

态度，认为王畿的"四无"之说是接引上根人的，而钱德洪的"四有"之说是接引中根以下之人的，为其次之法。两种看法虽然都是王门用来教人的方法，但每种方法各有局限性，所以两种方法应当"相取为用"，相辅相成，不可偏废。①对于阳明的"四句教"及王畿的"四无"说，中晚明时期的不少学者曾经提出过批评。当然，王阳明有时也明确倡导性善论，比如，他说："然至善者，心之本体也。心之本体，那有不善？"②"无善无恶"与"至善"是什么关系？彭国翔先生认为，就王门"无善无恶"说的真实意蕴而言，它主要包括两层含义，"一是存有论意义上的至善；一是境界论意义上的无执不滞"③。可见，"无善无恶"与"至善"这两种提法并非绝对不相容，王阳明有时即在"至善"的意义上来指称"无善无恶"，有时以"无善无恶"一语来表达其欲破除执着的境界追求。

不过，王阳明所谓的"无善无恶是心之体"一语确实易引发争议，其问题主要在于未能充分考虑此学说在流传过程之中可能滋生的弊病。也就是说，阳明以其天才式的哲学睿智倡导高妙之论，其出发点无非是试图激发人的内在道德自觉，同时在不违背基本道德原则的前提下也拥有自由自在的心灵境界。王阳明在宣扬"无善无恶"之说的同时，也主张切实地做为善去恶的工夫。可是，其部分后学未必能够领会阳明之说真正的旨趣，却大谈"无善无恶"，进而对"为善去恶"的修养工夫也采取不以为然的态度，空疏、玄虚之弊由此而生焉。若追根溯源，王阳明也应当负有一定的责任。

第三，王阳明未能妥善处理好知识与道德的关系。王阳明轻视知识的倾向十分明显。他说："知识之多，适以行其恶也；闻见之博，适以肆其辨也；辞章之富，适以饰其伪也。"④又说："良知之外，更无知；致知之外，更无学。外良

---

① 参见陈来：《有无之境——王阳明哲学的精神》，人民出版社 1991 年版，第 193—203 页。

② （明）王守仁：《传习录》下，见《王阳明全集》卷三，吴光等编校，上海古籍出版社 1992 年版，第 119 页。

③ 彭国翔：《良知学的展开——王龙溪与中晚明的阳明学》，（台湾）学生书局 2003 年版，第 439 页。

④ （明）王守仁：《传习录》中，见《王阳明全集》卷二，吴光等编校，上海古籍出版社 1992 年版，第 56 页。

知以求知者,邪妄之知矣;外致知以为学者,异端之学矣。"①在王阳明看来,良知能不能呈现出来,不在于有多少知识,有多少见闻,知识太多、见闻太广博,可能还不利于人的成圣成贤,甚至适得其反,起到某种妨碍作用。

东林学者高攀龙曾批评阳明心学是"任心而废学"②,此种批评可谓部分地切中阳明学说的要害。王阳明虽未尽废读书,但却对以获取知识为目的的读书活动采取较为轻视的态度。王阳明与陆九渊一样,反对不明本心的死读硬记,主张破除圣贤权威,认为即使要读圣贤之书,也应该是"六经注我"式的读书,以圣贤之言来印证吾心中本有之理。也就是说,在个体良知与圣贤、经典之间,王阳明无疑更看重前者。当然,其学说有一个前提,即认为只要发自于内在良知,就必然合乎天理,同时也就合乎经典之教义。从抽象的角度来看,这种假定也许有其道理,可是就某一个特定的主体而言,未必一定如此。

宋儒张载区分了"见闻之知"与"德性之知",认为"见闻之知,乃物交而知,非德性所知;德性所知,不萌于见闻"③。这里的"德性之知"源于人所承受的"天地之性",是指一种先验的道德直觉;而"见闻之知"则是指通过接触外界事物而产生的感性知识。后来,"见闻之知"与"德性之知"的关系之争成为宋明理学家探讨的主要问题之一。在这个问题上,王阳明较为强调"德性之知",但他并未完全排斥"见闻之知"。他说:"良知不由见闻而有,而见闻莫非良知之用,故良知不滞于见闻,而亦不离于见闻。……大抵学问功夫只要主意头脑是当,若主意头脑专以致良知为事,则凡多闻多见,莫非致良知之功。盖日用之间,见闻酬酢,虽千头万绪,莫非良知之发用流行。除去见闻酬酢,亦无良知可致矣。"④在王阳明看来,良知不是通过见闻而产生的,但良知却不能

---

① (明)王守仁:《与马子莘》,见《王阳明全集》卷六,吴光等编校,上海古籍出版社1992年版,第218页。

② (清)黄宗羲:《东林学案一》,见《明儒学案》卷五十八,中华书局1985年版,第1423页。

③ (宋)张载:《正蒙·大心篇第七》,见《张载集》,章锡琛点校,中华书局1978年版,第24页。

④ (明)王守仁:《传习录》中,见《王阳明全集》卷二,吴光等编校,上海古籍出版社1992年版,第71页。

离开"见闻之知"，或者说，良知既有先天性，又不能脱离见闻酬酢之类的现实活动，它就在日用常行之中呈现出来。

不过，从总体上来看，王阳明的致思方式是向内自省、反躬自求，而不太关注外向性的认知，这一点与朱熹不同。朱熹重视"见闻之知"，主张人们穷理尽性应从见闻开始，见闻愈广博，则见解愈高明，人之德性也才能日臻完善。在朱熹看来，知识的探索与积累有益于人的道德提升，"道问学"与"尊德性"可以相互发明、相互促进。当然，朱熹所谓的"道问学"主要是指人伦道德知识。王阳明则将"见闻之知"视为"末"，将"良知"视为"本"。在他看来，追求外在知识对于人们成就圣贤人格没有太大的帮助，有时还会妨碍人的德性的培养。所以，知识与道德在王阳明学说中不能相得益彰，两者处于一种紧张关系之中。王阳明不但对自然科学等纯客观知识无甚兴趣，就是对于儒家经典、仪节也不太留意，他所看重的主要是本心、良知的开显。

王阳明忽略客观知识、漠视事物存在的做法遭到了不少学者的批评。比如，王廷相认为，世界上没有不经过见闻而存在的"良知"，一切知识皆由感官而起。一个只是坐而论道而不亲睹亲闻外界事物的人，是不能认识事物之道的；一个被关在幽室的婴儿，长大之后是不能辨别日用之物的。在他看来，脱离见闻的"德性之知"是根本不存在的。高攀龙通过"见闻"在人类认识过程中的手段意义，肯定一般知识的价值，并通过"圣道自在庸常中"肯定了"见闻"对道德的意义。王夫之提出了较系统的知识论体系，他认为，多闻多见才能真正启迪人之灵明而达到对知识的统一。①

可是，在王阳明及笃信王学的学者看来，如果不反求内心，向外追逐，则愈求愈远，反而不利于成就道德。当代新儒家的代表人物牟宗三对向外驰求的学说也加以批评，他在分析朱熹格物论时曾指出："溯自先秦，孔子指点仁，孟子讲心性，《中庸》言慎独、致中和，言诚体，扩大而为《易传》之穷神知化，凡此似皆非'即物而穷其理'之格物问题，而朱子必欲以泛认知主义之格物论处理

---

① 李承贵：《中国传统哲学中的德智关系论》，《齐鲁学刊》2001 年第 2 期。

之,恐终不能相应也。……朱子之'即物穷理'徒成为泛认知主义之他律道德
而已。"①牟宗三认为,朱熹的格物论是一种泛认知主义,他进而又指出,朱熹
的"即物穷其理"的学术进路不利于挺立道德主体,朱熹所成就的只能是一种
他律道德。相较于直接确立本心的内圣工夫而言,"即物穷其理"的外在工夫
论在牟先生看来是走上了一条冤枉路。

知识和道德之间的关系究竟如何? 对于这个问题,古今中外的思想家们
可以说是聚讼纷纭,莫衷一是。从主流上来看,中国古代思想家具有重德轻知
的倾向,而且多数思想家认为知识的获取与道德的提升不太相干。他们认为,
道德信念、人文价值的确立是一个实践的问题,通过探求客观知识的方式则无
法达到这样的目的。西方则有源远流长的知识论传统,即使在道德问题上,一
部分西方思想家也表现出知识论的特征。比如,苏格拉底主张"美德即知
识",认为道德依赖知识,没有知识就没有德性,而有知识的人必然会择善去
恶。② 苏格拉底将道德的根据归之于知识,认为道德与知识可以统一起来。
这种观点对西方伦理思想的发展产生了较大的影响,西方不少思想家肯定了
德性与理性、道德与知识的统一。

笔者认为,知识确实不是成就道德的充分必要条件,即使是一个人知识很
多,甚至有关道德的知识也很多,也不能保证他在行动上就是一个道德完人。
在现代社会,利用高科技知识犯罪的现象增多,知识精英做出不义之事的报道
也偶尔见诸报端。相反,文化程度较低的人也可能有感天动地之举。但是,知
识对于道德无疑是有助缘作用的。平日如果重视知识特别是道德知识的积
累,事情发生之后才不会仓皇走作,才能作出正确的道德判断。否则,在某个
紧急时刻,一个人自以为是按照自己的良知在做事情,但事后反省,自己情急
之下所采取的处理方式可能是不太妥当的。知识除了对道德有助缘作用之
外,还有其自身独立的价值。知识与道德之间具有一定的关联性,但两者又分
属不同的领域,"知识既可以是针对人的,也可以是针对物(自然)而言的;知

---

① 牟宗三:《心体与性体》下册,上海古籍出版社 1999 年版,第 358 页。
② 参见戴茂堂:《西方伦理学》,湖北人民出版社 2002 年版,第 200 页。

识进步的标志是对客观规律的揭示,而道德进步的标志则是人对自身主观世界的改造和提升;知识需要人们去'发现',而道德则需要人们去'创造';知识的发现是揭示'已有的'规律或法则,而道德的建立在人身上往往是'从无到有'"①,以道德取代知识或以知识取代道德,都是不合理的。对于王阳明心学而言,前一方面的问题尤为突出,知识往往笼罩在道德的阴影之下,这可以说是王阳明心学的一个缺失,甚至可以说是中国传统思想的一个缺失。近代以降,随着中、西文化的融合程度日益加深,知识的独立价值才逐渐受到学者们的重视。

第二节　王门后学的主要派别

王阳明长年军务、政务缠身,加之享年不永,来不及对自己提出的一系列命题进行仔细推敲与认真打磨,其心学体系因而存在着诸多不缜密的地方。而且,王阳明个人的思想在一生之中经过了数次转变,其在工夫教法上亦因人而异,并非一成不变,这些都使得其门人弟子在诠释其学说时具有较大的发挥空间。不同的弟子对其学说的理解不尽相同,甚至存在着较大的差异。如此一来,阳明心学走向分化乃是一个必然的趋势。也就是说,由王阳明所创立的阳明学派尽管不乏共同关心的核心问题意识,但学派内部的意见却很难统一,充满着纷争、歧异,若追根溯源,最根本的原因还是阳明心学过于高妙,且有内在的矛盾、罅漏,故极易引发争议、分歧。

在阳明生前,王门后学即已出现分化的苗头。钱明先生指出:"阳明对弟子中间所发生的各种争执,不是包容混会、不及剖析,就是模棱两可、权实相用。因此待阳明卒后,其一传门人中潜滋暗长的几股背驰力量,在相对开放的学术氛围下,便开始崭露头角……到了万历初年,随着会讲风潮的兴盛,阳

---

① 方朝晖:《知识、道德与传统儒学的现代方向》,《中国社会科学》2005 年第 3 期。

明学内部分派分系的阵势更趋猛烈,并一直延续至明末。"①对于王门后学的划分,大致有以下几种:文化地域分类法,如黄宗羲按人文地理把阳明后学分为浙中、江右、南中、楚中、北方、粤闽、泰州七大流派;社会政治分类法,如嵇文甫把阳明后学分为左、右两派;学术思想分类法,如高濑武次郎提出了事功派与学问派的分类方法,钱穆分王门为顺应、归寂二派,钱明则提出了现成和工夫两大系统及虚无、日用、主敬、主静和主事五个流派的分类法。② 笔者比较倾向于嵇文甫先生关于左、右两派的分类方法。嵇先生认为,"左派王学"以王畿(龙溪)和王艮(心斋)等为代表,他们"时时越过师说,把当时思想解放的潮流发展到极端,形成王学的左翼";"右派王学"以聂豹(双江)、罗洪先(念庵)等为代表,他们"事实上成为后来各种王学修正派的前驱"。③

另外,不少有关明清哲学史的论著也提到"王学末流"这一概念,"王学末流"有哪些代表人物? 它与"左派王学"之间是什么关系? 一些论著要么对此未作出明确说明,要么开列了"王学末流"的名单,但不同论著之间存在着较大的分歧。方祖猷先生在一篇文章中列出了诸如王畿、王艮、邓豁渠、李贽、颜钧、何心隐、管志道、周汝登、罗汝芳、焦竑、陶望龄、陶奭龄等人。④ 这个名单确如方先生所指出的那样,尚不是完全的统计。由此可见,当代学者所使用的"王学末流"概念与嵇文甫先生所谓的"左派王学"有重合之处。当然,王畿、王艮尚不至于过分偏离阳明心学的主旨,因此,学者们所谓的王学末流,更多的是指他们的后学。⑤

---

① 钱明:《阳明学的形成与发展》,江苏古籍出版社2002年版,第108页。

② 参见钱明:《阳明学的形成与发展》,江苏古籍出版社2002年版,第113—115页。

③ 嵇文甫先生同时还提到邹守益(东廓)、钱德洪(绪山)等人,认为他们谨守师门矩矱,无大得亦无大失。当然,嵇先生重点探讨了左、右两派的王学。参见嵇文甫:《晚明思想史论》,东方出版社1996年版,第16页。

④ 参见方祖猷:《实学思潮与人文主义思潮》,见中国实学研究会主编:《实学文化与当代思潮》,首都师范大学出版社2002年版,第70—72页。

⑤ 其中,关于周汝登的学派归属问题,《明儒学案》中将其归入泰州学案,彭国翔先生经过考证,认为周汝登应当作为王龙溪的弟子而归入浙中王门。参见彭国翔:《周海门学派归属辨》,《浙江社会科学》2002年第4期。

第三节　"左派王学"的特色及其
对明代儒学发展的影响①

在王门后学中，"左派王学"的影响无疑是最大的。王阳明心学能够风靡大江南北，有赖于王艮、王畿以及他们后学的传播、推广之功。而且，"左派王学"进一步推动了明代思想解放的潮流，张扬了个性。不过，一部分"左派王学"也逐渐突破了阳明心学的藩篱，滋生流弊。笔者下面拟剖析"左派王学"在思想学说、行为举止及社会活动等方面的特色，并揭示其对晚明儒学发展的影响。

一、"左派王学"的特色

1. 倡导"现成良知"论，凸显良知的当下性

在王阳明那里，虽然已有"现成良知"论的端倪，但他并未以之为究竟之说。王畿、王艮等人则明确倡导"现成良知"论，并把它作为学说的宗旨。他们主张良知"当下即是"、实时呈现，不须刻意去做防检、穷索之功。

王畿在字面上多用"见在良知"。比如，他说："见在良知与圣人未尝不同。"②此处"见在"的含义，按照彭国翔先生的说法，"一是肯定良知的'在'，也就是肯定良知的当下存有性。一是指出良知的'见'，'见'在古代汉语中通'现'，是指良知的呈现与显示，这可以说是良知的活动性"③。王畿讲"见在良知"，察其本意，他是在异于知觉、情识的意义上来使用的，他仍然赋予了"见在良知"以先验的道德本体的意义，只不过十分突出了良知本体与良知发

---

① 参见姚才刚、刘珊珊：《"左派王学"的特色及其对晚明儒学发展的影响》，见郭齐勇主编：《阳明学研究》第二辑，中华书局 2016 年版。

② （明）王畿：《与狮泉刘子问答》，见《王龙溪先生全集》卷四，清道光刻本。

③ 彭国翔：《良知学的展开——王龙溪与晚明的阳明学》，（台湾）学生书局 2003 年版，第 69 页。

用的一致性。

"见在良知"论自被提出以来，就遭到聂豹（双江）、罗洪先（念庵）等学者的批评，认为此论将良知混同于知觉，而以知觉为良知，终究不能呈现良知本体。比如，罗洪先说："夫本体与功夫，固当合一，原头与见在，终难尽同。弟平日持原头本体之见解，遂一任知觉之流行，而于见在功夫之持行，不识渊寂之归宿，是以终身转换，卒无所成。"①罗洪先曾经十分赞赏王畿的超旷之论，但他很快又察觉王畿倡导"见在良知"论的弊端。在罗洪先看来，王畿的"见在良知"论往往以"知觉发用处"为良知，如此，"致良知"工夫必将驰逐于外而茫无所归。罗洪先转而倡导"归寂主静"说以及"收摄保聚"说。他认为，"世间无现成良知"，良知的呈现离不开切实的践履工夫，致良知工夫即表现在收敛、凝聚、培养寂感合一的心性本体。不过，王畿强调良知的"见在性"，仅仅是欲表明良知不是悬空的，不是静止不动的，而是能够随感随应的，良知是活泼泼的。王畿并非要将良知与知觉等同起来，但因其过分突出良知"自见天则"的这一面向，也不能说无弊，它易导向自然人性论。

王艮的"现成良知"论更加直截了当，认为良知是天然自有的、现成的，无须"扩养"之功。他服膺阳明的良知教，可是他不赞成在"良知"前加一个"致"字，而主张"良知致"，将"致"字置于"良知"之后，表示不需要刻意去发明、扩养良知，不需要烦琐的读书穷理和"主静""持敬"之类的修养工夫。在他看来，良知本来自明，常存不失，只要因顺良知之自然即足矣。王艮常用"鸢飞鱼跃"来比喻良知的现成与自在，如他说："良知之体，与鸢飞鱼跃同一活泼泼地。……要之自然天则，不着人力安排。"②又说："'惟皇上帝，降中于民。'本无不同。'鸢飞鱼跃'，此'中'也。譬之江淮河汉，此水也。万紫千红，此春也。"③依王艮，良知的呈现如同"鸢飞鱼跃"般自然、活泼，不假丝毫人力

---

① （清）黄宗羲：《江右王门学案三》，见《明儒学案》卷十八，中华书局 1985 年版，第395 页。

② （明）王艮：《语录》，见陈祝生主编：《王心斋全集》卷一，江苏教育出版社 2001 年版，第 11 页。

③ （明）王艮：《答问补遗》，见陈祝生主编：《王心斋全集》卷一，江苏教育出版社 2001年版，第 38 页。

于其间。而且良知人皆有之，不分贫富贵贱、圣凡智愚。王艮所说的"中"即指良知，他曾说："'中'也，'良知'也，'性'也，一也。"①"中"本无不同，也即良知本无不同。王艮虽然如阳明一样，认为良知即天理，可是他极大地淡化、削弱了天理的超越性、理想性，认为"'天理'者，天然自有之理也"②。显然，王艮学说的自然主义意味是较为浓厚的。

总之，在阳明那里处于萌芽状态的"现成良知"论，发展至王畿、王艮处才真正显豁起来，而王畿、王艮的后学又将"现成良知"论发挥到极致。应该说，"左派王学"的"现成良知"论宣扬直下承当，不假人力的体道之方，简易明快，能够使人获得自然生命以及精神生命的和乐、畅快。可是，从大多数人道德修养的角度来看，如果过分彰显"现成良知"论或自然人性论的观念，轻视乃至取消必要的修养工夫，则易将良知泛化为人的一切不假思索的心理和生理的本能反应，良知便极可能被混同为自发的意识。陈来先生针对王艮的"现成良知"论就曾指出："王艮的这种自然工夫，因不主张庄敬防检，不主张有所戒慎恐惧，很容易流入放旷。"③

2. 掺禅入儒，流于"狂禅"

王阳明心学已有掺禅入儒的倾向，这种倾向在"左派王学"中愈来愈明显，尤其是"左派王学"的末流，常被人讥为"狂禅"。嵇文甫先生说："当万历以后，有一种似儒非儒似禅非禅的'狂禅'运动风靡一时。这个运动以李卓吾为中心，上溯至泰州派下的颜何一系，而其流波及于明末的一班文人。他们的特色是'狂'，旁人骂他们'狂'，而他们也以'狂'自居。"④"狂禅"所指称的对象主要是大谈禅学的王门后学学者，而非丛林之中的僧人、禅者。或者说，他们虽不是严格意义上的佛禅之人，但却十分欣赏佛禅的智慧，将儒学与佛禅之学加以调和。其主要代表人物有颜钧、何心隐、管志道、邓豁渠、罗汝芳、周汝

---

① （明）王艮：《答问补遗》，见陈祝生主编：《王心斋全集》卷一，江苏教育出版社2001年版，第38页。

② （明）王艮：《语录》，见陈祝生主编：《王心斋全集》卷一，江苏教育出版社2001年版，第10页。

③ 陈来：《宋明理学》，华东师范大学出版社2004年版，第272页。

④ 嵇文甫：《晚明思想史论》，东方出版社1996年版，第50页。

登、陶望龄、陶奭龄、李贽等人。王畿、王艮亦与狂禅派关系密切，不过，"他们究竟还都是名教中人。没有大越普通儒者的矩矱，没有干脆成为'狂禅'"①。

我们且以颜钧、何心隐、李贽等人为例略做说明。颜钧，号"山农"，曾拜王艮弟子徐樾(字波石)为师，并得王艮亲授。他的文化水平不高，读书不能句读，但能悟王门良知之旨，并创立了平民化的儒学体系，成为泰州学派的重要继承人。颜钧反对宋儒式的烦琐学风，主张简易儒学。黄宗羲说："其学以人心妙万物而不测者也。性如明珠，原无尘染，有何见闻？著何戒惧？平时只是率性所行，纯任自然，便谓之道。及时有放逸，然后戒慎恐惧以修之。凡儒先见闻，道理格式，皆足以障道。"②颜钧虽未完全废弃戒慎恐惧的工夫，但他无疑更主张自然而然、率性而为，他所谓的"制欲非体仁"亦主张不可有意克制或强行抑制人之欲念，认为真正的"体仁"乃是放下思想负担，"从心率性"，扩充仁心。

颜钧又倡导"七日闭关"法。此修炼方法的具体内容原存九条，现仅存一条。由此条可以看出，颜钧主张通过静坐、摒去思虑等方式，去除知识见闻及名利声色等束缚，从而达到无知无识、无思无虑的境界。颜钧对"七日闭关"法的描述颇为神秘，比如，他说："于闭关七日之前曰：凡有志者，欲求此设武功，或二日夜，或三日夜，必须择扫楼居一所，摊铺联榻，然后督置愿坐几人，各就榻上正坐，无纵偏倚，任我指点：收拾各人身子，以绢缚两目，昼夜不开；绵塞两耳，不纵外听；紧闭唇齿，不出一言；擎拳两手，不动一指；趺伽两足，不纵伸缩；直耸肩背，不肆惰慢；垂头若寻，回光内照。如此各各自加严束，此之谓闭关。"③上述修炼方法显然与多数儒者所倡导的道德修养之方有较大的差距，反倒与佛、道教的修行方法较为接近。颜钧通过这种修炼方法而达到"神智顿觉，中心孔昭，豁达洞开，天机先见，灵聪焕发"④的目的。

何心隐，本姓梁，名汝元，字柱乾，号"夫山"，后改名何心隐，江西吉安府

---

① 嵇文甫：《晚明思想史论》，东方出版社1996年版，第52页。
② (清)黄宗羲：《泰州学案一》，见《明儒学案》卷三十二，中华书局1985年版，第703页。
③ 《颜钧集》卷五，黄宣民点校，中国社会科学出版社1996年版，第38页。
④ 《颜钧集》卷三，黄宣民点校，中国社会科学出版社1996年版，第24页。

永丰县人，曾师从颜钧。何心隐亦如颜钧一样，是一位儒侠式的人物，行侠仗义，崇尚意气，其在个人气质上不同于一般儒者，他有实践乌托邦理想的狂热情怀，为了心目中的理想，他四处奔走，甚至不惜舍弃身家性命。何心隐曾以布衣身份参与驱除严嵩的政治活动，后严嵩倒台，但其余党仍有一定的势力，为避免报复，何心隐被迫隐名改姓，逃往南方，从此踪迹不定，流浪漂泊，"所游半天下"①。

就何心隐的思想学说而言，"宋明以来的儒学传统实已难以规范其思想格局"②。对于传统儒家所倡导的"五伦"，何心隐最为看重君臣、友朋这两伦，他说："夫父子、昆弟、夫妇，固天下之达道也，而难统乎天下。惟君臣而后可以聚天下之豪杰，以仁出政，仁自覆天下矣。天下非统于君臣而何？故唐虞以道统统于尧舜。惟友朋可以聚天下之英才，以仁设教，而天下自归仁矣。天下非统于友朋而何？故春秋以道统统于仲尼。"③当然，何心隐并未完全舍弃其余三伦，但他显然是将君臣、友朋置于其他三伦之上。

同时，与多数儒家重视圣贤不同，何心隐将豪杰与圣贤等量齐观。连"左派王学"的中间人物王畿也曾严厉地批评豪杰，认为豪杰心里有意气，因有意气，则不能做圣贤。何心隐则认为，豪杰和圣贤都有意气，两者的意气没有价值高下的差别。何心隐号召人们应该如圣贤、豪杰一样顺从自己心里的意气而从事救天下救国家的大事业。他实际上是突出了个人的意志，歌颂了个人行动的自由。④

何心隐内心具有神秘性的一面，他与"方技杂流"、道士等多有交往，其行事风格也颇显古怪、神秘，故而被人称为"狂"或"侠"。何心隐与佛禅之士交往的数据比较少，后人谓其流于狂禅，主要因其"狂"，因其学说不合乎"名

---

① （清）黄宗羲：《泰州学案一》，见《明儒学案》卷三十二，中华书局1985年版，第705页。

② 吴震：《十六世纪心学的社会参与——以泰州学派的何心隐为例》，《云南大学学报（社会科学版）》2007年第3期。

③ （明）何心隐：《与艾冷溪书》，见《何心隐集》卷三，容肇祖整理，中华书局1960年版，第66页。

④ 参见［日］青木隆：《何心隐的"不落意气"之论》，《湖南大学学报（社会科学版）》2005年第2期。

教",何心隐亦自认是"名教中罪人"。

李贽(字卓吾)的狂禅倾向尤为明显,故而被时人目为"异端之尤",嵇文甫先生也把他作为狂禅派的中心人物。李贽除了在治学方面常常出入佛老之外,晚年还走进麻城龙潭湖芝佛院,落发为僧,皈依佛门,自命"和尚""苦老""僧家清高出尘之士"。

黄宗羲认为,李贽之学流于狂禅,他本人又做了和尚,已失儒学本色,学术归属在佛禅,因此在《明儒学案》中没有为李贽立学案。但黄宗羲却为李贽师友罗汝芳、耿定向等人以及李贽极为推崇的"英雄"王艮、邓豁渠、颜钧、何心隐等人,或立学案,或写小传。在黄宗羲看来,这些人的学术虽夹杂佛禅,但他们的基本立场仍在儒学一边,与李贽的情况不属一类。① 黄宗羲直接将李贽判为佛禅之徒,似不太合理,事实上,李贽自己并未严格区分儒、佛的界限,在他看来,儒、佛可通而为一。即使把他的学说称为佛学,也是一种入世的、儒学化的佛学。所以,李贽可以被定位为儒佛之间的一个人物。

李贽除了倡导儒佛相杂的学说之外,其在日常行为中亦有怪异之处,甚至可能做出多数儒者难以接受的举动。当时的礼部给事中张问达曾上疏参劾李贽,其参劾内容未必完全符合事实②,但是可以肯定的是,李贽在言行方面确实有散漫狂荡之处,以至于授人以口实。他既非正统的儒者,也非正统的佛教徒。他在麻城芝佛院期间,剃发留须,居佛堂而食肉,不拜祖师却高悬孔子像。

另外,陶望龄、陶奭龄等人也掺禅入儒,甚至宣扬转世为马论。可以说,"左派王学"愈到后来,愈禅学化。不过,颜钧、何心隐、李贽等狂禅派的思想学说也有其积极正面的价值,他们沿着王阳明以及王畿、王艮的路径,进一步宣扬了思想解放的意义。他们率真任性,有时为了"一体不容已之情"而可以置名节和性命于不顾,行事果敢,毫无拘执。狂禅派宁愿被人斥责为阔略、狂荡,也不愿迎合时流,更不愿做乡愿之人。可以说,豪杰气概、狂者胸次在他们身上有较充分的体现。同时,他们也极力肯定人的情感、本能欲望和追求物质

---

① 参见王记录:《〈明儒学案〉缘何不为李贽立学案?——兼谈黄宗羲的学术史观》,《河南师范大学学报(哲学社会科学版)》2003 年第 5 期。

② 参见黄仁宇:《万历十五年》,生活·读书·新知三联书店 1997 年版,第 242 页。

利益的合理性。

不过，狂禅派过于张扬个性，以至于唯我独尊，狂放无羁，行事不计后果，这种做法不仅在礼教十分盛行的古代社会行不通，即便在今日，也未见得能够付诸实施。一个社会若要保持有序、和谐与稳定，一方面，需要尊重人们个性的自由发展；另一方面，作为个体之人，也需要对自己的个性稍做收敛，而不能任凭一己气机之宣扬。

3. 热衷讲学，疏于读书与经世实务

王阳明及其后学大都注重讲学。王阳明早年曾出入释老，后又返归儒学。他逐渐重视讲学，尤其是在龙场悟道、创立心学之后，讲学更是成为他平生事业的中心。在阳明的心目中，讲学具有很高的地位，阳明弟子邹守益在《阳明先生文录序》上说："当时有称先师者曰：'古之名世，或以文章，或以政事，或以气节，或以勋烈，而公克兼之。独除却讲学一节，即全人矣。'先师笑曰：'某愿从事讲学一节，尽除却四者，亦无愧全人。'"[1] 在他看来，讲学要高于文章、政事、气节、勋烈。他把讲学既看作是自己本分内事，也将其视为教化世人的首要任务。

王阳明后学虽然分为诸多派别，但在致力于讲学这一点上大都与王阳明无异，"左派王学"尤其如此，可以说，王畿等人对讲学的重视程度远远超过王阳明。嵇文甫先生指出，王畿"简直是以讲学为性命饥渴。数十年中，专为这一件大事到处奔忙，满腔热情，缠绵固结，生生死死而不能自已。他不顾毁誉荣辱，不管当局者之'不悦学'，不管来学者是否'真发心为性命'，而只是凄凄皇皇，强聒不舍的，晓晓然以师说鼓动天下。像这样放下一切，热心拼命地讲学，古今来能找出几个人"[2]。王畿曾有过出仕经历，但任职时间较短，其余的大部分时间都在讲学，足迹遍及很多地方，直到 80 岁时仍外出讲学不辍，可谓一生都献给了讲学。泰州学派亦如此，王艮及其弟子、再传弟子无不热衷于讲学。

---

① （明）邹守益：《阳明先生文录序》，见《王阳明全集》卷四十一，吴光等编校，上海古籍出版社 1992 年版，第 1569 页。

② 嵇文甫：《晚明思想史论》，东方出版社 1996 年版，第 18 页。

讲学原本不是一件坏事,于主讲者而言,可以促使他们对所讲问题的思考引向深入,思考不深入,无一己之独见,所讲内容必不受欢迎。主讲者亦可在讲学过程中完善自己的道德人格;于听讲者而言,可以达到增益学问、提高德性修养的目的。学者之间通过讲学相互切磋,可以弥补自己学力之不足,开阔眼界,同时增进相互之间的情谊。讲学若能面对普通百姓,则可以使学术文化下移,进而提高百姓素养,改善社会风气。以此之故,不但阳明学派的士人积极投身讲学活动,就是一向以学问严谨、笃实而著称的顾宪成、高攀龙等东林学者亦热衷于此。只不过,东林学者在讲学内容上与阳明学派有所不同,他们更关注民生及时政,且以气节相砥砺。吴震先生说:"从十六世纪中叶到十七世纪上叶,讲学运动已然带有了一种超学派、超地域的性质,组织形式更为严密,讲学规模日趋庞大,随之而来的社会影响也就越来越大。"①

可是,任何事情超过了一定的度,也会适得其反。"左派王学"讲学过多、过滥,所讲内容亦不乏玄虚之处,自然会滋生弊病。一些士人热衷于讲学,参加各类讲会,可能会疏于读书,产生"束书不观"之类的问题;一些官员也效仿学者,耗费大量时间和精力从事讲学活动,对朝廷和地方的行政有所干扰,而利用讲学这种形式来图一己之私者也大有人在,比如,有人借讲学之名来培植亲信,结党营私,甚至借讲学之名来饮酒游山。

明人何良俊对王门学者大兴讲学不无微词。他说:"夫讲论愈多,则枝叶日繁,流派日广。枝叶繁而本根萎,流派广则源泉竭。"②当然,何良俊的批判矛头主要指向阳明后学特别是"左派王学",对王阳明本人的讲学反而流露出赞赏之情。原因在于,阳明既能讲学,又能建立事功,阳明将讲学与经世有机结合起来,而部分"左派王学"却是一味讲学,对其他实际的事务则漠然置之。当然,对于讲学与经世的关系,有学者指出,讲学"并非完全退归于个人内心世界,而是力图整顿士风,通过精英集团的领导作用,在全社会范围内推行整顿和改善人心的教化运动。这可以看作新儒家在政治领域受挫之后,经世观

---

① 吴震:《阳明后学研究》,上海人民出版社 2003 年版,第 422 页。
② 参见(明)何良俊:《四友斋丛说》卷四,上海古籍出版社 1996 年版。

念发生转向,开始在精神或文化层面上施展其经世抱负"①,若如此讲,讲学不但不妨碍经世,反而是经世不可或缺的一部分,这种看法有一定的道理。不过,一些"左派王学"人士的讲学论道,专意于探讨心性之精微,且越说越玄虚,此种讲学恐怕很难与经世挂起钩来。

明末清初的顾炎武对明末讲学之风尤为不满,大加批判。他说:"近日讲学之辈,弥近理而大乱真,士附其门者,皆取其荣名,于是一唱百和,如伐木者呼邪许然。徐而叩之,不过徼快捷方式于终南,而其中实莫之能省也。"②顾炎武认为,讲学易激发、加剧人的求名求利之心,流入利禄之途,非但不能达到"明道救世"的目的,还有可能亡国亡天下,故而他自己一生很少公开讲学。顾炎武指出了晚明王门学者讲学的弊病,但客观地讲,他对讲学之风所作的批评亦有偏颇之处,讲学不能说全无价值,"讲学虽非万能灵丹,但在农业社会里,总算是改造风俗的一条可行途径,亭林主张改造人心风俗,却又力斥讲学,实在值得商榷"③。较之顾炎武,黄宗羲对讲学的态度显得更为合理一些。他一方面严厉批判了王学末流讲学内容之空疏,另一方面亦借用讲学的教育形式,提倡以"明经通史"为基础的经世致用之学。④ 在清代,政权稳定之后,由于政治高压,讲学之风逐渐停歇,原因在于,讲学往往与参政议政联系在一起,不利于专制统治的稳固。

二、"左派王学"对明代儒学发展的影响

王阳明心学主张从烦琐的训诂、辞章、记诵之学中解放出来,直接透悟本心。他的学说直截了当,清新明快,在一定程度上医治了当时儒林的麻木与迂腐,挽救了儒学的颓废之势,也极大地倡扬了独立自主精神。而"左派王学"

---

① 林乐昌:《论王阳明讲学生涯与社会教化使命》,《哲学研究》2006 年第 11 期。
② (清)顾炎武:《举业》,见《日知录集释(外七种)》卷十八,黄汝成集释,上海古籍出版社 1985 年版。
③ 林聪舜:《明清之际儒家思想的变迁与发展》,(台湾)学生书局 1990 年版,第 109—110 页。
④ 参见吴光:《黄宗羲与清代浙东学派》,中国人民大学出版社 2009 年版,第 85—87 页。

在张扬个性、推动思想解放方面又大大前进了一步。他们打破传统的各种观念,任心而动,将人的主体精神发挥到极致。恰如萧萐父先生所言:"阳明学风行天下而并未僵化停滞,其后学'时时不满师说'而使之变化日新,终于超越王学,'掀翻天地',把王学固有的昂扬主体自觉的'狂者'意识,发展到对封建纲常名教的权威的否定。"①

在"左派王学"的影响下,明代儒学发展呈现出了新的局面。追求个性解放几乎成为当时的一种社会潮流,不少儒者受到阳明心学特别是"左派王学"的影响,逐渐冲破朱熹理学思想的藩篱,高扬自我。他们突出个体性,主张凭借个体内在的良知来判断是非,而不是仰仗圣贤权威。即便是晚明时期的朱子学者,也不再固守朱子学说已有之义理,而是在朱、王之间进行了折中,朱、王学说在此时期并非那么尖锐对立,相反,两种学说日益走向融合。

中晚明时期的儒学尤其是"左派王学"的思想学说逐渐趋向于平民化。王艮来自平民阶层,具有较强烈的平民意识和平等意识。他极力倡导"百姓日用即道",认为"圣人之道,无异于'百姓日用'"②,将百姓日用之道和圣人之道置于同等地位。在王艮看来,凡不合乎百姓日用标准的都不是真正的圣人之道,平民百姓也具有圣人的本质。他们日常生活中的一举一动均可自然而然地与良知本体相契合。在儒学传播及普及方面,王艮及其后学并非只在知识阶层中讲学论道。他们往往不分社会等级,不论贫富贵贱,尤其注重面向下层劳动群众宣讲儒家义理。颜钧在家乡组织了"萃和会",以简易化的儒学教化乡民。何心隐也曾效仿颜钧,在家乡创建了一个族会组织,取名为"聚和会"(亦称"聚合堂"或"聚和堂")。该会以宗族为建制,族内子弟过集体生活,接受集体教育,并在婚、丧、祭、赋、役等一切方面共同商议、互通有无。何心隐试图以"聚和会"的形式建立一个合族的共同体。"左派王学"在普及儒学、改善民间风习方面发挥了一定的作用,此举使中晚明儒学发展日益具有平民化、大众化的特点。

---

① 《萧萐父选集》,武汉大学出版社 2013 年版,第 374 页。
② (明)王艮:《语录》,见陈祝生主编:《王心斋全集》卷一,江苏教育出版社 2001 年版,第 10 页。

王阳明以及"左派王学"极力倡导个性解放，这固然有其积极正面的意义，但在流传的过程中却很难避免出现弊病。也就是说，如果对个性解放的理解及实践有偏差，就会产生不好的后果。比如，它可能被导向极端个人主义，即凡事只考虑个人的利害得失或只依个人的性情来做事，漠视他人及社会规则的存在；或者被导向情欲至上论，即过于渲染情欲的重要性，主张对人的本能欲望不加节制；或者被导向道德虚无主义。极端个人主义、情欲至上论、道德虚无主义具有千丝万缕的联系，三者之中不管哪种论调，对于人性及人类社会的正常发展都具有一定的破坏性。"左派王学"中盛行的个性解放潮流发展到后来，就产生了事与愿违的结果：对个体自由的过分追求逐步消解了人的责任心与使命感；个性解放在一部分人中被歪曲为纵欲主义，人的本能虽然得到宣泄，个体的精神境界却无法得到提升，甚至堕落为动物层次；一些学者热衷于摧毁旧道德，却疏于新道德的建树。他们常常挑战现成的各种规则，冲决网罗，这种超人的胆气和特立独行的个性确实让人钦羡不已，但他们又提不出能够通行于全社会的新规则，这样一来，就极易造成道德真空的局面。① 此外，"左派王学"也出现了谈玄弄虚的现象，学风空疏，进而对当时的社会风气也产生了一定的消极影响。这种状况引起了有识者的忧虑，一些学者开始反思王学尤其是"左派王学"的理论得失，并以殷切之心加以修正、辩难，王学修正运动由此而兴起。这可以说是"左派王学"对晚明儒学发展产生的另外一个影响。

第四节 "江右王学"的思想精义：以聂豹为个案的分析

"江右王学"与嵇文甫先生所谓的"右派王学"不是同一个概念，"江右"

---

① 参见姚才刚：《王阳明心学的理论缺失及其对中晚明儒学发展的影响》，《哲学研究》2010 年第 12 期。

即是江西的别称,"江右王学"相应地是指以江西为中心的王门学派;后者则是与"左派王学"相对而言的,侧重于学术倾向的判断与定位。不过,两种称谓又有一定的关联性,恰如嵇文甫先生所指出的,"浙中之学近左方,江右之学近右方"①。也就是说,以聂豹、罗洪先等为代表的"江右王学"在思想学术上倾向于内敛、收摄,与"左派王学"强调的良知自然流行、"当下即是"的观念有所不同,因而嵇文甫先生又将聂、罗视为"右派王学"的中坚。当然,嵇先生所言的"浙中之学近左方,江右之学近右方"仅为一种笼统的说法。事实上,无论"浙中王学"还是"江右王学",其内部的差异也较大,以"左派王学""右派王学"来分别描述浙中王学、江右王学的学术特色,难免有以偏概全之嫌。比如,同为"浙中王学"的王畿、钱德洪在为学宗旨上就截然不同,前者宣扬了先天正心之学,后者则突出了后天诚意之学。钱德洪往往"力辟王龙溪之说,以图恢复阳明体用兼赅、高明而又笃实的全貌,故对王龙溪屡屡加以切责"②,既然如此,他无疑不可被归入"左派王学"的行列;再如,邹守益亦是"江右王学"的一位代表人物,其学说与聂豹、罗洪先的相关见解也有所不同。以他对聂豹的批评为例,他认为王阳明之说贯穿着体用一源、寂感不二的精神,而聂豹所主张的"感前求寂,用外求体"是一种支离割裂的做法③,因而偏离了阳明心学的思想要旨。应该说,钱德洪、邹守益的思想学说既不同于"左派王学",也区别于"右派王学",可被视为王门后学的中间派别。下面,笔者仅以聂豹的"归寂"说为个案进行评析④,以便对"江右王学"的思想义理略作揭示。

聂豹(1487—1563 年),字文蔚,号"双江",世人称"双江先生",江西永丰人,早岁家境贫寒而力学,正德十一年举于乡,次年中进士。历仕松江府华亭知县、都察院监察御史、苏州知府、平阳知府、陕西兵备副使、兵部侍郎、兵部尚书等职。聂豹在任时积极革习除弊,同时也兴学重教,颇有政声。聂豹素以直言敢谏著称,此点也让他吃了不少苦头,先因得罪大学士夏言而下诏狱,后因

---

① 嵇文甫:《晚明思想史论》,东方出版社 1996 年版,第 32 页。
② 张学智:《明代哲学史》,北京大学出版社 2000 年版,第 141 页。
③ 参见张学智:《明代哲学史》,北京大学出版社 2000 年版,第 166 页。
④ 关于此点,参见王玉真、姚才刚:《论聂豹的"归寂"说》,《朱子文化》2010 年第 2 期。

上书忤辅臣严嵩,致仕归家。卒后赠太子少保,谥贞襄。

聂豹深喜阳明之学,有一次他在赴闽公干时,途经杭州,当时阳明正在绍兴讲学,聂豹不顾别人的劝阻,执意绕路绍兴而去向阳明问学。及见而大悦曰:"君子所为,众人固不识也。"①此后二人未曾再见,一直以书信来往。聂豹之于阳明,初并未执弟子礼,至阳明逝世后,由钱绪山作证,设位北拜,由此而始称门生。

聂豹是在磨难中领悟"归寂"之说的。黄宗羲对聂豹的悟学过程的描述是:"先生之学,狱中闲久静极,忽见此心真体,光明莹彻,万物皆备。乃喜曰:'此未发之中也,守是不失,天下之理皆从此出矣。'及出,与来学立静坐法,使之归寂以通感,执体以应用。"②不过,聂豹的"归寂"说自创立以来,即遭到同门之人如王畿、黄弘纲、陈九川、邹守益、刘文敏等人的非难,聂豹一一回书进行答复,为其"归寂"说进行了辩护。

聂豹的"归寂"说一方面针对当时"现成良知"论所带来的弊端而发,另一方面则是出自他对阳明良知本体与工夫的理解。他说:"近时有名为讲学,而猖狂自恣,往往以主静为禅学,主敬为迂学,而跳梁呼号,坐作语默,一随其意之所便,无所顾忌,而名为自得。哀哉!"③他这里所谓的讲学者,大概是指王畿、王艮及其后学。至于"归寂"说能否纠正王畿之说暂且不提,但聂豹对于王畿之说肯定是不满的。他对王畿说:"兄论学,每病过高,又务为悟后解缚,不经前人道语,听之使人臭腐俱化,四座咸倾,譬之甘露悦口,只是当饭吃不得。世间曾有几人可辟谷耶? ……愿兄将此等见解,一洗而空之。"④聂豹认为王畿将先天之功在后天上用,以不起意、不起念来保全先天良知,是一种近乎禅的工夫,对先天本体的顿悟只有利根之人才能做到,而利根之人世上太少,所以希望他能将此等见解"一洗而空之"。而王艮则倡导"百姓日用即

---

①　(明)黄宗羲:《江右王门学案二》,见《明儒学案》卷十七,中华书局 1985 年版,第 372 页。

②　(明)黄宗羲:《江右王门学案二》,见《明儒学案》卷十七,中华书局 1985 年版,第 372 页。

③　《聂豹集》,吴可为编校整理,凤凰出版社 2007 年版,第 551 页。

④　《聂豹集》,吴可为编校整理,凤凰出版社 2007 年版,第 266—267 页。

道",取消圣凡差别,宣扬了良知的"当下即是"特色和个体性原则,其后学进一步将此发展成为任情恣意的自然主义,行为怪诞,言语轻狂。现成良知对主体个性意识的宣扬是值得肯定的,但它所带来的弊端也是不可忽视的,聂豹希望能够以他的"归寂"说来纠正"现成良知"论的偏颇。

聂豹的"归寂"说也缘于他对"良知"的独特理解。他从已发和未发的角度出发,对"良知"进行了规定。他说:"本原之地,要不外乎不睹不闻之寂体也。"①良知"炯然在中",是不动之定体,"谓'心无定体'一语,其于心体,疑失之远矣。炯然在中,寂然不动,而万化攸基,此定体也。"②聂豹认为心体本虚,良知本寂,因为良知虚寂,所以才有定体,不随物以迁,不随时而妄,这就是未发之中;仁义礼智之性,宛然具足,不思而能,不虑而知,故称之为先天之良。在聂豹看来,良知即是未发的寂然之体。

聂豹又将良知与知觉区分开来。他认为,阳明所谓的"知是知非"之良知只是良知主体与客体、心与物的相互作用之中的表现,因而这种"知是知非"的良知是知觉,而不是真正的良知本体。依聂豹,良知本体应是寂然不动的定体,感于物而后才有"知"。他主张必须以体、用来分言良知与知觉,良知是体,知觉为用。聂豹进而对"格物致知"说也作出了较有特色的解释。他说:"知者,心之体,虚灵不昧,即明德也。致者,充满其虚灵之本体,江汉濯之,秋阳暴之,可以合德天地,并明日月,而斯谓之致。致知即致中也。寂然不动,先天而天弗违者也。"③在聂豹看来,感应变化之知是已发之知,感应变化所从出之知则是已发背后的寂然之体。致知活动是外在于感应过程的,而格物则是与感应过程相联系的,他说:"格物者,致知之功用,物各付物,感而遂通天下之故,何思何虑,后天而奉天时也。"④致知是回归良知本体,格物是良知之用,"修齐治平"是感应、是用。致知是格物的前提,只有回归了良知本体,格物感应才有定准。他说:"有志于圣学,但当究意于精察此心之天理,以充满吾良

---

① 《聂豹集》,吴可为编校整理,凤凰出版社 2007 年版,第 242 页。
② 《聂豹集》,吴可为编校整理,凤凰出版社 2007 年版,第 240 页。
③ 《聂豹集》,吴可为编校整理,凤凰出版社 2007 年版,第 256 页。
④ 《聂豹集》,吴可为编校整理,凤凰出版社 2007 年版,第 256 页。

知本体之量,则低昂屡变,泛应无穷,自有天则以臻夫格物之妙。"①总之,聂豹主张"致以复其心之体,格以达其心之用"②。由此不难看出,致知与格物在聂豹那里是两个逆向的过程:致知返归于内,格物感应于外。

聂豹认为,"格物无工夫",工夫只在致知上面,如果从感应之物上去做致知的工夫,就可能会导致朱子之学"舍心逐物"的弊端,致知的工夫做到了,"便自能感而遂通",便自能"物各付物",致知既是目的又是手段。他说:"致知之功,要在于意欲之不动,非以周乎物而不过之为致也。镜悬于此,而物来自照,则所照者广。若执镜随物,以鉴其形,所照几何? 延平此喻,未为无见。致知如磨镜,格物如镜之照。谬谓格物无工夫者,以此。"③聂豹以"磨镜""镜之照"来喻致知格物,欲求镜之明照,应当于镜上磨其照,而不是在物上求其明,镜磨明后物来自照,工夫在磨上而不是在照上。故本体之心如镜,致知如磨镜之工夫,格物如照物,是效验感应。如以格物为工夫,从知觉上求良知,依已发寻未发,皆类似于从物上求明照。欲求明照但是却舍去了磨镜之工夫,是不可能求得照物之明的。所以聂豹的思路是"知是虚灵之本体,物是本体之作用;故致知在于求复本体,而本体之复也就是格物"④,因而,其结论就是"格物无工夫",工夫只体现在致良知本体上。

那么,如何才能回归良知本体呢? 聂豹主张"归寂",并以"归寂"为唯一的工夫。他说:"致知者,唯归寂以通感,执体以应用。"⑤又说:"愚意窃谓无问感与不感,而一以归寂为工夫主宰。"⑥在他看来,"归寂"就是复归良知寂体,体现的就是致知工夫。首先,要排除主观的意欲障蔽,即"充养乎虚灵之寂体,而不以一毫意欲自蔽,是谓精义入神,而用在其中也"⑦。由于寂与感、未发与已发是相分的,所以"归寂"就进一步要求摒弃与外物的一切联系,在

---

① 《聂豹集》,吴可为编校整理,凤凰出版社 2007 年版,第 367 页。
② 《聂豹集》,吴可为编校整理,凤凰出版社 2007 年版,第 359 页。
③ 《聂豹集》,吴可为编校整理,凤凰出版社 2007 年版,第 381—382 页。
④ 吴震:《阳明后学研究》,上海人民出版社 2003 年版,第 180 页。
⑤ 《聂豹集》,吴可为编校整理,凤凰出版社 2007 年版,第 95 页。
⑥ 《聂豹集》,吴可为编校整理,凤凰出版社 2007 年版,第 287—288 页。
⑦ 《聂豹集》,吴可为编校整理,凤凰出版社 2007 年版,第 413 页。

无感无应、自我封闭的情况下反求良知本体,"于是一以洗心退藏为主,虚寂未发为要,刊落究竟,日见天精,不属睹闻"①。与阳明将格物感应作为致知的中介不同,聂豹将致知归结为一种与外界隔绝的自我返归过程。其次,聂豹又强调"主静"。他说:"今乃归寂以通天下之感,致虚以立天下之有,主静以该天下之动。"②聂豹主张在"静"中体验良知本体,进而返归心体的本然状态。当然,他也主张将"主静"和"主敬"的修养方法结合起来,认为二者都是必不可少的工夫。

聂豹是王阳明的私淑弟子,没有亲执阳明问学,这反而能使他另立"归寂"新说,这也是聂豹不同于或高于阳明嫡传弟子之处。好友罗洪先与聂豹深相契合,他对聂豹的"归寂"之说非常赞赏,认为该说"真是霹雳手段,许多英雄瞒昧,被他一口道着,如康庄大道,更无可疑"③。

从其思想的基本特征看,聂豹应归属阳明心学一系,但聂豹的"归寂"宗旨与王阳明的"致良知"说有着很大的不同。在聂豹这里,心体是湛然、寂静的;王阳明的良知则是道德意志、情感和判断力的综合,它时时呈露于心体。聂豹通过对良知本体"虚""寂"的肯定,就转向了对现象的消极否定,而王阳明的良知教却具有很浓的道德实践意义。聂豹提出"归寂"等主张,其主观目的在于纠正王学末流所表现出来的很多弊端。但从义理见解上看,特别是其"格物无工夫"说,与阳明的"事上体验良知"之说已大有不同。聂豹从已发未发出发,割裂了体用及本体与工夫的关系,并把"归寂"视为致知的方式,将致知过程看作向内收敛,在某种程度上已导向了神秘主义。另外,聂豹过分看重"主静",这样一来,他就将认识活动和道德修养视为纯粹向内的"归寂"过程,使活泼泼的良知失去了生命力和创造力,因而也遭到了众多王门弟子的诘难。

当然,不可否认的是,聂豹提出"归寂"说的用心是良苦的。在他看来,当时之人言行每出乖张,"归寂"之说可以让浮躁的人心沉静下来,并对自己的

---

① 《聂豹集》,吴可为编校整理,凤凰出版社 2007 年版,第 268 页。
② 《聂豹集》,吴可为编校整理,凤凰出版社 2007 年版,第 262 页。
③ (清)黄宗羲:《江右王门学案二》,见《明儒学案》卷十七,中华书局 1985 年版,第 373 页。

言行进行反思。聂豹的"归寂"说为人们的自我反思提供了一种学理依据。

"江右王学"作为阳明后学的一个重要派别，人数众多，思想独到，其中聂豹、罗洪先、邹守益、欧阳德、王时槐、刘文敏、胡直、邹元标等学者对阳明心学的阐发尤有特色，对明代心学思想的发展产生了积极的影响。笔者以上仅略论了聂豹的"归寂"说，但窥一斑而知全豹，从中可以看出"江右王学"在学术上颇有自得之见。研究明代心学，不可忽视"江右王学"的地位与价值。

江右王门学者大都"倾向于主张心有主宰，强调收敛保聚，重视修持工夫。这显然是禀性沉毅笃实的狷者由下学工夫而上达于中行之士的治学之路，而与浙中龙溪、泰州心斋之主张任性自然，提倡发散流行，崇尚纵情洒落的狂者风范大异其趣"①。当然，这只是就"江右王学"的总体情形而言的，若再仔细爬梳，便可发现，"江右王学"内部也一直存在着分歧、纷争，并形成了诸多更小的学术派别。蔡仁厚先生指出，江右王门的代表人物可以分为三支一脉：一是王阳明亲炙嫡传的邹守益、欧阳德、陈九川等人，他们大体能守护师说而无所逾越；二是私淑王阳明而滋生疑误的聂双江、罗洪先，二人各有所得，而对王学的理解则有隔阂而不尽相应；三是渐离心宗而别走蹊径的刘文敏、刘邦采、王时槐等人；一脉则是指泰州派下的罗汝芳，他代表王学的圆熟境界，是泰州派下真能成正果者，因为其籍贯在江西，所以归入江右王门。② 这"一脉"与"三支"在学术风格上有较大的出入。就"三支"而言，前两支的分歧较为明显，也就是说，他们在如何理解天道心性及良知本体、如何践行"致良知"工夫等问题上存在着较大的差异。邹守益等人认为心并非一个恒定不变的"定体"，所以良知也是"寂感无时"的，他们在工夫论上倡导"主敬""慎独"等学说；聂双江、罗洪先则认为心是一个寂然不动的"定体"，良知相应地也是一个具有虚之性的"寂体"，他们在"致良知"的工夫论里分别提出了"归寂"说和"主静"说。③

① 　徐儒宗：《江右王学通论》，中国人民大学出版社 2009 年版，第 385 页。
② 　参见蔡仁厚：《王学流衍——江右王门思想研究》，人民出版社 2006 年版，第 4—5 页。
③ 　参见徐儒宗：《江右王学通论》，中国人民大学出版社 2009 年版，第 371 页。

第五章　刘宗周与蕺山学派：
明代心学的殿军

第一节　刘宗周及其思想旨趣

刘宗周（1578—1645 年），字起东，浙江山阴（今浙江绍兴市）人。因讲学山阴县城北蕺山，学者们称他为"蕺山先生"。他自万历三十二年（1604 年）首任行人司行人之后，历仕明神宗、熹宗、思宗、福王四朝。但刘宗周在官之日甚少，他"通籍四十五年，在仕仅六年有半，实立朝者四年"①。何以如此？只因为他刚正敢言，常不顾个人安危，犯颜直谏，指斥时弊，弹劾奸党，为魏忠贤、温体仁、马士英之流所不容，故数次被革职为民。刘宗周素来以清苦严毅著称，致谨于一言一行，笃行自律，以"宿儒重望"而为晚明清流领袖。在南明大势已去的情况下，他临难仗节，绝食达二十三日而亡。

刘宗周"上承濂洛，下贯朱王"②，汲取了周敦颐的"主静"说、二程的"义理之学"、朱熹的理学、王阳明的心学、罗钦顺的气学等思想精华，加以融会锻造，而又自立新说，卓然成一家之言。"慎独"与"诚意"是刘宗周思想体系中的两个核心范畴，也是其学说最具特色的部分。他中年以"慎独"说标明自己的学说宗旨，晚年则以"诚意"说为主线。

---

① （明）刘汋：《年谱》，见（明）刘宗周：《刘子全书》卷四十，清道光刻本。
② （明）刘汋：《年谱》，见（明）刘宗周：《刘子全书》卷四十，清道光刻本。

刘宗周学问的义理构架可自成一系统。牟宗三先生在《中国哲学十九讲》中将宋明理学分为三系:"朱子是一系,陆王是一系,胡五峰、刘蕺山是一系。"①"三系"的划分极大地凸显了刘宗周在宋明理学史上的地位。钱穆先生将其称为宋明理学尤其是心学一系的殿军,杜维明先生则将刘宗周称为"中国17世纪最具原创性的思想家之一"②。

作为晚明的一位大儒,刘宗周对宋明理学尤其是王阳明心学多有反思、总结,对王学末流的弊病有所矫治。据刘汋在《年谱》中的描述,其父刘宗周对王阳明心学"始疑之,中信之,终而辩难不遗余力。始疑之,疑其近禅也。中信之,信其为圣学也。终而辩难不遗余力,谓其言良知,以《孟子》合《大学》,专在念起念灭用工夫,而于知止一关全未勘入,失之粗且浅也。夫惟有所疑,然后有所信。夫惟信之笃,故其辨之切。而世之竞以玄渺称阳明者,乌足以知阳明也欤"③,刘汋所谓"始疑之,中信之,终而辩难不遗余力"的说法大体上是可信的。也就是说,刘宗周早年偏好程朱理学,对阳明心学持质疑的态度,中年一度尊信阳明心学,晚年则对阳明学说大加批驳。

天启六年(1626年),刘宗周为了编《皇明道统录》,仔细研读了王阳明的文集,对阳明之说多有褒扬。不过,刘宗周即使在中年时期,也不能不正视王门部分后学中出现的弊端,因而他一方面阐发了自己的"慎独"说,另一方面又对明末王学流弊加以纠正,此时他尚未完全背离阳明之说。刘宗周在《阳明传信录》中,就曾不厌其烦地摘录王阳明有关"良知即天理"的言论,并将自己的理解附注在一边。依刘宗周,不能将"致良知"蹈入玄虚,而应将其与客观而普遍的道德准则紧密相连,使道德实践有所依循,他对阳明关于事上磨炼的工夫理论总是大喜过望。但刘宗周晚年在明末人心涣散、学风极弊的情况之下,感到从内部扭转阳明致良知学说以矫治王学末流之弊的做法是徒劳无益的,所以,他晚年对阳明学说本身也辩难不已。他在临终前还对学生说:

---

① 牟宗三:《中国哲学十九讲》,(台湾)学生书局1984年版,第393页。
② 杜维明:《刘宗周哲学人类学中的主体性》,见杜维明、东方朔:《杜维明学术专题访谈录:宗周哲学之精神与儒家文化之未来》,复旦大学出版社2001年版,第237页。
③ (明)刘汋:《年谱》,见(明)刘宗周:《刘子全书》卷四十,清道光刻本。

"若良知之说,鲜有不流于禅者。"①

对于明代心学开山人物陈献章,刘宗周在其文集中较少提及。《明儒学案·师说》以及《刘子全书·学言》等尚保存了他对陈献章其人其学的少量评论。以《师说》为例,刘宗周指出:"先生(陈献章,引者注)学宗自然,而要归于自得。自得故资深逢源,与鸢鱼同一活泼,而还以握造化之枢机,可谓独开门户,超然不凡。至问所谓得,则曰'静中养出端倪'。……静中养出端倪,不知果是何物? 端倪云者,心可得而拟,口不可得而言,毕竟不离精魂者近是。今考先生证学诸语,大都说一段自然工夫,高妙处不容凑泊,终是精魂作弄处。盖先生识趣近濂溪而穷理不逮,学术类康节而受用太早,质之圣门,难免欲速见小之病者也。似禅非禅,不必论矣。"②从这里可以看出,刘宗周对陈献章的"自得"之说有较高的评价,认为此说突出了自我体认、自我成就,而不是一味迷信书册,开启了一代学术新风,因而献章其人其学可谓"独开门户,超然不凡"。可是,刘宗周对陈献章的"静中养出端倪"说却不无微词。应该说,他并非完全排斥静坐,其倡导的修养工夫之一"讼过法"就包含有静坐的环节,但其所谓的静坐与陈献章"专欲习静"的做法却有很大的不同。刘宗周强调涵养与省察的高度一致,静中不意味着无所事事,而是要仔细排查内心深处有无不善之念,若有一丝微念不合乎常道、常理,便及时予以清除,直至念虑清明、心地纯善。恰如其所言,"一线清明之气徐来,若向太虚然,此心便与太虚同体"③。刘宗周是一个刻苦自励、谨言慎行的践履儒,他在人格气质方面与掺道入儒、逍遥自在的陈献章迥然不同。

刘宗周尽管也较少提及陈献章的高足湛若水,但若考察明代思想史,则可以发现,两人之间具有一定的学术渊源关系。万历三十一年(1603 年),刘宗周经人介绍,纳贽前往浙江德清,拜湛若水的二传弟子许孚远为师。许孚远告诫刘宗周说,存天理、遏人欲是为学的根本,做不到这一点,一切学问都只能流

---

① (清)黄宗羲:《蕺山学案》,见《明儒学案》卷六十二,中华书局 1985 年版,第 1546 页。
② (清)黄宗羲:《明儒学案·师说》,中华书局 1985 年版,第 4—5 页。
③ (明)刘宗周:《人谱》,见《刘子全书》卷一,清道光刻本。

于空谈。他在给刘母所作的墓表中，又勉励刘宗周要"谨身节欲，一切世味不入于心"，这些观点对刘宗周影响很大。刘宗周一生克己做人，平淡清苦，效忠尽孝，"终其身守师说不变"，他日后创立的"慎独"学说也吸收了许师的见解。① 许孚远上承唐枢，试图调和王阳明、湛若水的学说，此点也影响到刘宗周。刘宗周中年时期以"慎独"说标宗，而湛若水倡导的"随处体认天理"说也蕴含有"慎独"之义。湛若水尝曰："体认天理与慎独，其功夫俱同。……故独者，天理也。此理惟己自知之，不但暗室屋漏，日用酬应皆然。慎者，所以体认乎此而已。"②湛若水认为，"独"不仅是指"独处"，而且也是"天理"的代称，如此一来，"慎独"即是"体认天理"，人无论在"暗室屋漏"中还是"日用酬应"间，都应慎独或体认天理。刘宗周也将"独"（"独体"）与天道、天理紧密相连。他对"慎独"的阐发是否受到过湛若水的影响？从现存的文献资料来看，我们无法确知，但刘宗周作为湛门后学，其"慎独"学说乃至其整个思想体系在阐发以心为本观念的同时，又始终强调人心与天理的内在统一，彰显"独体"的超越性，突出普遍道德理性对个体之心的规约作用，这无疑带有湛氏"体认天理"说的痕迹。此外，刘宗周倡导"合一"论，恰如其子刘汋在《年谱》中所言："先生平日所见，一一与先儒抵牾，晚年信笔直书，姑存疑案，仍不越诚意、已发未发、气质义理、无极太极之说，于是断言之曰：从来学问只有一个工夫，凡分内分外，分动分静，说有说无，劈成两下，总属支离。"③刘宗周的这种"合一"论可以看作是对湛若水"合一"论的承续与进一步的拓展。

笔者试将刘宗周的思想倾向或旨趣主要归纳为如下几个方面。

一、在统合心体与性体的基础上凸显性体

刘宗周早年信奉程朱主敬之学，在学术上尚未形成一个体系。中年时期，刘宗周主要倡导"慎独"学说。他对"慎独"学说的重视程度可以说是前所未有的，认为孔门"相传心法"唯在慎独，由慎独方可"修齐治平"，由慎独而"天

---

① 参见衷尔钜：《蕺山学派哲学思想》，山东教育出版社1993年版，第76—78页。
② （清）黄宗羲：《甘泉学案一》，见《明儒学案》卷三十七，中华书局1985年版，第889页。
③ （明）刘汋：《年谱》，见（明）刘宗周：《刘子全书》卷四十，清道光刻本。

地位而万物育"。在他看来,慎独可融摄心性之学诸义,比如天人性命说、本体工夫说、性情理欲说等都可在"慎独"学说中加以体现。刘宗周曾说:"大学之道,慎独而已矣。慎独而天下之能事毕矣。"①刘宗周倡导"慎独"学说,主要目的是为了救治王学流弊。

传统儒家经典《大学》《中庸》均涉及慎独范畴。《大学》第六章云:"所谓诚其意者,毋自欺也。如恶恶臭,如好好色,此之谓自谦,故君子必慎其独也。"《中庸》第一章云:"故君子戒慎乎其所不睹,恐惧乎其所不闻,莫见乎隐,莫显乎微,故君子慎其独也。"一般论者基本上将两者视为等同,刘宗周则不然,他先对此做一区分,认为《大学》主要从心体上讲慎独,《中庸》主要从性体上讲慎独。然后再加以统合,在统合之中凸显性体。刘宗周说:

> 独是虚位,从性体看来,则曰莫见莫显,是思虑未起,鬼神莫知时也。从心体看来,则曰十目十手,是思虑既起,吾心独知时也。然性体即从心体中看来。②

> 《大学》言心不言性,心外无性也,《中庸》言性不言心,性即心之所以为心也。③

这里的"莫见莫显"来自《中庸》里的"莫见乎隐,莫显乎微","十目十手"来自《大学》里的"十目所视,十手所指"。刘宗周将独体看成是虚位,独体即在心体与性体之中呈现。独体是超越意义上的自我或主体,它既能泛应曲当,物来顺应,又丝毫不违天道、天理。在刘宗周这里,与"独"意义类似的说法有很多种,如他所说的"独知""微体""意体""中体"等都与"独"名异而实同。"独"不仅是指独处之"独",大庭广众之下亦可说是"独","独"可以离众而言,也可以即众而言。

独体被刘宗周置于本体的地位,为至善。独体是心体与性体的统一。性体侧重于强调道德本体所具有的客观性与普遍性,依照牟宗三先生的分析,"性体是涵盖乾坤而为言,是绝对地普遍的。虽具于个体,亦是绝对地普遍

① (明)刘宗周:《读大学》,见《刘子全书》卷二十五,清道光刻本。
② (明)刘宗周:《学言》上,见《刘子全书》卷十,清道光刻本。
③ (明)刘宗周:《学言》下,见《刘子全书》卷十二,清道光刻本。

的……言性，即为的建立道德创造之源，非是徒然而泛然之宇宙论也"①；心体则主要揭示道德主体的能动性与创造性。

一般来说，心学疏于心性之分。陈来先生曾指出："心学的主要理论特点一是主张心即是理，二是不重心性之分。"②王阳明亦是如此。至王门后学，则舍性、理而言良知，确立了"本心自然"的道德价值观。这实际上是把性体这个道德理性拉了下来，放到情感欲望上，具有否定道德理性的倾向。

刘宗周开掘出"独体"范畴，试图从王阳明思想内部来扭转王学的流弊。一方面，他主张独体是心性的合一；另一方面，他又着力阐发独体所内含的"性天"之义或客观之义，从而使独体既具有心体之灵明觉照，又具有性体之天理至善。刘宗周的心性论区别于王阳明的地方正在于凸显了性体，突出了天命之性，同时又将天命之性通过自身之用的显扬而展示为主体之心的内在实质。刘宗周的这种致思趋向与阳明单刀直入地谈论良知、明觉有不同之处。

从性体看，独体可谓隐乎、微乎，所谓"思虑未起，鬼神莫知"，即指性体之"独"不杂任何私意，表现为纯粹至善。刘宗周特别注重从"维天之命，于穆不已"的角度来论性，认为"性本天者，心本人者"③，刘宗周言人之性自天命、天道而讲，天命、天道乃一气通复，流行不已，以"天命之谓性"来言性，便是以客观之性来贞定住主观之心。独体常被刘宗周描绘为天枢、地轴，他说："一敛一发，自是造化流行不息之气机，而必有所以枢纽乎是，运旋乎是，则所谓天枢也，即所谓独体也。"④当然，在刘宗周看来，天命之性并非表示有个什么实体性的东西在操纵、主宰人类，而是人自己通过尽性践仁，悟得天地之道，并自觉依"道"而行，勿使一言一行有所违越。天命、天道需要诉诸人去成之、尽之，也即刘宗周所谓的"天非人不尽，性非心不体"⑤。

---

① 牟宗三：《心体与性体》上册，上海古籍出版社 1999 年版，第 419 页。
② 陈来：《有无之境——王阳明哲学的精神》，人民出版社 1991 年版，第 82 页。
③ （明）刘宗周：《易衍》，见《刘子全书》卷二，清道光刻本。
④ （清）黄宗羲：《蕺山学案》，见《明儒学案》卷六十二，中华书局 1985 年版，第 1557 页。
⑤ （明）刘宗周：《易衍》，见《刘子全书》卷二，清道光刻本。

刘宗周认为,王门后学若仅仅以心体之灵明觉照作为证圣的根本,而置普遍的道德规则于不顾,则终会使良知的本来面目遮蔽而无法呈露,混情识和玄虚入良知而不自觉。在刘宗周看来,王门后学最大的弊病恰就在于"学不见性",即不依天道而行事。他说:"夫学不见性,而误认灵明为本体……而及其弊也,绝伦离类以求真空,堕体黜聪以希正学,则始于调停,终于矫激,其去道不愈远乎?"①依刘宗周,王门后学遗却性体,舍弃道德理性,故而造成种种弊病。

当然,刘宗周也主张不能抛开心体讲性体,他主张将性体与心体紧密相连。一方面,性体是心体的内容,没有性体,则心只是虚灵空洞的主宰。心体既是心的自我超越,又是天命之性的灌注,唯其如此,心体才更具有形而上的意味。心体的主观活动才步步融摄于超越的性体之中,个体之心才不会任意妄作。另一方面,心体又是性体的主体。没有心体,则性体成为悬空无实的虚构物,心体之外别无性体。若仅有性体的高高在上,虽然令人敬畏,但也必将失去其存在的意义,性体最终要落实到心体上来讲。只有靠心体的彰显才能使性体得以实现,即是说,人通过自身的克治之功及自律的道德实践,才能超越外在的形骸之障而与天沟通,天人合一即表现为人心与天理的内在统一,表现为心体的主观活动尽合于性体的必然。

总之,刘宗周的独体既是超越的,又需要主体自身去领悟;既强调心体与性体的统一,又凸显了性体。可以说,刘宗周较好地处理了本体的超越性与内在性、客观普遍性与主观意识性之间的关系。

二、以气释心,将理气论融入心性论

刘宗周的学说虽属心学系统,但他也较多地吸纳了气学思想。在他看来,在心学中融入气学思想,论心、论性则不至于悬空,不流入虚无。"心"当置于宇宙的大化流行之中,以使活泼泼的不可思议之心有所安顿,从而避免"心"之玄荡而无所归。

---

① (明)刘宗周:《答钱御泠相公》,见《刘子全书》卷十九,清道光刻本。

在理气观上，他受罗钦顺的影响较大。刘宗周曾十分赞许罗钦顺"理气是一"的观点，认为它有功于"儒门圣学"。刘宗周也主张理气合一论，认为理是气之理，理即显乎气中。他说："有是气，方有是理；无是气，则理于何丽？但既有是理，则此理尊而无上，遂足以为气之主宰，气若其所从出者，非理能生气也。"①在理气的先后问题上，刘宗周主张理不在气先，理不能生气，气决定理。他反对将"理"当成一物看，认为理、气相即，气乃流行不息，理即在气中呈现。单就此点而论，刘宗周与罗钦顺等人的气学思想确有极为密切的联系，甚至可以将刘宗周视为一位气本论者，因为刘宗周曾明确讲过："盈天地一气也。气即理，天得之以为天，地得之以为地，人、物得之以为人、物，一也。"②此句似已表面，世界乃统一于物质性的气，天、地、人、物均由气而形成，有学者据此而认为刘宗周是一位气本论者。③ 在笔者看来，若仅仅从理气论所单独展示的义理看，我们的确不能否认他有气本论思想，但若将此置于刘宗周学说的整体框架内来论，则这个结论能否成立，就值得怀疑了。

综观刘宗周的学说，他是站在心学立场上对罗钦顺的学说加以吸收消化的。刘宗周在吸收罗钦顺气学思想的同时，也从自身学术倾向出发指出了罗氏学说的不足，即认为罗氏没有把理气论贯彻到心性论上去。刘宗周所要做的，正是要打通理气心性的关系。他主张以气释心，以气释"独"，倡导理气心性的合一。理气不相离，二者皆落于心之上，合于一心之中。这表明，刘宗周既要融入气学思想以修正王学，又不愿放弃心学立场。

刘宗周说："性者，心之理也。心以气言，而性其条理也。离心无性，离心无理……恻隐羞恶辞让是非，皆指一气流行之机。"④刘宗周将气学思想贯彻到心性论层面上，把心（或"独"）与气联系起来，说心是"气之聚"，"心为一气之流行"。以气释心、以心摄理是四者通而为一的关键环节。

刘宗周将理气论融入心性论，目的是试图借此使心性之学更富有客观性，

---

① （明）刘宗周：《学言》中，见《刘子全书》卷十一，清道光刻本。
② （明）刘宗周：《学言》中，见《刘子全书》卷十一，清道光刻本。
③ 参见衷尔钜：《蕺山学派哲学思想》，山东教育出版社1993年版。
④ （明）刘宗周：《复沈石臣进士》，见《刘子全书》卷十九，清道光刻本。

使心性之学不至于流为空说。关于此点,东方朔先生有较好的评论,他说:"就哲学本性上分析,理气论内容涉及到对客观世界的分析,因而其所表现的性征具有客观性格。但蕺山论理说气又是在心学的架构中来进行、完成的,而且蕺山尤其重视在心性之学中确立性天之尊,以免使人走向蹈空玄骛之路。"①

倡导合一论是刘宗周理论旨趣之所在,他常将分立或对立的观念合而为一,当然分与合又是辩证的。刘宗周不仅主张理气与心性的统一,还强调已发与未发、动与静、道心与人心、涵养与省察、无极与太极等的统一,尤其是在气质之性与义理之性的关系上,他的合一论特色较为鲜明。刘宗周把义理解释为"气质之本然",气质是就一气流行而落实于人身上来说。刘宗周不赞成离开气质之性来讲义理之性,他主张义理之性不离气质之性,否则便会使义理之性落空。他明确指出义理之性即是气质之性的本然状态。

刘宗周将义理之性视为形而上者,同时又否认有超然独存的义理之性,认为形而上者即形而下所具有。王阳明也主张"彻上彻下,只是一贯",反对分上一截与下一截,他是以心之本体为形而上者,所谓贯彻上下,即是以心之"虚灵明觉",贯彻理、物或性、情,但其后学则出现了忽略形而下者、只重形而上者的玄虚倾向。刘宗周对此批评道:"后儒专喜言形而上者,作推高一层之见,而于其所谓而下者,忽即忽离,两无依据,转为释氏所藉口,真所谓开门而揖盗也。"②这里的"后儒"即指王门部分后学,刘宗周斥他们为趋高骛远者,认为他们割裂了形上形下、气质之性与义理之性的关系,如此发展下去,无异向释氏敞开了大门,有违孔孟真道。刘宗周主张气质之性与义理之性的统一,重视形而下者,并在心学范围内汲取气学思想,即为了防止王门后学仅在超越之心的范围内打转,说有说无,即心言心,使道德实践无法落实。

三、本体不离工夫,彰显工夫的重要性

刘宗周乃一躬行之儒。其后学吴杰说:"窃谓先生之学以慎独为宗,虽源

---

① 东方朔:《刘蕺山哲学研究》,上海人民出版社 1997 年版,第 82 页。
② (明)刘宗周:《复沈石臣进士》,见《刘子全书》卷十九,清道光刻本。

出姚江,亦尝与石梁同作证人之会,而践履笃实,不称辞辨,为明季儒者之冠。"①此语虽有赞誉之处,但说刘宗周践履笃实,实不为过。不论是著述讲学,还是仕朝居家,他都体现出这一点,常能从"严毅清苦"中而发为"光风霁月",刻苦自励,砥砺品行,于人伦日用中显扬儒者的风范。

刘宗周虽属心学,但却对朱子学的笃实颇为赞赏。相反,他对陆王不重学问思辨行提出了尖锐批评,认为他们是"有上截无下截工夫"。刘宗周说:"后世朱子之学似子夏,而弘毅过之。陆子之学似子张而直截过之。看来,朱子较胜陆子,朱子学问笃实,晚年更彻底,是下学上达之矩,庶几中矣。陆子见地尽高,只无下稍,其言曰:'予于践履,未能',便是虚见。此其供状也。"②从这里可以看出,刘宗周对朱熹的赞誉溢于言表,认为他在工夫践履、下学上达方面做得较好,堪称后世楷模,而陆九渊立论虽高,见解不凡,但缺少"下截工夫",终究称不上完美。此种批评也适用于王阳明。

在本体与工夫问题上,刘宗周既主张将两者统一起来,又鲜明地突出了践履工夫的重要性。他认为,不能脱离工夫抽象地谈本体,本体就在日用常行的工夫之中。他说:"学者只有工夫可说,其本体处直是著不得一语。才著一语,便是工夫边事。然语工夫而本体在其中矣。……若工夫之外,别有本体,可以两相凑泊,则亦外物而非道矣。"③也就是说,只可由工夫而悟本体,无工夫则无本体,"独"之本体就在"慎"之工夫中。工夫愈精微、笃实,则本体愈昭荧、明朗。刘宗周的本体不离工夫的观点发展到黄宗羲那里则更为明朗化。黄宗羲强调,无工夫即无真本体,工夫是本体所以可能的必要前提。

刘宗周在证人书院④时期就本体与工夫问题与陶奭龄(号石梁)进行了多次辩论。陶奭龄学术渊源于王畿、周汝登、陶望龄一派,他在讲学中常援引释禅,以弄唇舌为机锋,以持黠慧为妙悟,并极为看重本体而轻视工夫。陶奭龄

①　(明)刘宗周:《刘子全书·吴序》,清道光刻本。
②　(明)刘宗周:《论语学案》,见《刘子全书》卷三十,清道光刻本。
③　(明)刘宗周:《答秦生履思》,见《刘子全书》卷十九,清道光刻本。
④　证人书院于崇祯四年成立,在今浙江绍兴境内,刘宗周当时与陶奭龄共同主事于证人书院。

否认了本体与工夫的双向互动关系,没有认识到本体是随着工夫展开以及主体的不断践履才得以向前发展的。其说遭到刘宗周的批驳。在刘宗周看来,陶奭龄所谓的本体是一种虚无缥缈的本体。

刘宗周还指出,即便在认识本体后,也不意味着无事可做,不表示主体就可以纵横自如,六通无碍。本体与工夫始终紧密结合在一起。他还认为,下等资禀人固应讲求下学而上达,需要在事上磨炼,上等资禀人也须做零碎工夫,不然,只在本心做悟的工夫,没有切实的践履,必误入虚无寂灭的歧途,这是一种"率天下而为禅"的行为。刘宗周主张,儒家性命之学应从"一念之起灭""一息之呼吸"而切入。他盛赞古人慎独之学是"工夫用到切实处,见之躬行"①。与古人形成鲜明对比的是,刘宗周所处时代的一些学者却只重超旷之悟而忽略身体力行的践履工夫,故而刘宗周极力倡导力行。

这里以刘宗周的"改过说"为例来说明其工夫论的特色。"改过"一词极其平常,妇孺皆知。刘宗周却对此做了极其详尽细密的阐发,我们由其所著《人谱》《人谱杂记》《证学杂解》等著作即可看出这一点,尤其是《人谱》,更是直接彰显了改过的思想主题。刘宗周对人的各种过错的分类之细可谓前所未有。在他看来,凡人之过大体上可分为微过、隐过、显过、大过、丛过、成过,然后他在六类过错之后详列种种具体意念、行为之过。刘宗周将各种过恶的渊薮归结为人心之"妄"。他说:"妄者,真之似也。古人恶似而非。似者,非之微者也。道心惟微,妄即依焉。依真而立,即托真而行。官骸性命之地,犹是人也,而生意有弗贯焉者。是人非人之间,不可方物,强名之曰妄;有妄心斯有妄形,因有妄解识、妄名理、妄言说、妄事功,以此造成妄世界,一切妄也;则亦谓之妄人已矣。"②在刘宗周看来,"妄"是"人心之气"偶尔不稳定的状态,而形成过恶的端倪就潜藏于此。"妄"是"依真而立",也就是说,在人心至真至微之处,也正是"妄"可以依止的地方。此处若一有"浮气"或"生意不贯","妄"就从似是而非、极微难指的状态逐步发生,并开始具体化,形成主观的

---

① (明)刘宗周:《证学杂解》,见《刘子全书》卷六,清道光刻本。
② (明)刘宗周:《证学杂解》,见《刘子全书》卷六,清道光刻本。

"妄心"和相对的客观世界"妄形"，再扩大为"妄人""妄世界"，至此，人心之中的道德世界便荡然无存。"妄"若胜"真"，则衍成气质之病。人心与宇宙万物本为一体，原无不善，只因欲望太多而产生心病，因此带来种种弊端，造成念虑流转，肆意横行。

就微过而言，刘宗周认为，微过"藏在未起念以前，仿佛不可名状"①。在常人看来，微过或许不能称为"过"，因为它尚未表现于人的行为以及意念之中。如果一定要把微过称为"过"，它也仅仅是潜意识中暗藏的一种浮妄之气而已。刘宗周则主张"从无过中看出过来"②，即从常人所认为的无过状态洞察出微过。而且，他对微过高度重视，认为它涵摄了后来的种种过错，故微过实为后来众过的根源。牟宗三先生曾指出，刘宗周之学的特色之一是"归显于密"③，牟先生主要从刘宗周的慎独及诚意之说中归纳出这一特色。事实上不仅如此，我们从刘宗周对"微过"的相关论说中也可以看出此特色。杜维明先生就说："宗周的'密'一定要从他对'微过'的描述和重视中显示出来才更见其恰当，从他对'妄'字的认识和把握中彰显出来才能见筋见骨。"④

再略论刘宗周列出的其他诸类过错。刘宗周认为，隐过依七情而生，具体表现为"溢喜、迁怒、伤哀、多惧、溺爱、作恶、纵欲"⑤。隐过主要与人的心理、情感层面的问题密切相关，故刘宗周谓其"藏而未露"⑥。显过已展露于外，刘宗周分别从足容、手容、目容、口容、声容、头容、气容、立容、色容"九容"方面加以描述，比如，箕踞、交股、趋、蹑属于足容之过，好刚使气、怠懈属于气容之过等。大过涉及家国天下、人伦纲常等原则性的问题，尤其表现为五伦之迷失，即父子失其亲、君臣失其义、长幼失其序、夫妇失其别、朋友失其信。人在五伦上不谨慎，犯过失，则将无法挺立起做人的大本大道，进而使得人在日用

---

① （明）刘宗周：《人谱》，见《刘子全书》卷一，清道光刻本。

② （明）刘宗周：《人谱》，见《刘子全书》卷一，清道光刻本。

③ 牟宗三：《从陆象山到刘蕺山》，上海古籍出版社2001年版，第320页。

④ 杜维明、东方朔：《杜维明学术专题访谈录：宗周哲学之精神与儒家文化之未来》，复旦大学出版社2001年版，第143页。

⑤ （明）刘宗周：《人谱》，见《刘子全书》卷一，清道光刻本。

⑥ （明）刘宗周：《人谱》，见《刘子全书》卷一，清道光刻本。

常行方面错漏百出,刘宗周将此类过错称为"丛过",诸如谩语、流连花石、好古玩、纵饮、深夜饮、欺凌寒贱、作字潦草、轻刻诗文等都可划归丛过之中。刘宗周所论述的最后一种过错是成过,在他看来,成过为"众恶门"①,他列出了崇门、妖门、戾门、兽门、贼门五"恶门"。过与恶有所不同,"在刘宗周的思想中,'过'只是为了人们落实工夫而虚设的靶的,而不是现实性存在,一旦它由可能转变成现实,则过便不复是过,而是'恶'了。过与恶不是程度上的差别,而是存在方式的差别"②,刘宗周关注的焦点恰恰在于对人的过错进行防微杜渐,他极力培养人的道德内省工夫,而不是待过错发展成为恶行之后再去补救。在他看来,人内心的邪念及发于容貌辞气间的过错如果得不到及时的清除,在条件具备之时,邪念及过错便衍化为恶行,而惩处恶行远远难于改正过错,这是刘宗周十分重视改过的原因。

可以说,刘宗周对人的内心活动与外在行为中的过错都作了条分缕析的探讨。从今人的视角观之,有的过错具有普遍性,古今中外都存在,刘宗周所列的大部分过错都属于此类,它们无疑具有负面的价值。有的过错在今人看来也许算不上严格意义上的过错,至多算是个人的一些特殊爱好,如"流连花石""好古玩"之类,玩物丧志固然不好,但现代收藏家即以此为职业,岂能说成是过错? 有的属于个人的隐私,如"床笫私言"之类,寻常夫妻互表情意,难免会有"床笫私言",但并无大碍。

刘宗周进而对人之改过提出自己的看法。他主张对人的种种过错,尤其是对人未见而己独知之过,须加以痛改而不能放过。人改过的前提是人须知过。刘宗周认为,"人无有过而不自知者"③。人能知过,亦可改过。由知过到改过,这是一种自然而然的过程,其间并无多少技巧可言,也无须刻意去做改过之功。当然,细读刘宗周的《人谱》等著作,他对改过的方法、途径还是有所探究。笔者试将其归纳为以下三个方面。

一是主张层层转进,彰显改过的工夫次第。对于人自身的各种过错,刘宗

---

① (明)刘宗周:《人谱》,见《刘子全书》卷一,清道光刻本。
② 李振纲:《证人之境:刘蕺山哲学的宗旨》,人民出版社2000年版,第147页。
③ (明)刘宗周:《人谱》,见《刘子全书》卷一,清道光刻本。

周主张以层层转进的方法，逐步消除，去"妄"还"真"，以趋于纯全之境。针对微过、隐过、显过、大过、丛过、成过等六类过错，刘宗周将对治过错的方法也分为六步："一曰凛闲居以体独；二曰卜动念以知几；三曰谨威仪以定命；四曰敦大伦以凝道；五曰备百行以考旋；六曰迁善改过以作圣。"①以上步骤由微而著，前后相续，自成一系统的工夫次第。

　　另外，我们由刘宗周的"真知"说亦可看出其改过的工夫次第。刘宗周说："夫知有真知，有尝知，昔人谈虎之说近之。颜子之知，本心之知，即知即行，是谓真知；尝人之知，习心之知，先知后行，是谓尝知。真知如明镜当悬，一彻永彻；尝知如电光石火，转眼即除。学者由尝知而进于真知，所以有致知之法。"②他认为，"知"可分为"真知""尝知"。一般人不容易有洞见心性的真知，却可以有尝知，即偶尔触动心体，而产生电光石火般十分短暂的"知"。如何由尝知进入"真知"？这需要不间断地迁善改过。刘宗周较为突出修养工夫的过程性，他主张对每一过失都细细查检，"小心穷理"，不怕"尝知"的层次低，哪怕只是一刹那的电光石火，也是心体之善的呈现，一层进一层，则自然会臻于至善。

　　二是极力倡导"讼过法"。刘宗周所谓的"讼过法"，即是指通过静坐反思一己之过、进而悔过自新的道德践履活动。他在《讼过法》中说："一炷香，一盂水，置之净几，布一蒲团座子于下。方会平旦以后，一躬就坐，交跌齐手，屏息正容。正严威间，鉴临有赫，呈我宿疾，炳如也。乃进而敕之曰：尔固俨然人耳，一朝跌足，乃兽乃禽，种种堕落，嗟何及矣！应曰：唯唯。……顷之，一线清明之气徐徐来，若向太虚然，此心便与太虚同体。"③这里，刘宗周主张对犯过之心进行严厉无赦的进逼，使其坦白认罪，以至于无所逃遁。在一问一答中，善恶角色对立分明，待犯过心、掩藏心皆被驱逐尽净之后，人心便与太虚同体，继而保持住这个被打扫干净的心地。刘宗周认为，反复做以上"讼过"之功，人的念虑便会日趋端正，心地日趋清澄，而人的过错则会逐渐减少。

---

① （明）刘宗周：《人谱》，见《刘子全书》卷一，清道光刻本。
② （明）刘宗周：《人谱》，见《刘子全书》卷一，清道光刻本。
③ （明）刘宗周：《人谱》，见《刘子全书》卷一，清道光刻本。

三是主张"慎防其微"。刘宗周的"改过"说,注重"在微处得力"①。在他看来,人对微过缺乏警觉,不能及时加以清除,微过就会逐渐蔓延开来,衍生出后来的隐过、显过、大过、丛过、成过等过错,甚至发展为恶行,此刻再去防堵、惩治,则将变得异常困难,而且收效甚微。如果人在微过阶段,即通过"体独"工夫,清除潜意识层中的浮妄之气,端正心意,那么,改过将会取得事半功倍的效果。有鉴于此,刘宗周明确主张:"是以君子慎防其微也。防微则时时知过,时时改过。"②也就是说,改过的紧要工夫全在细微之处,只有做到了"慎防其微",才能在内心培养一种悔过及罪感意识,也才能真正做到知过、改过。

综上所述,刘宗周将个人的行卧起坐、言谈举止、思虑意念乃至潜意识状态都纳入改过的范围之内,其思考问题之细致入微、倡导的改过工夫之艰苦刻厉,于此可见一斑。刘宗周还说:"学者姑于平日声色货利之念逐一查检,直用纯灰三斗,荡涤肺肠。"③这几乎是将人的"声色货利"等欲望清除得一点不剩了,此种工夫论显然走向了极端。东方朔先生曾指出,刘宗周"使道德修养失去吸引力、亲切感,使行仁践德转成一味自克,甚至流于自惩,如此则道德之于人,不是藉其清辉亮丽而趋人,而变成严乎其严,令人有望而生畏之感"④。不过,刘宗周从未以此严苛的道德标准要求所有人去践行,这既无可能,也无必要。在他看来,"改过"究其实是一种道德上的自我约束行为,而非出于社会或他人的强制。

四、区分"意""念",反对在"念起念灭"上用功

刘宗周晚年的学说是以诚意为核心的,其子刘汋尝说:"先君子之学,学圣人之诚者也,始致力于主敬,中操功于慎独,而晚归本于诚意。"⑤不过,对于"诚意"之"意",刘宗周的理解与王阳明有所不同。王阳明将"意"视为"心之

---

① (明)刘宗周:《人谱》,见《刘子全书》卷一,清道光刻本。
② (明)刘宗周:《人谱》,见《刘子全书》卷一,清道光刻本。
③ (明)刘宗周:《人谱》,见《刘子全书》卷一,清道光刻本。
④ 东方朔:《刘蕺山哲学研究》,上海人民出版社1997年版,第32页。
⑤ (明)刘汋:《年谱》,见(明)刘宗周:《刘子全书》卷四十,清道光刻本。

所发"，"意"指应物而起、即时而发的意向和观念。依王阳明，未发的是没有私意的良知，即"心之体"，已发的是与具体物象接触后而产生的意念。刘宗周则从"心之主宰处"来言意。他说："心，一也，自其主宰而言谓之意。……心体所谓四端万善，参天地而赞化育，尽在意中见，离帝无所谓天者，离意无所谓心者。"①"意"在刘宗周这里不是王阳明所理解的经验义，而被赋予了本体论的意义。他常将"心"喻为舟，将"意"喻为舵；或者把"心"看成是"盘子"，把"意"看成是"定盘针"，"意"即是虚灵不昧之心的主宰。

"意为心之主宰"并非为刘宗周所首创。如王栋就强调"意"具有自主的品格和独立不倚的绝对自由的精神力量，是专一性与自主性的统一。他将"意"与"志"相结合，创造了比较完备的诚意理论，他也赋予"意"以本体的地位。而王栋与刘宗周不同的地方在于，王栋坚持了"现成良知"论。刘宗周认为，不能泛泛地说个专一与自主，否则易出现理论漏洞，如专注于逐物，则心为逐物心，此是心之外驰。所以，在刘宗周看来，同属心学，但差异却很大，有本心之学，有师心之学，有任心之学。本心之学是"儒门圣学"，承续孔孟道统；师心之学，索隐行怪，故弄玄虚，不可入于尧舜之道；任心之学无定则，不讲道德原则、人伦纲常的约束，蔑视必然之道，贬抑理性，而意志活动一旦脱离理智的制约，势必蜕变成盲目的冲动，流入无忌惮。在刘宗周看来，王畿与泰州学派等就属任心之学。

刘宗周将"意"看成是至善而无恶的。他说："抑善恶者意乎？好善恶恶者意乎？若果以好善恶恶者为意，则意之有善而无恶也，明矣。"②也可以说，刘宗周所言之"意"乃是对超越的纯粹至善的绝对肯定，是人心原本具有的一种所好必真正是善、所恶必真正是恶的确定不移的倾向，"好善恶恶是这自肯之'一机二用'，表现出来是好善恶恶之二用，而其背后那超越的根据却只是这纯一无二的自肯"③。"意"之好善恶恶是"两意而一机""一机而互见"。刘

---

① （明）刘宗周：《学言》下，见《刘子全书》卷十二，清道光刻本。
② （清）黄宗羲：《蕺山学案》，见《明儒学案》卷六十二，中华书局1985年版，第1530页。
③ 牟宗三：《刘蕺山诚意之学》，见项维新等主编：《中国哲学思想论集·宋明篇》，（台湾）水牛出版社1989年版，第313页。

宗周说:"既自好自恶,则好在善即恶在不善,恶在不善即好在善,故好恶虽两意而一机。"①人能好善则必恶不善,人恶不善则必好善,这是一个问题的两个方面。

刘宗周主张"摄知归意",好善恶恶之"意"已容纳了知善知恶之"知"。"知"的特征在于"圆而神"(牟宗三先生语),"意"如指南针,有定向作用,"意"对"知"加以贞定,从而试图堵住可能发生的情识之肆。刘宗周说:"意蕴于心,非心之所发也,知藏于意,非意之所起也;又就知中指出最初之机,则仅有体物不遗之物而已。"②显然,刘宗周此处将"致知"收入"诚意"之中,"知"与"意"成一合相。

刘宗周将"意"视为至善而无恶,但他也没有否认经验层面上的"恶"。因此,他又引入"念"的概念,"念"为"意"的对立范畴。刘宗周说:

> 心为念,盖心之余气也。余气也者,动气也。动而远乎天,故念起念灭,为厥心病,还为意病,为知病,为物病。③

> 一念不起时,意恰在正当处。念有起灭,意无起灭也。今人鲜不以念为意者,呜呼,道之所以尝不明也。④

"念"感于外物而起,欲动情炽而生。心、意、知、物是一路,均为至善,容不得有一"念"字存在。"念"的起源只能从感性经验层面来加以解释。刘宗周曾以气来喻心的特性,说人心只是一气而已,以此来说明心体的周流不息和循环往复。心的活动、运作过程与气的流转、通复浑然为一,妙合无间。"念"与"气"是何种关系?在刘宗周看来,"念"乃心之余气。在"气"之前加一"余"字,表示它是因物而感、非正常运作之气,是心气之动被物所牵,遗出而拽漏,遂凝结为感觉之情。心气是周而复始的循环者,余气是心气流行之中遗出而不返者。对此若不经过人的践履工夫加以贞定,一味顺着经验而流行,则拽漏的余气会愈来愈多,日久必酿成心病、意病、知病、物病。心之余气称为动

---

① (明)刘宗周:《学言》下,见《刘子全书》卷十二,清道光刻本。
② (明)刘宗周:《学言》上,见《刘子全书》卷十,清道光刻本。
③ (明)刘宗周:《学言》中,见《刘子全书》卷十一,清道光刻本。
④ (明)刘宗周:《问答》,见《刘子全书》卷九,清道光刻本。

气,即浮动之气,浮动而为"念"。"念"逐物而驰,往而不返。

"意""念"之区别正在于"念有起灭"而"意无起灭"。"意"是人心之主宰,能贞定住人心而不失其正,防止人向感性欲望方向过度地倾斜。"意"的定向作用具有持久性与稳定性,并不随着时空的变化而有所改变,不左右摇摆,而是恒如其性,逐渐臻于至善,无泯灭、走失之可言,故而"意"无起灭。"念"乃逐物而起,其好恶对象为感性事物。"念"无主宰,着于此而不着于彼,着于彼而不着于此,具有偶然性,易变化不定,忽起忽灭,不像"意"那样恒定如一地好善恶恶,因此说"念有起灭"。

将不善之念归于善,需要有一个转化过程。刘宗周十分强调"化念归思"。"化念归思"也可以说是"化念归意",也就是通过"意"的主宰来化除心之余气、浮气、暴气,以培养浩然之气,获得天理之正。这个转化有赖于主体的道德反思。刘宗周说:"思积为虑,虑返为知,知返为性,此圣路也。念积为想,想结为识,识结为情,此狂门也。"①人贵在思,思则得之,不思则不得,思之作用正在于它突出了道德主体的能动性。"化念归思"就是要将不善之"念"转化为至善之"意",它是心体内在独觉的外向开展。"化念归思"的极致便是"化思归虚"。虚即虚体,它与道体、中体、太极等名异而实同。"化思归虚"是在"化念归思"的基础上使心体进一步圆熟呈现,可以说是心体的最终实现及价值的最终还原,唯其为虚,方能灵明不昧,神妙而不测,"还虚"标志了下学工夫上达天德的最后境界,是上下俱彻的入圣化境。

刘宗周严辨"意""念"之异,旨在将阳明对"意"的理解方式加以扭转。刘宗周认为,王门后学出现种种流弊,根源即在于阳明将"意"字看坏,认为阳明没有在"意""念"之间作出严格区分。在他看来,若像阳明那样训"意"为心之所发,有善有恶,则《大学》之诚意有用功于已发阶段之嫌,失却了未发之中的一段真工夫。这样一来,为善去恶将会随着生灭不已之"念"而转移。学者于"念起念灭"上去追逐,虽一生劳顿,却将会一事无成。刘宗周说:"如谓诚意即诚其有善有恶之意,诚其有善,固可断然为君子,诚其有恶,岂不断然为

① (明)刘宗周:《学言》中,见《刘子全书》卷十一,清道光刻本。

小人？吾不意良知既致之后，只落得做半个小人。"①刘宗周此处反驳不尽合理，他与王阳明有文字上的纠缠不清之处，故而辩难显得滞碍不通。也就是说，王阳明对"诚意"之"意"，主要取其经验义，认为"意"善恶杂糅。而刘宗周不这样看，他认为"意"渊然有定向，具有先验义。两人对"诚"的理解也不同，刘宗周所讲之"诚"是指如"意"的本然状态而复还之，工夫在"化念归思"上。而在王阳明看来，"诚"的意义在于克服意念中的不良倾向，因为他将"意"看成是有善有恶的，因此须不断扩充人的良知，克己复礼，胜私还理，由致知而使"意"诚，所诚的为经验意义上的"意"，工夫落在诚意上。由此可见，刘宗周晚年辩驳王阳明的"诚意"说，是由于概念理解上的差异而造成的。王阳明的"意之动"相当于刘宗周所讲的"念"。两人学说中也都具有根源性的范畴，王阳明为"知"（良知），刘宗周为"意"。刘宗周驳斥王阳明固然有其用意，但他不必在概念转换上打太多的笔墨官司，不必以己意强执阳明。

不过，若绕开文字的纠缠，则可看出，刘宗周辩难的目的还是试图完善王学理论。原因在于，王阳明去世后，其部分后学对阳明心学作了过度发挥，突出良知"自然流行"的一面，忽略工夫，甚至将念虑、情识当成良知，刘宗周斥他们为"辨意不清"，而阳明混淆"意""念"，已开其端绪。刘宗周为堵住流弊，突出了"意"的至善性与主宰、定向功能。刘宗周的用心于此可见一斑。

五、以"诚意"说取代良知教

在对《大学》主旨的诠释问题上，刘宗周与王阳明有较大的分歧。在刘宗周看来，《大学》主旨是慎独、诚意，他晚年尤其强调诚意。当然，依刘宗周，诚意与慎独可通而为一。他说："大学之道，诚意而已矣。诚意之功，慎独而已矣。意也者，至善归宿之地，其为物不二，故曰独。"②

实际上，王阳明曾经也对诚意思想极为重视，只不过后来有了转变。王阳明在江西平叛之前，一直以诚意来统率格物，认为《大学》最重要的观念是诚

---

① （明）刘宗周：《学言》下，见《刘子全书》，卷十二，清道光刻本。
② （明）刘宗周：《读大学》，见《刘子全书》卷二十五，清道光刻本。

意，诚意是《大学》思想的核心和灵魂。① 王阳明此时以诚意立说，目的即是要扭转朱子解《大学》的理路，以建立心学系统。这一思想为刘宗周所看重，不过，王阳明在平叛以后便正式以"致良知"为宗旨建立哲学。陈来先生指出，王阳明以致良知为宗旨，当倡自庚辰，其时阳明四十九岁。② "致良知"是王阳明心学的最后理论归宿，体现了阳明思想新的发展。王阳明以为，以前他提倡的诚意说，诚意虽指真实地好善恶恶，但辨别善恶的标准没有确定。而懂得良知说，好恶就有了所当依从的标准，因为良知就是每个人内在具有的是非之则。

刘宗周对王阳明先前以诚意为本的思想较为赞赏，对王阳明晚年的"致良知"说则大加驳斥，认为"以良知为主脑，终是顾奴失主"③。刘宗周认为，以诚意为总则来统摄诸义，已足以揭示《大学》之旨，无须再从天外飞来个"致良知"。况且，"知"本身即是至善，即是良，阳明于"知"字前加一"良"字，更是画蛇添足、架屋叠床之举。但在笔者看来，刘宗周与王阳明辩解《大学》原旨充其量只是表面之争。《大学》主旨，本无定见，刘宗周以诚意、慎独解，王阳明以"致良知"解，两者原本可以求同存异，并行不悖。刘宗周察觉出王阳明良知教的某些弊端，这才是其驳斥良知教的根本原因。

王阳明心学有过"显"之弊，其后学中出现了"猖狂者参之以情识，而一是皆良"的现象。刘宗周所要做的，就是要将良知之"显教"归于意根最微之"密教"。他多次提到"退藏于密"一语，该语出自《周易·系辞》，即"圣人以此洗心，退藏于密"。刘宗周以此来描述其理论特色，他说："以一心纳万心，退藏于密，是名金锁钥。"④又说："一味退藏，一味暗淡，寡言以抱吾之愚，省事以守吾之拙，亦可以寡过矣乎。"⑤刘宗周学术内敛的品格于此展露无遗。与王门后学高扬个体意志、过于外露相反，刘宗周将"心"嵌得极为幽深，主张克己，

---

① 参见陈来：《有无之境——王阳明哲学的精神》，人民出版社1991年版，第126页。
② 参见陈来：《有无之境——王阳明哲学的精神》，人民出版社1991年版，第164页。
③ （明）刘宗周：《学言》中，见《刘子全书》卷十一，清道光刻本。
④ （明）刘宗周：《学言》中，见《刘子全书》卷十一，清道光刻本。
⑤ （明）刘宗周：《学言》上，见《刘子全书》卷十，清道光刻本。

他本人则"平居齐庄端肃,见之者不寒而栗,及晚年,造履益醇,涵养益粹,又如坐春风中,不觉浃于肌肤之深也"①。

刘宗周有一次与史子复讨论良知之弊。史子复说:"阳明以后诸儒谈良知之妙,而考其致处全不相掩,因疑良知终无凭据,不如意字确有可依耳。意之与知毫厘千里。"刘宗周对曰:"至及近时良知之弊,直说出愚意中事,何幸先得同然。"②刘宗周十分重视践履工夫,以克己内修为当下门径。他早年对王学只重提主脑、不喜言克治边事已表示异议,及至晚年立诚意之说,他更是感到王门良知教立说太高,用功太捷,以此传世,则必出谬误,难免堕于佛氏明言见性之说,故而对良知教大加驳斥。刘宗周说:"为学之要,一诚尽之矣,而主敬其功也。敬则诚,诚则天,若良知之说,鲜有不流于禅者。"③他同意"良知终无凭据"的观点,并非一时之见,而是他一生的忧虑之所在,他察觉出了良知教有易被禅学化的弊端。

六、驳斥、改造王门"四句教"

刘宗周对王门"四句教"向来不满,尤其对王畿的"四无"之说痛加针砭。众所周知,王阳明晚年倡导"无善无恶是心之体,有善有恶是意之动,知善知恶是良知,为善去恶是格物"的"四句教"法,钱德洪、王畿等王门弟子对"四句教"作了不同的发挥。王阳明的《传习录》以及王门弟子王畿、邹守益的文集等都提到了"四句教"。对于王阳明"四句教"的首句及王畿的"四无"说,刘宗周以及中晚明时期的其他不少学者曾经提出过批评。刘宗周主要从以下方面批驳了王门"四句教":

其一,"四句教"首句与儒家性善论格格不入。在刘宗周看来,告子倡导"无善无不善"的人性,已遭到孟子无情批驳,这早已成千古定案。若于数千年后又宣扬"无善无恶"之说,这无异于重蹈告子的覆辙。刘宗周认为,不坚持性善论这个前提,便难以在儒释之间划清界限。

---

① (明)刘宗周:《年谱》,见《刘子全书》卷四十,清道光刻本。
② (明)刘宗周:《问答》,见《刘子全书》卷九,清道光刻本。
③ (清)黄宗羲:《蕺山学案》,见《明儒学案》卷六十二,中华书局1985年版,第1546页。

其二，"四句教"有"即用以求体"之弊。《大学》曰："欲正其心者，先诚其意。"刘宗周认为，若将王门"四句教"前两句"无善无恶是心之体，有善有恶是意之动"与《大学》此句联系起来，则必成为先诚有善有恶之意，后正无善无恶之心。这种在有善有恶之意中求无善无恶之心体的做法被刘宗周斥之为"即用以求体"。以此类推，则会得出"欲修身，先齐家；欲治国，先平天下"的结论。《大学》种种说法都该倒说了。而且，在刘宗周看来，若"即用以求体"，常不得其体，反而易混情识入良知，视良知为当下俱足，见见成成，纯任个体的主观意愿而行事，遂至猖狂恣肆。当然，刘宗周此处似以己意强难阳明，阳明晚年以致知（致良知）来统摄《大学》诸义，依阳明，应是先致知后诚意。刘宗周的此处辩难与阳明原意无涉。

其三，"四句教"可能导致"知为意奴"。刘宗周认为，"四句教"中的"有善有恶是意之动"与"知善知恶是良知"二语，决不能相入。因为若主张"知先主而意继之"，"知"既至善，有主宰义，则不当有善恶相杂之"意"；若主张"意先动而知随之"，则"知"落后于"意"，"知"不得为良。刘宗周说："且所谓知善知恶，是知为意奴也，良在何处？"①良知既是落后者，成为"第二义"，只在念起念灭之处用功，良知之"良"便荡然无存，良知的主宰义及定向能力均不能呈现出，故刘宗周责之为"知为意奴"。如此一来，"致良知"永远都在善恶之后发生，而不能成为一究竟工夫。依笔者看来，此种分析似乎也不通。王阳明的"致良知"已涵摄了诚意工夫。"意"善恶相杂，故需"诚"之工夫，诚意正是"致良知"的实功。在"意"被"诚"而为一至善者之后，"意"与"知"即相融为一体。阳明在处理诚意与致良知关系问题上，并不像刘宗周所理解的那样是截然分作两事的。

刘宗周不但驳斥了王门的"四句教"，而且还另立了一个"四句教"："有善有恶者心之动，好善恶恶者意之静，知善知恶者是良知，为善去恶者是物则。"②刘宗周这里先不抽象地设定一无善无恶的心体，只就眼前呈现的动用

---

① （明）刘宗周：《良知说》，见《刘子全书》卷八，清道光刻本。
② （明）刘宗周：《学言》上，见《刘子全书》卷十，清道光刻本。

之心而言。"心之动"与其哲学中"念"的概念紧密相连,故有善有恶。而"意"有超越的一面,好善恶恶,能先天地作出道德价值判断。"意"是至善,无生灭起伏,静定自如。再就第三句而言,刘宗周常讲"知藏于意",即将"知"吸纳到"意"中来。他将王阳明所讲的"良知"仅仅理解为"知善知恶",然后又论证"知善知恶"与"知爱知敬"相似而实不同。"知爱知敬","知"在"爱敬"中,人能"知爱知敬",他在现实行为中必有所表现。而"知善知恶","知"在"善恶"外。人"知善知恶"而不"知爱知敬",便无法真正地好善恶恶,诚意之功不能真正地落实,故而刘宗周主张"知藏于意",以在"知"中融入"知爱知敬""好善恶恶"等因素。① 刘宗周也讲"为善去恶",只不过将王门"四句教"中的"格物"换成"物则","物则"即是"天则"或"天理"的意思。刘宗周如此费尽心思驳斥、改造王门"四句教",目的在于尽可能地避免王学流弊产生的可能性。

第二节　蕺山学派及其多元发展

刘宗周开创了独树一帜的蕺山学派,这个学派以刘宗周为首,以黄宗羲、陈确、张履祥等为中坚。蕺山学派在明清思想史乃至整个中国学术发展史上都颇具影响。刘宗周生前不事张扬,不结交朋党,不立门户,甚至也从不以师道自居,很多学子都是慕名而拜其为师。刘宗周一生主要在家乡讲学,所以他的弟子也多为浙江籍。

一个学派的形成往往与授徒、讲学等活动密不可分,刘宗周创立的蕺山学派也是如此。传统儒家大都重视讲学,宋明理学家尤其如此。程朱、陆王学者相互之间各有攻讦,但在注重讲学这一点上却又是一致的,只不过在讲学内容及观点上不尽相同而已。儒家讲学传统肇端于孔子,孔子曾说:"德之不修,

---

① 应该说,刘宗周此处对王阳明存有一定程度的误解。刘宗周将王阳明学说中的良知仅仅看作知善知恶,这不符合王阳明的本意。王阳明的良知作为先天原则,不仅表现为知善知恶、知是知非,还表现为好善恶恶,它既是道德理性原则,又有道德实践意义。

学之不讲,闻义不能徙,不善不能改,是吾忧也。"(《论语·述而》)宋明理学家牢记孔子这一"遗训",把讲学这一条发挥到极致。讲学原本是一把"双刃剑",一方面,它可以增进学术交流、促使学术文化下移;另一方面,它也可能诱发讲学者的追名逐利之心,借讲学之名来培植亲信、结党营私的人也大有人在。刘宗周的讲学活动主要发挥了积极、正面的作用。

万历三十五年(1607 年),刘宗周在为祖父、外祖父守制期间,曾租借大善寺的僧舍,为宗族及邻里众子弟讲习举子业。这不算是正式的讲学,而是为参加科举考试的学子做一些应试辅导。万历四十年(1612 年),一位名叫陈尧年的学子正式拜刘宗周为师。这一年,刘宗周尽管只有 35 岁,但在浙东一带已享有较高的声誉,被视为"真儒"复起。万历四十二年(1614 年),刘宗周请假告归,陈尧年率领诸生 20 余人谒见宗周,恳请刘宗周为他们授课、讲学。刘宗周的此次讲学不仅教学子举子业,还特别看重学子德性的养成。课暇之余,他率领学子登上蕺山之麓,饮酒赋诗,一唱一和,声震山谷。刘宗周不但在乡间为诸生宣讲儒家义理与做人为学之道,还积极参加京城的讲会活动,与当时的名儒、大儒展开学术交流。天启二年(1622 年),都察院左都御史邹元标、左副都御史冯从吾会同御史台的其他官员,共建首善书院。刘宗周那时恰好在京城任职,他也积极参与了首善书院的讲会活动。可惜好景不长,就在首善书院诞生的当年,因为给事中朱童蒙、郭允厚、郭兴治等人的上疏诋毁以及当时朝廷内部的党争,书院事业遭受重创。邹元标、冯从吾先后回原籍,讲会活动不得不中断,首善书院名存实亡。天启五年(1625 年),刘宗周也因得罪阉党人物被革职。

刘宗周回到家乡之后,专门从事讲学。当时朝廷为阉党人物把持,他们人为地制造了很多冤假错案,朝廷内外的气氛空前紧张,可谓风声鹤唳。刘宗周认为,明王朝越是处于危难之际,越是需要通过讲学来激起节义、挽回人心。于是,他召集诸生,会讲于蕺山之麓的解吟轩。会讲从天启五年五月开始,每月一会。它不纯粹是知识性的讲学,在讲学过程中,个体的心性修养被空前地凸显出来。刘宗周就要求来学者务必收敛身心,并在心性的隐微之处立定根基,成就内在的德性。这段时期,刘宗周酝酿已久的"慎独"学说这时已初具雏形,其讲学主旨及内容因而变得愈来愈集中,而不似以前那么散漫。可惜,宗周在这一年的年末即不得不辍讲。那时,杨涟、左光斗等"六君子"已被阉党迫害致死,魏忠贤又矫诏禁止民间讲学。刘宗周本来欲冒死讲学,但被高攀龙极力劝阻。

刘宗周讲学生涯的巅峰时期则是他在主持证人书院的期间。证人书院于崇祯四年(1631年)成立,设于绍兴陶文简公祠内(又称为石篑祠或石篑书院),刘宗周与陶奭龄同为主事者。他们讲学的组织被称为"证人社"。所谓"证人",即证成人之所以为人的道理。证人社倡导学者通过不间断地改过、修身,培养高尚德性,成就圣贤人格。刘宗周亲自为证人社撰写了《檄文》,订立了《证人社约》。证人社每月举办一次讲会,每月三日被确定为讲会时间。每次讲会都有一个较为明确、集中的主题,通常会选择"四书"或儒家其他经书中的一章或某个范畴、命题作为讨论的重点,先由主讲者提出问题,摆出论点,再由其他与会学者自由发言,相互之间切磋交流,其乐融融。除了浙江籍的学者参与之外,也有浙江之外的学者闻讯后远道而来,参与其中,在当时学界造成了一定的影响。不过,证人社两位主事者因为有不同的学术观点,也有各自不同的追随者,这导致证人社逐渐走向分裂。

崇祯五年(1632年)五月,刘宗周联合同道、门生及地方乡绅,将位于会稽(今浙江绍兴)的古小学重新修葺完工,并举行了奠礼。古小学原为嘉靖年间绍兴知府洪珠所建,既是用于祭祀宋儒尹焞(和靖)的祠堂,也是学子习学的场所。隆庆及万历时期,古小学的读书及讲学活动曾一度荒废,无专人照管,其房舍及院落遂破落不堪。刘宗周于天启年间即有意修复,但当时因阉党人物把持朝政,禁止民间讲学,修复工程一直无法启动。崇祯初年又大兴讲学之风,宗周在诸生的协助下,终于将古小学修葺一新。才将多年来的心愿付诸实施。于是,他在古小学"大会生徒",有时也到阳明祠讲学论道。

蕺山学派即在讲学过程中逐渐发展壮大。刘宗周的弟子一共有多少人?现在已很难考证清楚了。不过,刘宗周的几位弟子及再传弟子或多或少地透露了一些信息,但各人所记并不统一。黄宗羲在《蕺山同志考序》中认为刘门弟子有376人,但他没有列出所有弟子的名单;重新修订《刘子全书》的宗周弟子董玚撰有《蕺山弟子籍》，他在该文中列宗周嫡传弟子 80 人，再传弟子 66 人，并且标出了每位弟子的姓名、籍贯；私淑黄宗羲的全祖望在《子刘子祠堂配享碑》中列宗周弟子 35 人。① 今人衷尔钜先生在《蕺山学派哲学思想》中对宗周部分弟子及再传弟子的生平事迹及著述进行了考证，无法考证的则录其姓名。② 刘宗周生前既无意构造一个哲学体系，也无意成立一个学派，许多投其门下的弟子可能根本就没有留下姓名，这导致后人在统计宗周弟子人数时说法不一。刘宗周弟子的实际人数可能逾千人，但在当时政界、学界及社会各界等有一定影响力的大概数十人而已。不过，刘宗周本人堪称一位"道德完人"，其弟子大多也能够做到洁身自好，在道德上有劣迹者非常少，他们往往能"以气节自守，或操戈抗清，或削发隐遁，或不食清粟，终老布衣，或殉节报国，而无一人奴颜事仇者，如此等等，都体现了他的'慎独之功'"③。

在学术上，刘宗周的弟子存在着不同的思想倾向。王汎森先生在《清初思想趋向与〈刘子节要〉——兼论清初蕺山学派的分裂》一文中指出，刘宗周去世后，蕺山学派一分为三：第一派以刘汋、张履祥、吴蕃昌为代表，倾向于程朱理学；第二派以陈确为代表，独树一帜，根本否认《大学》《中庸》的正当性；第三派以黄宗羲为代表，倾向于陆、王之说。④ 笔者认为，刘宗周学说本身就是一个包容的体系，同时具有以上三种不同的思想面向，不同弟子从不同角度来诠释师说，自然会得出不同的结论。弟子们对师门宗旨各有触及，但都不够全面、精准。当然，相对而言，黄宗羲能够紧守师说，他所作的阐发最接近于宗周学说的主旨。他一生推崇师说，其《明儒学案》即是以刘宗周的思想为纲领而编成的。学案之首，先叙述师说；学案之末，则以《蕺山学案》作为全书的压轴。当然，与其师不同的是，黄宗羲并未仅仅局限于探讨儒家心性之学，他对理学、经学、史学、文学、历法、数学、乐律及释道百家等都有独到的研究，尤其

---

① 参见何俊、尹晓宁：《刘宗周与蕺山学派》，中国人民大学出版社 2009 年版，第 220 页。

② 详见衷尔钜：《蕺山学派哲学思想》第十九章，山东教育出版社 1993 年版，第 379—404 页。

③ 衷尔钜：《蕺山学派哲学思想》，山东教育出版社 1993 年版，第 108 页。

④ 参见王汎森：《清初思想趋向与〈刘子节要〉——兼论清初蕺山学派的分裂》，见《晚明清初思想十论》，复旦大学出版社 2004 年版。

注重史学,因而被后人视为浙东史学派的开山之祖。

任何一个学派内部都有纷争,蕺山学派也不例外。第一,是因刘宗周手稿的窜改问题而引发了争议。何俊、尹晓宁先生指出,刘宗周去世后,其手稿保存在他唯一的儿子刘汋那里,本来刘汋应该最有解释权,但刘汋并不认同抑或是不能理会家学,走向了程朱一系,非但如此,他还将父亲手稿中不合程朱之处加以窜改,使得宗旨大变。这种做法引起了宗周部分弟子的不满。比如,董玚认为,刘汋的改动歪曲了其父的学术宗旨,因此,他在重订《刘子全书》时,就恢复了刘汋涂改前的文字。黄宗羲也难以理解刘汋的做法,他曾用"不知量"三字对刘汋提出了严厉的批评。第二,蕺山学派内部因学术见解的歧异而激烈辩论乃至相互诋毁。比如,张履祥和陈确在一些学术问题上存在较大的分歧,两人互不相让,打了很多笔墨官司,后来的辩论不纯粹是学术之争了,而变成了意气之争,火药味相当浓。①

第三节　黄宗羲对心学发展的贡献

刘宗周的弟子在学问方面当以黄宗羲、陈确、张履祥最具盛名,这三位弟子发扬师说,各出新见,在学问上均有较高深的造诣。本节仅以黄宗羲为中心略加论述。众所周知,黄宗羲是明末清初著名的思想家。他一生勤于著述,涉猎广博,其思想学说具有较强的兼容性、实践性、批判性与前瞻性。本节拟梳理、剖析黄宗羲对明代心学发展所作出的贡献。笔者认为,黄宗羲对明代心学发展的贡献主要体现为两个方面:一是他对王门良知说、"四句教"等进行了鞭辟入里的反思、总结,有益于明末王学的健康发展;二是他本人对心学思想也多有阐发,建构了较有特色的心学思想体系,对儒家心学思想发展有所推进。

---

① 参见何俊、尹晓宁:《刘宗周与蕺山学派》,中国人民大学出版社 2009 年版,第 252、256、246 页。

一、对王学的反思、总结

1.评王门良知说

"致良知"是王阳明晚年论学的根本宗旨,也可以说是王阳明最具代表性的学说。黄宗羲说:"有明学术,从前习熟先儒之成说,未尝反身理会,推见至隐,所谓'此亦一述朱,彼亦一述朱'耳。高忠宪云:'薛敬轩、吕泾野语录中,皆无甚透悟。'亦为是也。自姚江指点出'良知人人现在,一反观而自得',便人人有个作圣之路。故无姚江,则古来之学脉绝矣。"①黄宗羲这里对王阳明的良知说给予了较高的评价。他认为,王阳明心学接续上了孔孟尤其是孟子的学脉,强调人的内在良知,认为良知当下呈现,人人可以反观自得,这种学说简易直截,振聋发聩,破除了朱子哲学的僵固与笼罩天下的局面,推动了明代儒学的发展。

黄宗羲同时也指出了王阳明良知说的缺陷。他认为,王阳明虽然没有否认后天工夫,但因突出良知本体的优先性而潜存着轻视乃至取消工夫的可能性,后来在王门部分后学身上即印证了这一点。黄宗羲则将道德实践工夫置于更本源的地位。他对王阳明所讲的直悟良知之类的话头,则尽量加以裁抑。黄宗羲反对将"致良知"说讲得过于玄虚、高妙,故而径直将"致"释为"行"。他说:"先生(王阳明,引者注)致之于事物,致字即是行字,以救空空穷理。"②王阳明所讲的"致"具有"推致"的意思,"致良知"即意味着将良知之是非好恶扩展到事事物物之间,是兼知兼行的实践过程,体现出知行合一的特点。黄宗羲对"致"的解释,更突出了"行"的内涵。而且,他所谓的行,并不只限于个体的道德实践,亦包括广义的社会活动。

黄宗羲认为,王阳明的"致良知"说在流传之中也滋生了一些弊病。他说:"'致良知'一语,发自晚年,未及与学者深究其旨,后来门下各以意见掺和,说玄说妙,几同射覆,非复立言之本意。"③依黄宗羲,王阳明提出"致良

---

① (清)黄宗羲:《姚江学案》,见《明儒学案》卷十,中华书局1985年版,第179页。
② (清)黄宗羲:《姚江学案》,见《明儒学案》卷十,中华书局1985年版,第179页。
③ (清)黄宗羲:《姚江学案》,见《明儒学案》卷十,中华书局1985年版,第179页。

知"说,尚未作详细阐发,也未与学者及门人弟子做深入交流、切磋,学者及门人弟子对"致良知"说的理解有较大歧异,各人都对"致良知"说断以己意,有的弟子逐渐偏离了王阳明之学的宗旨。

"致良知"说虽然是在王阳明晚年才被正式提出,但却是其毕生思考与探索的理论结晶。黄宗羲认为该学说非王阳明成熟思想,这种看法不够准确。但在王阳明后学中,的确如黄宗羲所言,存在着"各以意见掺和,说玄说妙"的情况。比如,王阳明主张"动静一体","静处体悟"与"事上磨炼"的工夫都不可或缺,可是,阳明的一部分后学却"只知在事上磨炼"①。又如,王阳明的良知说是主宰与流行的统一,可是其部分后学却只讲流行,不讲主宰,"王龙溪和罗汝芳的学说及修养实践最大的缺失就是任流行而无主宰"②。再如,王阳明的本体论与工夫论是"有""无"的有机统一③,而其部分后学却逐渐偏向于"无"。

黄宗羲对王畿、王艮等王门后学批评尤甚。他说:"阳明先生之学,有泰州、龙溪而风行天下,亦因泰州、龙溪而渐失其传。泰州、龙溪时时不满其师说,益启瞿昙之秘而归之师,盖跻阳明而为禅矣。然龙溪之后,力量无过于龙溪者,又得江右为之救正,故不至十分决裂。泰州之后,其人多能以赤手搏龙蛇,传至颜山农、何心隐一派,遂复非名教之所能羁络矣。"④在黄宗羲看来,王畿、王艮既使阳明学说广布天下,又使得王学精神"渐失其传"。王畿、王艮的学说有差异之处,但也有趋同的一面,他们都倡导"现成良知"论,都有轻视修养工夫的倾向,都"跻阳明而为禅"。其师刘宗周亦说:"王门有心斋、龙溪,学皆尊悟,世称二王。心斋言悟虽超旷,不离师门宗旨。至龙溪,直把良知作佛

---

① (清)黄宗羲:《江右王门学案二》,见《明儒学案》卷十七,中华书局1985年版,第361页。

② 张学智:《明代哲学史》,北京大学出版社2000年版,第474页。

③ 陈来先生指出,王阳明既高扬了道德的主体性,把儒学固有的"有"之境界推至极致,又从儒家的立场出发,充分吸收佛道的生存智慧,把有我之境与无我之境结合起来,以他自己的生命体验,完成了自北宋以来既坚持入世的价值理性,又吸收佛道精神境界与精神修养的努力。参见陈来:《有无之境——王阳明哲学的精神》,人民出版社1991年版,第8页。

④ (清)黄宗羲:《泰州学案一》,见《明儒学案》卷三十二,中华书局1985年版,第703页。

性看,悬空期个悟,终成玩弄光景,虽谓之操戈入室可也。"①两人略有不同的是,刘宗周认为王艮尚不违背阳明之说,而王畿则将儒学与佛禅之学混为一谈,对儒学则有"操戈入室"之害。黄宗羲则认为,王畿、王艮之学都流入禅学。就两人学说后来的发展趋向而言,黄宗羲认为,王畿后学与王阳明、王畿尚"不至十分决裂",王艮后学则"非名教之所能羁络"。

黄宗羲对王门良知学的纠偏,集中体现在他对本体与工夫关系的重新梳理上,他明确主张"心无本体,工夫所至,即其本体"②,认为本体不是独立存在的,它就呈现于工夫之中,或者说,本体存在的状态就是工夫。

"工夫所至,即其本体"是对"现成良知"论的批判。此命题表明,工夫是须臾不可缺少的,因为,人随时可能会受到私欲、习俗的浸染,在这种情况之下,如果不做修身工夫,那么,良知本体便无法完全呈现出来,此时的良知虽未消失殆尽,但仅处于潜存的状态,不能充分发挥其监督、指导功能。人的现实行为若失去良知的规约,便如脱缰之野马,无羁无绊,漫荡无归。因此,在黄宗羲看来,"现成良知"论者将良知说得过于轻巧,很难避免玄虚之弊。他重申工夫的重要性,将工夫作为复还良知的前提条件,目的是想堵住轻言良知的玄虚之弊。本体即在工夫之中,相应地,"上达"即寓于"下学"之中。黄宗羲说:"道无形体。精义入神,即在洒扫应对之内,巧即在规矩之中,上达即在下学。"③可见,与其师刘宗周一样,黄宗羲也较为突出学问及践履的笃实。黄宗羲所阐发的工夫论大致包括持志、养气、养心、养知、存养、慎独、诚敬、穷理、涵养、养性等。④

黄宗羲认为,王门后学中的江右王学能够把握到阳明良知说的精义。他说:"姚江之学,惟江右为得其传,东廓、念庵、两峰、双江其选也。再传而为塘

---

① (清)黄宗羲:《明儒学案·师说》,中华书局1985年版,第9页。

② (清)黄宗羲:《明儒学案·黄梨洲先生原序》,中华书局1985年版,第9页。

③ (清)黄宗羲:《孟子师说》卷七,见沈善洪主编、吴光执行主编:《黄宗羲全集》第一册,浙江古籍出版社2005年版,第158页。

④ 参见张师伟:《民本的极限——黄宗羲政治思想新论》,中国人民大学出版社2004年版,第85—88页。

南、思默,皆能推原阳明未尽之旨。是时越中流弊错出,挟师说以杜学者之口,而江右独能破之,阳明之道赖以不坠。盖阳明一生精神,俱在江右,亦其感应之理宜也。"①黄宗羲将江右王学视为王学之正宗,故而给予较高之评价。江右王学"大体倾向于良知经锻炼后方可恃任,主张归寂主静、收摄保聚等修养方法,与直任先天良知的王龙溪绝不类"②。以聂豹、罗洪先为例,他们主张归寂说,倡导"致虚守寂",同时注重戒慎警觉的工夫。这种观点与王艮、王畿的"现成良知"论确实有较大的差异。当然,江右王学是否为王学之正宗,这是一个见仁见智的问题。恰如孔子之后"儒分为八",阳明之后其学说也出现了较大的分化,王门后学中何派为正宗,很难有一个客观的衡量标准,黄宗羲主要从是否有利于士人道德践履的角度来加以判定。

2. 评王门"四句教"

王门"四句教"在明中叶至清初时期引发了广泛的争议。黄宗羲在《明儒学案》中也多次论及王门"四句教",但他对"四句教"的评论前后不一致。他有时将"四句教"视为阳明之说,认为"四句教"本身无弊病,只是需要学者善解其意;有时又认为,"四句教"未必出自王阳明之口。

我们先讨论黄宗羲的第一种说法。他在《明儒学案·姚江学案》的"案语"中指出:"天泉问答:'无善无恶者心之体,有善有恶意之动,知善知恶是良知,为善去恶是格物。'今之解者曰:'心体无善无恶是性,由是而发之为有善有恶之意,由是而有分别其善恶之知,由是而有为善去恶之格物。'层层自内而之外,一切皆是粗机,则良知已落后着,非不虑之本然,故邓定宇以为权论也。其实无善无恶者,无善念恶念耳,非谓性无善无恶也。下句意之有善有恶,亦是有善念有恶念耳,两句只完得动静二字。他日语薛侃曰:'无善无恶者理之静,有善有恶者气之动。'即此两句也。所谓知善知恶者,非意动于善恶,从而分别之为知,知亦只是诚意中之好恶,好必于善,恶必于恶,孰是孰非而不容已者,虚灵不昧之性体也。为善去恶,只是率性而行,自然无善恶之夹

① (清)黄宗羲:《江右王门学案一》,见《明儒学案》卷十六,中华书局 1985 年版,第 333 页。

② 张学智:《明代哲学史》,北京大学出版社 2000 年版,第 160 页。

杂。先生所谓'致吾心之良知于事事物物也'四句,本是无病,学者错会文致。彼以无善无恶言性者,谓无善无恶斯为至善。善一也,而有有善之善,有无善之善,无乃断灭性种乎? 彼在发用处求良知者,认已发作未发,教人在致知上着力,是指月者不指天上之月,而指地上之光,愈求愈远矣。得義说而存之,而后知先生之无弊也。"①这里,黄宗羲将"四句教"视为王阳明教人定本,而非"权论",并认为"四句本是无病,学者错会文致"。他对"四句教"的阐释有其独到之处。

黄宗羲把"四句教"首句中的"无善无恶"理解为"无善念恶念",也就是说,人心的本来状态是没有任何意念的,意念是后起的。而以"无善念恶念"来描述人心的本来状态,并不表示人性是无善无恶的。黄宗羲进而指出,"有善有恶者意之动"也是表示"意"有善念有恶念,其对"意"的理解与乃师刘宗周不同。刘宗周对"意""念"作了严格区分,认为"意"乃"渊然有定向",有善而无恶;而"念"忽起忽灭,善恶相杂。② 不过,黄宗羲对"知善知恶是良知"一句的诠释与刘宗周的观点较为相似,刘宗周主张"摄知归意",将知善知恶之"知"融入好善恶恶之"意"中。黄宗羲则主张"知亦只是诚意中之好恶",即认为须在"诚意"的脉络之下来安置"良知"。或者说,道德理性挺立的前提是诚意,诚意可保证其人之好恶皆出于道德理性本身。此外,黄宗羲将"四句教"最后一句中的"为善去恶"解释为"率性而行",他所谓的"率性而行",不是罗汝芳式的"顺适当下",而是王阳明的"致良知",阳明的"致良知"包括有善恶判断,也包括据此判断而生发的现实活动,及此活动之后的心理反应。③黄宗羲这里将"四句教"视为王阳明教人之法,其对"四句教"的阐释,有时与王阳明或刘宗周保持一致,有时也做了自己独特的发挥。

再论黄宗羲有关王门"四句教"的第二种说法。他说:"考之《传习录》,因先生(薛侃,引者注)去花间草,阳明言:'无善无恶者理之静,有善有恶者气之

① (清)黄宗羲:《姚江学案》,见《明儒学案》卷十,中华书局 1985 年版,第 179—180 页。
② 参见姚才刚:《论刘蕺山对王学的修正》,《武汉大学学报(人文社会科学版)》2000年第 6 期。
③ 参见张学智:《明代哲学史》,北京大学出版社 2000 年版,第 472 页。

动。'盖言静为无善无恶,不言理为无善无恶,理即是善也。……夫心之体即理也,心体无间于动静,若心体无善无恶,则理是无善无恶,阳明不当但指其静时言之矣。释氏言无善无恶,正言无理也。善恶之名,从理而立耳,既已有理,恶得言无善无恶乎? 就先生去草之言证之,则知天泉之言,未必出自阳明也。"①从此处所引文献可以看出,黄宗羲认为王畿《天泉证道记》中所记的"四句教"未必出自王阳明之口,阳明只讲过"无善无恶者理之静",未曾直接标示"无善无恶者心之体"。在黄宗羲看来,心之体即性,也即理,理有善的属性,学者不能以"无善无恶"来描述理。

黄宗羲的老师刘宗周曾指出,"四句教"是王畿之语,王阳明平时即使偶尔言之,也未将之视为最后的定见,不足为论。刘宗周说:"四句教法,考之阳明集中,并不经见。其说乃出于龙溪。则阳明未定之见,平日间尝有是言,而未敢笔之于书,以滋学者之惑。"②黄宗羲一向尊奉师说,在评价王门"四句教"的问题上有时也顺着其师的讲法,认为"无善无恶"说为王畿所倡导,与王阳明绝不相干,以"无善无恶"说来褒扬或贬抑王阳明都不妥当。不过,王阳明的《传习录》以及《年谱》均载有钱德洪所录的"四句教",王阳明晚年倡导"四句教",当属事实。"四有""四无"分别代表了钱德洪、王畿对阳明"四句教"两种不同的理解。陈来先生说:"阳明的主张既不是四无,也不是四有,却又在某一种方式下同时容纳了四无和四有。"③

由此亦可看出,黄宗羲对王门"四句教"的理解有自相矛盾之处。究其缘故,或许是因为他在写《明儒学案·姚江学案》时要为"圣者贤者讳",同时也有试图证明阳明心学非禅学的考虑,可是他又要维护师说,以至于前后观点不一致。不过,黄宗羲在此问题上也有一以贯之的立场,即他明确反对以"无善无恶"来界定人性。他要么对"无善无恶"作出不同于王阳明及同时期其他学者的解释,要么将罪责归之于王畿等阳明后学。

---

① (清)黄宗羲:《粤闽王门学案一》,见《明儒学案》卷三十,中华书局1985年版,第658页。
② (清)黄宗羲:《明儒学案·师说》,中华书局1985年版,第8页。
③ 陈来:《有无之境——王阳明哲学的精神》,人民出版社1991年版,第202页。

在明中叶至清初时期有关王门"四句教"的论争中，"无善无恶"一直是学者们讨论的焦点问题。在黄宗羲之前，许孚远、顾宪成、高攀龙、冯从吾、刘宗周等已从不同角度对王门"无善无恶"说提出了严厉的批评。应该说，王门"无善无恶"说确实有不周延之处，在流传过程中滋生了轻视修养工夫等弊病，黄宗羲等王学修正者为了端正学风，重振人伦道德，极力反对以"无善无恶"来界定人性，这种做法无疑有其积极意义。不过，明代也有学者为王门"四句教"辩护，认为"四句教"中的"无善无恶"一语乃是"至善"的另外一种表达方式，与孟子以来儒家的性善论并不冲突。比如，周汝登（别号海门）指出："人性本善者，至善也，不明至善，便成蔽陷。反其性之初者，不失赤子之心耳。赤子之心无恶，岂更有善耶？"①在他看来，真正的善是绝对的至善，它超出了善恶对待的层次，亦可说是一种无善无恶的赤子之心。可是，黄宗羲却反对如此理解"无善无恶"，他说："乃先生（周汝登，引者注）建立宗旨，竟以性为无善无恶，失却阳明之意。而曰'无善无恶，斯为至善'，多费分疏，增此转辙。善一也，有有善之善，有无善之善，求直截而反支离矣。"②他认为，儒家开宗明义标示出性善之说，不必再区分有善之善、无善之善，否则便会有支离之弊，让人摸不着头脑。事实上，王门"无善无恶"说主要包括两层含义，"一是存有论意义上的至善；一是境界论意义上的无执不滞"③。黄宗羲将孟子的性善论视为儒家的正统观点，十分忌讳学者在人性论上宣扬"无善无恶"说，因而，他无法体察到王门"无善无恶"说的真实意蕴。

二、黄宗羲的心学立场及其贡献

1. 黄宗羲的心学立场

黄宗羲尽管对王阳明及其后学的学说有所批评，但他仍坚持心学立场，十分尊崇心学，并建构了自己的心学思想体系。他说："盈天地皆心也，变化不

---

① （清）黄宗羲：《泰州学案五》，见《明儒学案》卷三十六，中华书局 1985 年版，第 864 页。
② （清）黄宗羲：《泰州学案五》，见《明儒学案》卷三十六，中华书局 1985 年版，第 854 页。
③ 彭国翔：《良知学的展开——王龙溪与中晚明的阳明学》，（台湾）学生书局 2003 年版，第 439 页。

测,不能不万殊。心无本体,工夫所至,即其本体,故穷理者,穷此心之万殊,非穷万物之万殊也。"①又说:"《易》言'穷理尽性以至于命',穷理者尽其心也,心即理也,故知性知天随之矣;穷理则性与命随之矣。孟子之言,即《易》之言也。……天下之理,皆非心外之物,所谓存久自明而心尽矣。"②可见,黄宗羲基本上属于心学一系的学者,其心学思想主要源自王阳明、刘宗周。当然,黄宗羲也说过"盈天地间皆气也"③之类的话,但"盈天地间皆气也"与"盈天地皆心也"在黄宗羲的思想体系中并不矛盾。黄宗羲既然已明言"心即气"④,那么,"盈天地间皆气也"与"盈天地皆心也"未必截然对立,而是可以同时成立。张学智先生指出,黄宗羲"把宇宙间万事万物看作气而同时又看作心,因为人赋予天地万物以意义,天地万物对人而言是一种有意味的存在,是一种意义、价值结构。意义、价值结构必须以人的全部获得对天地万物进行观解,使其成为'在我之物'。所以黄宗羲既可言'盈天地间皆气也'、'天地间只有一气充周',亦可言'盈天地间皆心'。这二者在他并无矛盾"⑤。

黄宗羲在编纂《明儒学案》时,一方面做到了兼容并包,能够客观、谨慎地对待学术上的不同意见,不任意作取舍,另一方面又以心学思想为主线,其《明儒学案》甚至被有的学者称为"明代心学发展史"⑥。黄宗羲尤其充分肯定了明代心学大师的学术贡献。在王阳明之前,陈献章倡导"自得"之学,强调不依傍教条的自我体悟。王阳明则宣扬"心即理""知行合一""致良知"等学说,他使心学成为明代中叶以来的主流思潮之一。黄宗羲对陈献章及王阳明之学均不乏赞誉之词。他说:"向使先生(陈献章,引者注)与文成不作,则濂、洛之精蕴,同之者固推见其至隐,异之者亦疏通其流别,未能如今日也。或

---

① (清)黄宗羲:《明儒学案·黄梨洲先生原序》,中华书局1985年版,第9页。
② (清)黄宗羲:《孟子师说》卷七,见沈善洪主编、吴光执行主编:《黄宗羲全集》第一册,浙江古籍出版社2005年版,第148—149页。
③ (清)黄宗羲:《蕺山学案》,见《明儒学案》卷六十二,中华书局1985年版,第1512页。
④ (清)黄宗羲:《孟子师说》卷二,见沈善洪主编、吴光执行主编:《黄宗羲全集》第一册,浙江古籍出版社2005年版,第60页。
⑤ 张学智:《明代哲学史》,北京大学出版社2000年版,第463页。
⑥ 李明友:《一本万殊——黄宗羲的哲学与哲学史观》,人民出版社1994年版,第5页。

者谓其近禅,盖亦有二,圣学久湮,共趋事为之末,有动察而无静存,一及人生而静以上,便邻于外氏,此庸人之论,不足辨也。……先生之学,自博而约,由粗入细,其于禅学不同如此。"①黄宗羲认为,陈献章、王阳明揭示了"濂、洛之精蕴",对明代学术思想的开展均有较大的贡献。黄宗羲此处还为陈献章之学作了一些辩护。陈献章主张"以自然为宗""静中养出端倪",学者们因此而常怀疑他近禅或近道,但黄宗羲却认为,不能因其大谈静坐或主静,或者因其学说涉及"人生而静以上"之类的问题,就认为它流于禅学。陈献章对禅学方法虽有借鉴,但其最终归宿却在儒家。黄宗羲在《明儒学案》中也为王阳明鸣不平。明中叶至清初的部分学者认为王阳明心学流于禅学,或谓其"阳儒阴释"。针对此种看法,黄宗羲为王阳明辩解道:"或者以释氏本心之说,颇近于心学,不知儒释界限只一理字。释氏于天地万物之理,一切置之度外,更不复讲,而止守此明觉;世儒则不恃此明觉,而求理于天地万物之间,所为绝异。然其归理于天地万物,归明觉于吾心,则一也。向外寻理,终是无源之水,无根之木,总使合得,本体上已费转手,故沿门乞火与合眼见暗,相去不远。先生(王阳明,引者注)点出心之所以为心,不在明觉而在天理,金镜已坠而复收,遂使儒释疆界渺若山河,此有目者所共睹也。"②他认为,王阳明心学主张"心即理",在儒、释之间分判得非常清楚,把握得十分精当,没有流于禅学。当然,他也承认,王阳明部分后学确实有禅学化的倾向。黄宗羲辨明心学非禅学,这与其本人所持的学术立场是密不可分的。

2.黄宗羲对心学发展的贡献

黄宗羲在学问方面涉猎广博,其在史学、政治哲学等领域取得的成就常为学者们所称道,但他在心学(心性之学)方面的贡献却往往被学者们所忽略。比如,钱穆、牟宗三等先生只把刘宗周作为宋明理学的殿军,对于其弟子黄宗羲、陈确等人的心性之学则评价较低。东方朔先生也说:"蕺山以后,在心性学之造诣上已无有过于蕺山者,其所创设的微密幽深的哲学体系可以说前无

①　(清)黄宗羲:《白沙学案上》,见《明儒学案》卷五,中华书局1985年版,第79—80页。
②　(清)黄宗羲:《姚江学案》,见《明儒学案》卷十,中华书局1985年版,第182页。

古人,后无来者。"①笔者认为,黄宗羲虽然在多个领域颇有造诣,但若仅就心学而言,他的确难以达到其师刘宗周的水准了。不过,黄宗羲毕竟对心学(心性之学)下过一番苦功,长年累月地对其探赜索隐,颇有一番自得之见,其在儒家心学阵营中占有一席之地,恰如当代新儒家刘述先先生所言,黄宗羲尚能"守住心性之学的阵脚,不至于完全走样,他之成为心性之学的最后一位大师,是因为他在这方面还有相当造诣"②。

有明一代,心学特盛。如果说陈献章是开启明代心学的先驱人物,王阳明是明代心学的集大成者,那么刘宗周、黄宗羲则可被视为明代心学的殿军、王学的修正者。刘宗周十分注重反思王学的理论缺失,进而完善心学理论。③黄宗羲作为刘宗周最具盛名的一个弟子,毕生推崇师说。他撰写《孟子师说》,乃是反复研读《刘子遗书》,揣摩、领会刘宗周学说宗旨之后而作,《孟子师说》虽然主要反映了黄宗羲本人的主张,但其思想要旨基本上不违师说。约而言之,黄宗羲的心学思想主要具有以下特点。

一是倡导合一论。此点与其师刘宗周的见解是若合符节的,宗周认为"凡分内分外、分动分静、说有说无,劈成两下,总属支离"④。受乃师启发,黄宗羲也极力主张理气合一、心性合一、心气合一、心理合一,反对理气为二、心性为二、心理为二的支离之弊。这里仅以心气合一略做说明。黄宗羲说:"天地间只有一气充周,生人生物。人禀是气以生,心即气之灵处,所谓知气在上也。心体流行,其流行而有条理者,即性也。……流行而不失其序,是即理也。理不可见,见之于气;性不可见,见之于心;心即气也。"⑤他先肯定"天地间只有一气充周",人也是禀气而生,初看此语,黄宗羲似乎是一个气本论者,但他旋即又说"心即气之灵处""心即气也",即心与气并不是隔绝的,而是合一的,

① 东方朔:《刘蕺山哲学研究》,上海人民出版社 1997 年版,第 368 页。

② 刘述先:《黄宗羲心学的定位》,(台湾)允晨文化实业公司 1986 年版,第 168 页。

③ 参见姚才刚:《论刘蕺山对王学的修正》,《武汉大学学报(人文社会科学版)》2000 年第 6 期。

④ (明)刘汋:《年谱》,见(明)刘宗周:《刘子全书》卷四十,清道光刻本。

⑤ (清)黄宗羲:《孟子师说》卷二,见沈善洪主编、吴光执行主编:《黄宗羲全集》第一册,浙江古籍出版社 2005 年版,第 60 页。

对于人而言，气又不是客观实然之气，论"气"也须联系到心，心是气之主宰。同时，言心也不可离气，以养心为例，养心较难把握，养心最终要落实于养气，通过养气而养心，则使人有所持循。当然，"心即气"并不意味着心完全等同于气，它们之间仍然存在着异质的不同。

二是将"一本万殊"说作为贯穿其心学思想体系的基本线索。"一本万殊"是"理一分殊"的另外一种表述，黄宗羲从心学角度对程朱的"理一分殊"说进行了改造与创造性诠释。他说："自其分者而观之，天地万物各一理也，何其博也；自其合者而观之，天地万物一理也，理亦无理也，何其约也。泛穷天地万物之理，则反之约也甚难。散殊者无非一本，吾心是也。仰观俯察，无非使吾心体之流行，所谓'反说约'也。"①在黄宗羲看来，天地万物各有其"理"，它们是千差万别的，可称之为"万殊"；但从"理一"的角度来看，天下只有一个理，天地万物之理都可归入此整体之理，此整体之理可称之为"一本"，"万殊"莫非"一本"，"一本"表现出来即是"万殊"。当然，黄宗羲并非又要回到朱熹的套路上去，他反对对外在事物进行泛观博览，而是主张反求诸心。这样一来，"一本万殊"就与人的心性问题具有了密切的关联，黄宗羲基本上以"心"为"一本"，以"心之变化"（即"心"在流行过程中的各种不同表现）为"万殊"，"一本"与"万殊"之间是源与流、体与用的关系。此外，黄宗羲还将"一本万殊"的观念应用于宋、明儒学史的编纂上，从而形成了其独特的学术史观。

黄宗羲在心学领域穷探力索，学术创获颇多。不过，他身处明清鼎革之际，当时的社会及学术风气都在悄然发生变化，陆王心学被视为一种玄谈而遭到学者们的质疑甚至严厉的批判。清初，程朱理学有复兴之势，部分理学名士获宠得势。尊程朱者往往会攻击陆王心学，比如，张履祥、陆陇对心学都有直截了当的批评，熊赐履著《学统》一书，以孔、颜、曾、思、孟、周、程、朱为正统，而将陆、王等列入杂统。李光地也从朱子学的立场批评了陆王心学。② 此外，明末清初倡导实学的经世之儒孙奇逢、李颙、顾炎武等在经历了亡国之痛后，

---

① （清）黄宗羲：《孟子师说》卷四，见沈善洪主编、吴光执行主编：《黄宗羲全集》第一册，浙江古籍出版社 2005 年版，第 110 页。

② 参见赵吉惠等主编：《中国儒学史》，中州古籍出版社 1991 年版，第 792—793 页。

对王学末流空谈心性、放诞而不务实的弊病表现出了很大的不满,极力从学理上予以纠正,转而倡导黜虚务实的新风尚。在这种情形之下,黄宗羲虽然尊奉心学,但他无法力挽狂澜。事实上,他本人也对王学的理论缺陷多有反思,尤其痛斥了那些空谈心性而无真才实学的王学末流。黄宗羲作为一个明朝遗民,故国灭亡的惨痛经历时时萦绕他的心头,成为其挥之不去的阴影。明清巨变以及其个人的际遇,都使得黄宗羲无法仅仅囿于心学之一隅,而是要拓展学问的视野,增强学问的经世功能,这种转变固然有积极、正面的价值,但对其有关心学的思考与探索无疑会造成一定的冲击。从总体上看,黄宗羲仍称得上是儒家心学阵营中的一位佼佼者。

第六章　明代心学思想之争:以王学
修正运动为中心

　　明代思想文化十分繁荣,呈现出多元开放的局面。明代儒学发展尤其显得异彩纷呈,理学、心学、气学、事功(经世)之学等交相辉映,并形成了诸多派别,这些不同的派别既相互交错,又因学术观点的分歧而多有争论,聚讼纷纭。即使是同一学派内部,彼此之间的学术见解也不尽相同,因而辩论也在所难免。心学作为明代最具活力、影响最大的学说,其引发的争议也最多。明代心学之争纷繁复杂,除了倾向于理学、气学或事功之学的学者对心学加以驳难、批驳之外,心学内部也一直争论不断。江门学派、甘泉学派、阳明学派、蕺山学派等心学派别之间在师承等方面既有千丝万缕的联系,又因对天道心性及修养工夫理解的差异而互有指责、攻讦。明代心学之争更多的则是围绕王阳明心学的理论缺失、王学末流的弊端以及由此而兴起的王学修正运动而展开的,故本章主要以明中叶至清初时期的王学修正运动为中心对明代心学之争进行探讨。笔者拟先归纳、总结王学修正运动的主要类型与核心问题意识,再以罗钦顺、李材、顾宪成、高攀龙、顾炎武等为个案加以剖析①,最后对王学修正运动进行反思,指出其贡献与不足。

---

　　① 本书在第三章"湛若水与甘泉学派"、第五章"刘宗周与蕺山学派"等章节之中,已涉及王学修正之类的问题。

第一节　王学修正运动的兴起、主要
类型与核心问题意识

一、王学修正运动的兴起

王学修正运动之所以兴起,最根本的原因即在于王阳明及"左派王学"的学说在本体论、工夫论等方面都存在着诸种缺陷,对当时士人的道德践履带来了一些消极影响,进而影响到当时社会的学风以及社会风气。这种状况引起了有识者的忧虑,一些学者开始反思王阳明及"左派王学"的理论得失,并以殷切之心修正、辩难王学,以重建儒家的道德理性精神。

在王学修正运动中,多数学者是基于学理及不同的学术立场对王学加以批驳、修正的。当然,也有一些人从政治立场、从是否有利于维护明王朝统治的角度批评王学。比如,张居正在担任内阁首辅期间,即主张禁止包括王门学者在内的私人讲学之风,而他如此做,主要是为了达到稳定统治秩序的目的。再如,权臣桂萼在阳明去世后不久,便跳出来抨击阳明"事不师古",且其学术背叛朱子,并建议皇帝"禁邪说以正人心"。[1] 桂萼肆意攻击阳明其人其学,乃是出于官场权力之争的考虑。此类对王学的批驳不足为论。本章探讨明中叶至清初的王学修正运动,主要围绕该时期有关阳明心学及"左派王学"利弊得失的学理之争而展开。

王学修正运动兴起于何时?梁启超先生指出,东林领袖顾宪成、高攀龙提倡格物,以救空谈之弊,算是对王学的第一次修正。刘宗周晚出,提倡慎独,以救放纵之弊,算是对王学的第二次修正。而清初孙奇逢、李颙、黄宗羲对王学亦各有所修正。[2] 梁启超先生似乎把王学修正运动兴起的时间定于顾宪成、高攀龙生活的晚明时期,而唐君毅先生将王学修正运动上溯到湛若水、罗钦顺

---

① 参见胡发贵:《罗钦顺评传》,南京大学出版社 2001 年版,第 84 页。

② 参见梁启超:《中国近三百年学术史》,东方出版社 1996 年版,第 47 页。

那里。他在《晚明王学修正运动之起源》一文中指出,正式对阳明心学加以批评的,应为邹守益(东廓)弟子李材(见罗)。李材"以知为用而非性",遂谓阳明之"以知为宗",实不知性之善,乃以"止修"标宗。由李材之批评阳明而后有东林学派、刘宗周(蕺山)对王学修正之运动。溯东林学派、刘宗周之修正阳明之教,又实遥承湛若水(甘泉)、罗钦顺(整庵)对阳明之质疑。① 笔者倾向于唐先生的看法。也就是说,王学修正运动兴起的时间几乎与王阳明心学诞生的时间相当,在王阳明心学形成与发展的过程之中,已有湛若水、罗钦顺等学者与其展开辩驳,这即意味着王学修正运动已逐渐拉开序幕。

显然,这里的"修正"乃取其宽泛义,既可指通过局部的改变调整以使之更加完善,也可指较大范围内的改变调整,乃至于根本方向上的扭转。相应地,所谓"王学修正运动",一方面包括王学内部的补偏救弊,另一方面也包括程朱学者、湛门学者、气本论者等对王学的驳斥、纠正与批判。而这些王学修正者所要修正的"王学",主要是指王阳明心学以及嵇文甫先生所谓的"左派王学"的思想学说。

二、王学修正运动的主要类型

在明中叶至清初时期,对王学进行修正的学者较多。我们可把王学修正运动分为以下数种类型。

1. 王学内部的补偏救弊。此种类型的王学修正是指,一些学者在根本立场上认同并信奉阳明心学,但却对阳明心学有所损益、修正,或不满意王门的一些后学对阳明学说所作的过度发挥,因而汲汲加以驳斥与救治。比如,李材本出自阳明高弟邹守益之门,但对阳明之学却有较为直接的批评。他认为,心之本体只能是至善之性,而非"知"(良知),他主张"摄知归性"。他又特重《大学》"止修"之义,认为《大学》之"知本",即指以修身为本,修身之道在"知止","知止"即"止于至善"。刘宗周是明末儒学的殿军,他既是王学的信奉

---

① 参见唐君毅:《晚明王学修正运动之起源》,见《唐君毅全集》卷十八,(台湾)学生书局 1990 年版,第 268 页。

者,又是王学的修正者。他毕生思考的中心问题即如何完善心学理论,使心学更显缜密、精微。他对王阳明学说做了很多补偏救弊的工作,对明末王学流弊也加以匡正。聂豹、罗洪先等人亦可归入此种类型。

2. 程朱学者对王学的驳斥与修正。程朱理学是明王朝的官方哲学,即使是在明中叶王学崛起之后,程朱理学虽受到强烈的冲击,但其官方地位并没有动摇。除官方倡导之外,部分学者及辞官归隐的士大夫也有自觉习程朱之学者。比如,以顾宪成、高攀龙为首的东林学派对朱子之学就颇为看重,常常是宗程朱而诋陆王,对王阳明"无善无恶心之体"之说以及主张"不学不虑""不思不勉"的"现成良知"论作了较多的批评,对明末周汝登、管志道等王学末流中盛行的一股空谈心性而不务实学之风更是大加挞伐。他们成为王学修正运动的重要一支。当然,明中叶之后的朱子学,大都受到过阳明心学的影响,故而有将朱、王学说融为一体的趋势。顾宪成有朱子学的立场,但他没有完全否认心学的价值。高攀龙亦如此,抑制阳明心学而不全盘否定,对朱、王学说进行了一定程度的调和。

清初,在统治阶层的大力倡导之下,程朱理学又获得了短暂的复兴,不少学者推崇程朱之说,此类尊朱黜王之举并无太多的学术意义,至多是顺应了当时普遍厌倦王学的时代气候罢了,谈不上有什么新创造。有的尊程朱,强调践履笃实,在学术上虽无创见,但毕竟还称得上是独善其身的君子;有的仅仅是随声附和,以便博取卫道之名;更有甚者,表面上虽尊程朱,暗地里却干着见不得人的勾当,这些人已远远不及那些在学问上虽趋于玄荡、但仍有人格操守的王学末流了。

3. 湛、王之辩及湛门后学对王学的修正。湛若水与王阳明曾多次互致书信讨论、切磋学问,相互辩难,两人的学说有同有异。湛若水师从陈献章,而陈献章则是明代心学的开启者,因此,湛若水学说也具有明显的心学立场(湛若水所谓的天理与本心是通而为一的)。可是,湛若水又反对"徒守其心",在他看来,王阳明心学割裂了内、外关系。除此之外,湛若水还在格物、良知、"勿忘勿助"等问题上与王阳明展开辩论。

湛门弟子唐枢一方面试图融合湛、王之学,另一方面则试图矫正王阳明及其部分后学轻视修养工夫的倾向,他标举"讨真心"说,突出躬行践履。唐枢弟子许孚远(也即湛若水再传弟子)倡导"克己"说,又与王门后学周汝登展开关于"无善无恶"问题的辩论,其学术创见虽不是太多,可是在修正王学之弊方面却有较大的贡献。冯从吾师从许孚远,黄宗羲将其列入"甘泉学案",故他也可被视为湛门后学,同时他又是关学在明代的重要传人。他痛切地指出王学末流堕于猖狂无忌惮之偏,进而主张敦本尚实、崇真尚简、崇正辟邪,以救时弊。①

4. 气本论者对王学内在化倾向的批评与扭转。明中叶至清初,也有学者倡导气本论,气本论者试图对王学内在化倾向加以批判与扭转。一般来说,气本论在某种程度上表现出客观的特性,揭示了宇宙的大化流行,正视客观存在的事物,促使人去面对物质性世界和具体的实际生活世界,而不是仅仅在心性天地里打转转。罗钦顺在王阳明学说形成过程中就与之展开辩驳,他反对阳明"心外无理""心外无物"说,主张以气为本的理气统一思想,认为天地宇宙的变化是"万古自如"的,有它自己固有的规律,而非"吾心之变化"。②继罗钦顺之后,又有王廷相、吴廷翰等学者也从气本论立场对心学进行了批评。清初王夫之"希张横渠之正学",他倡导太极乃"阴阳之混合者""理依于气"等思想,把气本论发展到一个前所未有的新高度。王夫之又以"能必副其所"驳斥了陆王心学"消所以入能""以能为所"的弊病,认为陆王心学是用主观吞并客观,是"拒物而空之"的做法。

当然,一些气本论者对心学的批评未必妥当,比如,王阳明讲"心外无物",主要是指人所面对的世界,不是一个纯事实的世界,而是一个有价值、有意义的世界。它意味着,天地万物如果没有被心所知觉,就处于虚寂不动的状态。若将此命题理解成"离开人的意识,山川日月都不存在",然后再加以批驳,似乎未得阳明学说之真义。

---

① 参见刘学智:《冯从吾与关学学风》,《中国哲学史》2002年第3期。
② 罗钦顺是朱熹理学的追随者,尊信朱子,将其定位为程朱学者也讲得通。当然,他对朱熹的理本论思想又进行了改造,他不同意朱熹的理气"不离不杂"说,转而倡导"理气合一"说,主张理在气中。罗钦顺似乎介于理本论和气本论之间。

5.明末清初经世之儒对王学的修正。黄宗羲、孙奇逢、李颙、顾炎武、颜元等明末清初的"实学家"大都经过了亡国之痛,因而对王学末流空谈心性、放诞而不务实的弊病极力从学理上予以纠正,在学风上倡导务实。

比如,孙奇逢服膺王阳明,认为阳明心学对宋儒支离之弊有扫荡廓清之功,开辟了儒学的新境界,但又认为阳明心学过于强调向内心求索,导致了其后学有脱离社会实践的倾向。孙奇逢主张为学应于客观的现实活动中"明体达用",他说:"日用间,凡行一事,接一人,无有不当理、中情之处,此所谓道也,即所谓学也。"①即认为学问皆从躬行得来,而不在于空谈心性。黄宗羲在学术渊源上主要承袭了王阳明和刘宗周的学说,不过,他十分鄙夷那些空谈性命而无真才实学的王学末流,认为他们"本领脆薄,学术庞杂"。他主张学者应明经通史,以求经世致用。他的学说贯穿着"经世应务"的根本精神,洋溢着强烈的时代责任感。李颙乃一躬行践履之儒,学问亦相当笃实,他对明末王学之谈玄论虚的状况作了尖锐批评。他倡导"明体适用"及"悔过自新"之学,潜心研究经济、兵、农等经世之学,以求裨益于世。顾炎武对王阳明心学的攻击更是不遗余力,认为"昔之清谈谈老庄,今之清谈谈孔孟"②。他以"拨乱世,反诸正"为己任,对于事关国计民生的经世要务,则必穷源溯本,讨论其所以然,力求把握"经世之大略"。由颜元、李塨等开创的颜李学派也倡导功利主义,反对空谈心性。

当然,以上儒者对待王学的态度也有所不同。黄宗羲、孙奇逢、李颙等人比较赞赏王阳明及其学说,但对王学末流之弊作了一定的反思与矫正。顾炎武一方面对王学痛加斥责,甚至将王学末流空谈心性与明代亡国之祸相联系,另一方面对朱熹理学却较为袒护。颜元则认为程朱、陆王之学都是空疏无用之学,都应加以批判(这种观点显然过于偏激)。

王学修正运动还有其他类型,如接受西学、热衷于探讨西方科学文化知识的学者对王学"反观内求"观念的突破;考据学者对王学治学方法的扭转;明

---

① (清)孙奇逢:《语录》,见《夏峰先生集》卷二,朱茂汉点校,中华书局2004年版。
② (清)顾炎武:《夫子之言性与天道》,见《日知录集释(外七种)》卷七,黄汝成集释,上海古籍出版社1985年版,第538页。

代部分官员基于政治立场对王学所作的打压；等等。笔者在此不一一列举。

需要说明的是，以上所述仅为大体上的分类，其间亦有互相交叉之处，比如，黄宗羲被看作心学家。刘述先先生谓黄氏传蕺山之学，"守住心性之学的阵脚"而不至于完全走样，因而成为心性之学的最后一位大师。[1] 但不可否认，黄宗羲无疑又是明末清初经世致用思潮中的一位代表人物。即便是同一类型的王学修正者，他们修正王学的视角也会有差异。

三、王学修正运动的核心问题意识

在明中叶至清初的王学修正运动中，涉及的问题很多，其中有一些问题被学者们反复探讨，这些问题可以被视为王学修正运动的核心问题。现归纳如下。

1. 批驳、修正王阳明的"心即理"说。"心即理"说是陆、王心学的理论基石之一，可是该学说却遭到一部分王学修正者的质疑。罗钦顺认为，"心即理"说有"求内遗外"之弊，一味反观内求，天地万物之理将被漠视。圣贤经典虽倡导易简之道，但不排斥格物穷理之功。湛若水虽然有心学倾向，但同样认为王阳明的"心即理"说存在"是内非外"的缺陷。湛门后学（湛若水的二传弟子）许孚远主张，应先对"心"的不同内涵加以分梳，然后再阐明心和性、理的关系，以防止将"心即性""心即理"变成鼓吹感性法则及本能欲望的借口。他主张将心与性或心与理确立为"一而二、二而一"的关系。顾宪成反对以"心"（良知）作为判断是非的准则，他突出"性""理"，试图以"性""理"所具有的普遍性与客观性来贞定住灵明活泼之"心"。顾宪成在一定程度上表现出回归到朱熹理学的立场（当然，他对王学也有融摄）。唐伯元认为，"心能具性"，心能认识性、理，但心不即是性、理。顾炎武也认为，心只是"统综此理"，但"心即理"的命题却不能成立，心不能上升到本体论的高度。

以上学者之所以批驳王阳明的"心即理"说，有的是因为担心"心即理"说在流传过程之中可能会滋生弊病，有的是因为固守尊崇程朱、排斥陆王的学术

---

[1] 参见刘述先：《黄宗羲心学的定位》，（台湾）允晨文化实业公司 1986 年版，第 168 页。

立场,有的是因为对"心""理"概念的理解与王阳明有不同之处(心可以指认识之心、感性经验之心、道德本心等含义,理有物理、人伦之理,普遍或永恒之理等含义)。后两种情况似不尽合理,尤其是因对语词内涵界定不同而展开的辩论更显得无甚必要。

2. 批驳、修正王阳明的良知说及"左派王学"的"现成良知"论。王阳明的良知说及"左派王学"的"现成良知"论在明中叶至清初时期也引发了较大的争议,对此加以批驳、修正的学者较多。罗钦顺认为,"良知难作实体看",他将良知与知觉视为同义,如此一来,良知与道、德、性、天就不在同一层次,王阳明的"良知即天理"的命题自然也就不能成立。李材也认为,王阳明的良知说仅能作为权宜之计,不可作为为学的根本宗旨,不可以"知"为体。他转而倡导"止修"之说。① 高攀龙忌讳多谈良知,在他看来,良知具有随机流行、变化不定的特点,相应,"致良知"的道德实践也会失去定则。刘宗周晚年不遗余力地辩难王阳明的良知说,认为良知极易有感性之杂,阳明后学中混情识入良知者不乏其人,他反对径直说良知即是理。刘宗周试图以诚意说取代王阳明的"致良知"。黄宗羲主张将"致良知"之"致"释为"行",以突出践履工夫的重要性。②

"左派王学"的"现成良知"论对于士人的道德实践具有更大的破坏性。因此,顾宪成、高攀龙、刘宗周以及阳明弟子邹守益、欧阳德、钱德洪、聂豹、罗洪先等学者都批评过"现成良知"论。他们认为,王畿、王艮等"现成良知"论者将良知本体讲得太轻巧、太简易,以至于很难避免玄荡、放纵及空疏之弊的滋生。与"现成良知"论不同,他们大都突出本体的超越性,同时也突出后天工夫对于呈现良知本体的极端重要性,主张人应自省自律、戒慎恐惧。他们不同意对人之本能及种种情识作原封不动的肯定。

当然,有的王学修正者对"现成良知"论也作出了一定程度的肯定。据彭

---

① 应该说,李材、罗钦顺对王阳明的良知说存有误解之处,"良知"不能仅仅被理解为"知觉",它还有道德理性的内涵。

② 这里需要指出的是,李材、刘宗周、黄宗羲等人在批驳、修正王阳明良知说的同时,也对其做了部分肯定。

国翔先生的分析,像顾宪成这样晚明的"现成良知"论批判者,已经自觉地意识到:自己所要否定的,是那种以知觉为良知情况下自以为已获得良知本体现实完满性而无须不懈道德实践的论调,而不是要怀疑甚至取消"现成良知"的本体实在性或"现成良知"与良知本体之间的本质同一性。① 吴震先生也指出,顾宪成弟子史孟麟(号玉池)一方面认为"人心有见成的良知",另一方面又认为"天下无见成的圣人",前者是从良知的先天性这一角度出发,对"现成良知"论所作出的肯定,后者是对"现成良知"论所具有危险性的警告。②

3. 格物之辩。如果说,朱熹的格物说主要侧重于对外部事物的探究,那么,王阳明的格物说则侧重于内在意念的端正,即所谓的"正念头"。王阳明说:"格物,如孟子'大人格君心'之'格',是去其心之不正,以全其本体之正。"③又说:"物者,事也,凡意之所发,必有其事,意所在之事谓之物。格者,正也,正其不正以归于正之谓也。正其不正者,去恶之谓也。归于正者,为善之谓也。夫是之谓格。"④他将格物之"格"训为"正其不正以归于正",人的意念正,则自然能够为善去恶。

对于王阳明的格物说,湛若水、罗钦顺、高攀龙、颜元等学者都进行了批评。湛若水认为,王阳明将格物训为"正念头",一方面过于偏向于内,另一方面与《大学》"诚意""正心"的说法有文义上的重复,也无法与释、老、杨、墨等诸家的修养工夫论划清界限。湛若水训"格"为"至",训"物"为"理",格物即"至其理"。他有时又将格物解释为"造道",也即随处体认天理。罗钦顺认为,格物不能等同于"格心",除了人心之外,一草一木之理皆需穷究。高攀龙在格物问题上既主张对一草一木都要格,又主张"格诸身"。湛若水、罗钦顺、

---

① 参见彭国翔:《良知学的展开——王龙溪与中晚明的阳明学》,(台湾)学生书局2003年版,第419—420页。

② 参见吴震:《阳明后学研究》,上海人民出版社2003年版,第21页。

③ (明)王守仁:《传习录》上,见《王阳明全集》卷一,吴光等编校,上海古籍出版社1992年版,第6页。

④ (明)王守仁:《大学问》,见《王阳明全集》卷二十六,吴光等编校,上海古籍出版社1992年版,第972页。

高攀龙对格物的理解似乎又回到程朱向外穷理的老路上去。当然，他们也主张内、外结合。颜元认为，"格物"之"物"不是意念，不是空寂之物，"物"就是客观实在之物，"格物"即"犯手实做其事"，他对格物的解释既不同于王阳明，也不同于湛若水诸人了。

4.驳斥王门"无善无恶"说，重申性善论。对于人性善恶的探讨原本不是一个什么新问题，孟子早在战国时期就与告子展开过辩论，他从性善论的前提出发，指出人格的培养是一个自我潜能逐步实现的过程，从而肯定了主体的存在价值及现实人生的意义。后来的儒者大都把孟子的人性论思想视为儒家的正统观点。阳明大体上也坚持了孟子的性善论，但王阳明在其晚年倡导的"四句教"中又以"无善无恶"来界定心体，其弟子王畿进而将其发挥为"四无"之说。这遭到了明中叶至清初很多学者的批评，笔者试举数例。

许孚远反对王阳明"四句教"的首句，更反对王畿的"四无"之说。在他看来，若倡导"无善无恶"说，就会与"为善去恶"的道德实践发生矛盾。对于王阳明为调和王畿与钱德洪之间的争执而提出的所谓"两种法门"的说法，许孚远也明确表示反对。许孚远还与王门后学周汝登（字继元，别号"海门"）就"无善无恶"问题进行过激烈的辩论。许氏基本上把善、恶当成是一对对立的范畴，界限分明，不容混淆。他主张径直标示出性善之旨。顾宪成是当时批判"无善无恶"说较为严厉的学者之一，他将"无善无恶"四字看成"是最玄语，是最巧语，又是最险语"，认为点出一个"善"字，才能使儒家的人性论得以成立。高攀龙也强调要以"性善"为宗，他认为，如果像王阳明及其后学那样宣扬"无善无恶"说，便会使儒家经典之中关于"止善""明善""择善""积善"等说教变得毫无意义。刘宗周认为，王门"四句教"除了与儒家倡导的性善论不合之外，还会滋生"即用以求体""知为意奴"等弊病。因不满于王门"四句教"，刘宗周又另立一个"四句教"（详见本书"刘宗周与蕺山学派"部分）。除了以上学者之外，冯从吾、黄宗羲等人亦批评了王门"四句教"尤其是"无善无恶"说。此处不一一列举。这里须指出的是，刘宗周、黄宗羲等人有时出于袒护阳明的目的，而认为"无善无恶"说与王阳明不相干，而主要出自王畿之口，这种说法未必符合历史事实。

5. 重新梳理本体与工夫的关系。针对王阳明"不善用工夫"及"左派王学"轻视甚至取消修养工夫的弊病，王学修正派在肯定本体与工夫统一的基础之上，大都特别强调了践履工夫的重要性，认为不可悬空去说本体，无工夫则无本体。

顾宪成认为，经过"博学、审问、慎思、明辨、笃行"的一系列的修为过程，才可能对本体有所领悟。高攀龙强调事上磨炼，认为若只看重体认领悟的精妙，就会使体悟陷入光景之中。他认为，要使体悟成为真实工夫而透彻性体，就必须借助于修，而且需要不断地真修。刘宗周批评阳明"不善用工夫"。在他看来，本体的展开过程是无限的，不经过主体严格而持之以恒的践履工夫，则所识本体便如镜中花、水中月。黄宗羲更是单刀直入地说："心无本体，工夫所至，即其本体。"①他把工夫理解为本体所以可能的必要前提，认为工夫之外的本体只具有想象的意义。而且，黄宗羲所指的践履工夫并不限于个体的道德实践，它亦包含经世致用的社会实践活动，这是对传统践履论的突破。

6. 佛禅习气之批判。针对阳明心学禅学化的倾向以及王门部分后学流于"狂禅"的弊病，不少王学修正者开展了儒释之辩，并对王学中的佛禅习气进行批判。陈建认为，陆王心学在心上求本性，与佛禅遗物屏息、明心见性之说如出一辙。冯从吾力辩儒佛异同，认为儒家论心性常设置一"理"，理在天地是太极，在人是五伦，在物是则，所以是"有"；而佛禅却离"理"讲心性，高谈空无。高攀龙对王学末流中盛行的"三教合一"论进行了较多的批驳。刘宗周致力于批驳佛禅，他认为，掺禅入儒，对儒学则有"操戈入室"之害。刘宗周曾与陶石梁等人进行辩论，以遏止儒学禅学化的趋势。黄宗羲对佛教深恶痛绝，主张"投巫驱佛"，即对巫、佛采取投弃和驱逐的办法。② 当然，黄宗羲认为，王阳明心学尚不至于沦为禅学，王畿、王艮等后学"跻阳明而为禅"。陈确以"蠹

---

① （清）黄宗羲：《明儒学案·黄梨洲先生原序》，中华书局1985年版，第9页。
② 参见（清）黄宗羲：《明夷待访录·财计三》，见《黄宗羲全集》第一册，浙江古籍出版社2005年版，第41页。

国病民"来形容佛教之害,所以他"绝口不道二氏之言,绝笔不述二氏之书",甚至认为"文公之欲火佛书与温公之欲焚葬书,皆绝世之卓识,至仁大勇之事"①。顾炎武认为,王阳明及其后学终日言心性,堕于禅学。

我们不能否认,佛教具有较高的人生智慧,儒佛之间有相互印证之处,原本是件好事,但儒学禅学化也产生了不良后果,即它易削弱儒学的救世功能,使儒学日益变成只寻求个人解脱的一种学问,弃绝人伦,无益于社稷民生。从这个角度来看,上述学者批判佛教以及王学中的佛禅习气应有一定的价值。当然,陈确等人在批评佛禅的用语上显得过于偏激。

第二节　罗钦顺与王阳明的思想交锋

罗钦顺(1465—1547 年),字允升,自号"整庵",江西泰和人,明弘治六年进士,官至南京吏部尚书、礼部尚书。去世后赠"太子太保",谥"文庄"。罗钦顺为官时间较长,可是他内心真正关切的是儒家的圣贤之学,"慨然有志于道",晚年家居二十余年,更是潜心于学问,几乎以全部精力从事著述,其著作主要有《困知记》《整庵存稿》等。罗钦顺和王阳明是同时代的人,两人"在私人情谊上是好朋友,但在学术见解上却是针锋相对的争论对手"②,罗钦顺极力褒扬程朱理学③,对陆王心学则多有非议。当时不少尊崇程朱而对陆、王持有异议者都辐辏其门下,故而造成了一定的影响。

一、良知之辩

良知说是王阳明"从百死千难中得来",是王阳明心学体系中最为核心的内容。而罗钦顺对王阳明的良知说却十分不满。他主要从虚实、体用、修养工

---

① 《陈确哲学选集》,侯外庐等编,科学出版社 1959 年版,第 113 页。
② 胡发贵:《罗钦顺评传》,南京大学出版社 2001 年版,第 98 页。
③ 当然,罗钦顺也不是完全因袭程朱理学。比如,他解构了程朱的理本论思想,而代之以"理气合一"的气本论思想。

夫、常识等角度批驳了王阳明关于"良知即天理"之类的说法。①

从虚实的角度来看,罗钦顺说:"恐良知难作实体看。果认为实体,即与道、德、性、天字无异。若曰'知此良知',是成何等说话耶? 明道《学者须先识仁》一章,首尾甚是分明,未尝指良知为实体也。"②又说:"孔子尝言'知道'、'知德'矣,曾子尝言'知止'矣,子思尝言'知天','知人'矣,孟子尝言'知性','知天'矣。凡知字皆虚,下一字皆实。"③这里,罗钦顺把道、德、性、天(当然也应包括理或者天理)视为"实体",而良知"难作实体看"。当然,罗钦顺这里所谓的实体,不能理解为西方传统哲学中的"实体"观念。郭齐勇先生指出,西方哲学史上的实体一般是指一个本质上独立自存和同一不变的存有,中国传统儒释道思想有自己丰富的形而上学或本体论的思考,但却不是实体式的,中国哲学家承认世界是一个大化流行、无穷变化的世界,但却否认有绝对至上、静止自立的体。④ 罗钦顺这里提到的"实体",大概是指儒家的道德范畴,在他看来,道、德、性、理(天理)等范畴是"实"的,而"知"要么作动词使用(依罗钦顺,"知"在此意义上即是"虚"),要么作名词使用,无论在何种意义上使用,"知"与理(天理)都不属于同一系列范畴。罗钦顺认为,"知"(良知)作为名词,其内涵与"知觉"相同,而知觉之"知"与天理是毫不相干的。显然,罗钦顺取消了良知所蕴含的形而上学意义。笔者认为,罗钦顺对王阳明的良知说无疑有误解之处,王阳明所讲的"良知"与"知觉"虽然有一定的关联,但他更多的是在道德本心的意义上来指称"良知",良知能够进行善恶、是非的判断,且好善恶恶。

从体用的角度来看,罗钦顺说:"夫谓良知即天理,则天性、明觉只是一事。区区之见,要不免于二之。盖天性之真,乃其本体,明觉自然,乃其妙用。

---

①　王阳明尝说:"吾心之良知,即所谓天理也。"此语见《王阳明全集》卷二,吴光等编校,上海古籍出版社1992年版,第45页。

②　(明)罗钦顺:《答欧阳少司成崇一·又》,见《困知记》附录,中华书局1990年版,第122页。

③　(明)罗钦顺:《答欧阳少司成崇一》,见《困知记》附录,中华书局1990年版,第119页。

④　参见郭齐勇:《中国哲学史上的非实体思想》,《儒学与儒学史新论》,(台湾)学生书局2002年版,第133—149页。

天性正于受生之初,明觉发于既生之后。有体必有用,而用不可以为体也。此非仆之臆说,其在《乐记》,则所谓'人生而静,天之性',即天性之真也,'感物而动,性之欲',即明觉之自然也。在《易大传》,则所谓'天下之至精',即天性之真也,'天下之至神',即明觉之自然也。在《诗·大雅》,则所谓'有物有则',即天性之真也,'好是懿德',即明觉之自然也。诸如此类,其证甚明,曾有一言谓良知为天理者乎!"①体用是中国哲学中的一对重要范畴,魏晋以及隋唐佛教各宗派都探讨过体用问题。理学兴起之后,程颐倡导"体用一源,显微无间"②。朱熹对程颐的"体用一源"说推崇备至,并将它作为一种重要的方法论运用于其哲学体系的建构。后来的理学家大都主张体用一致。罗钦顺虽然也主张"有体必有用",但他旋即又指出,"用不可以为体"。在他看来,良知不是本体性范畴,它只是本体之"妙用"。体、用之间不能混淆,良知与天理也不能直接画上等号。笔者认为,罗钦顺在对待体用以及良知与天理的关系问题上缺少一种圆融的智慧,显得较为生硬,在通达、透彻方面不及王阳明。

从修养工夫的角度来看,罗钦顺说:"盖以良知为天理,则易简在先,工夫居后,后则可缓……谓天理非良知,则易简居后,工夫在先,先则当急。"③依罗钦顺,若像王阳明那样倡导"良知即天理"说,则将无法彰显修养工夫的重要性,工夫则落于后着。原因在于,"良知即天理"说意味着,人只要能够体悟本心、良知,天理便向人呈现出来,人无须向外寻求天理,也不需要刻意地去做学、问、思、辨、行的工夫。可是,罗钦顺却反对王阳明所追求的这种易简之理,转而突出循序渐进的后天工夫。在他看来,从理论上划清良知与天理之间的界限,才能使学者不迷信顿悟的捷径,从而踏踏实实地做修身工夫,这才是儒者应走的正途。

罗钦顺还从常识的角度指出"良知即天理"之悖谬。他说:"今以良知为

---

① (明)罗钦顺:《答欧阳少司成崇一》,见《困知记》附录,中华书局1990年版,第118—119页。

② (宋)程颢、程颐:《河南程氏文集》卷八,见《二程集》,王孝鱼点校,中华书局2004年版,第582页。

③ (明)罗钦顺:《答欧阳少司成崇一》,见《困知记》附录,中华书局1990年版,第120页。

天理，即不知天地万物皆有此良知否乎？天之高也，未易骤窥，山河大地吾未见其有良知也。万物众多，未易遍举，草木金石吾未见其有良知也。求其良知而不得，安得不置之度外邪！殊不知万物之所得以为性者，无非纯粹精之理，虽顽石无知之物，而此理无一不具。不然，即不得谓之各正，即是天地间有无性之物矣。以此观之，良知之非天理，岂不明甚矣乎！"①罗钦顺认为，只有人才有良知，山河大地、草木金石等都不可能有良知，可是它们都蕴含有"理"，一物有一物之理，天下万物莫不各具其理，事物有"理"却无"良知"。由此则可看出，不可径直将良知与天理加以等同，"良知即天理"的说法不能成立。

可是，王阳明却从境界论的角度出发，得出了与罗钦顺相反的结论。他说："人的良知，就是草木瓦石的良知。若草木瓦石无人的良知，不可以为草木瓦石矣。岂惟草木瓦石为然，天地无人的良知，亦不可为天地矣。盖天地万物与人原是一体，其发窍之最精处，是人心一点灵明。风、雨、露、雷、日、月、星、辰、禽、兽、草、木、山、川、土、石，与人原只一体。"②王阳明心学从根本上来看是一种境界形态的哲学，后人理解其提出的一些命题，也应立足于境界论。如果仅从常识的角度来看，"人的良知，就是草木瓦石的良知"之类的说法着实让人摸不着头脑。罗钦顺否认草木金石有良知，进而质疑"良知即天理"的命题，依照常识，此种说法无疑是正确的，但从常识的角度来批驳王阳明心学，则是不相应的。现代学者冯耀明先生在评述现代新儒家"内在超越"说时，也对"草木瓦石有良知"的说法加以质疑。他认为，若肯定此说法，将会泯灭人和禽兽的分辨。也就是说，天地万物既然和人一样，具有本心、良知，如此一来，孟子所谓的人和禽兽的区别便会荡然无存。③ 冯耀明先生擅长分析的方法，讲究逻辑的一致，这一点是没有错的。可是，包括王学在内的很多中国传统哲学命题很难仅仅通过精确的概念分析去把握。要领悟这些命题的实义，

---

① （明）罗钦顺：《答欧阳少司成崇一·又》，见《困知记》附录，中华书局 1990 年版，第123 页。

② （明）王守仁：《传习录》下，见《王阳明全集》卷三，吴光等编校，上海古籍出版社1992 年版，第 107 页。

③ 参见冯耀明：《本质主义与儒家传统》，（台湾）《鹅湖学志》1996 年第 16 期。

还应结合具体的语境来分析,并选取合理的诠释视角。

比如,王阳明所谓"人的良知,就是草木瓦石的良知"的说法,与其下文"盖天地万物与人原是一体"的主张是相互关联的。前句中的"是"应当不是实指,而是虚指。若是实指,则明显不通。它确实如冯耀明先生所言,会使孟子以来的"人禽之辨"变得毫无意义,故只能是虚指。杨祖汉先生曾对此做了分析,他认为,"人的良知,就是草木瓦石的良知"一语的真实意蕴是:人的良知呈现时,物我主客的区分俱泯,故可感到人所呈现的良知,即是天地万物的良知,天地万物都在良知之中。或者说,从本源上看,天道、天理无所不在,不能只根据天道在人的表现方式以规定天道,否则天道的"超越性"便没有了。但天道、天理在人、物之表现终有不同,对于人而言,是性亦是心,人能觉察此理,故天理对人而为超越,复又内在而为其性。对于物而言,天道、天理只是"超越而为其体",物不能觉察,不能显发此理,说物具有良知,只是潜在地具有,而不能真正地呈现良知。①

二、"心即理"说献疑

"心即理"说是陆王心学的基本命题之一。但在罗钦顺看来,"心即理"说不无纰漏。首先,该说易滋生"求内遗外"之弊。罗钦顺认为,包括王阳明在内的心学家往往"蔽其见于方寸之间"②,人的视野若只局限于这方寸之内(即"心"),天地万物之理便被漠视了,这使得人们仅仅反观内省,而不及于其他,此时,人之思虑难免流于揣测,堕为意见。依罗钦顺,心是"人之神明",能够认识事物之理,但心并不能等同于理,穷理不能等同于"穷此心",心之外仍有无穷无尽的理需要去探求。若倡导"心即理"说,将会妨碍人们向外探索。

罗钦顺与朱熹一样,强调对外在物理的探索,主张穷究草、木、鱼、虫等各种事物之理。他当然不是要做纯客观的自然科学研究,而是试图以外在物理来印证人伦之理。对外在物理的探求尽管不是罗钦顺的最终目的,可是此种

---

① 参见杨祖汉:《当代儒学思辨录》,(台湾)鹅湖出版社1998年版,第98—100页。
② (明)罗钦顺:《困知记》卷上,中华书局1990年版,第23页。

过程在他看来是不可或缺的,原因在于,将天地万物之理置之度外,便不可能真正去尽己之性、尽物之性,并进而参天地、赞化育。

从王阳明的角度来看,他不能接受罗钦顺的"求内遗外"之责。王阳明说:"夫理无内外,性无内外,故学无内外;讲习讨论,未尝非内也;反观内省,未尝遗外也。夫谓学必资于外求,是以己性为有外也,是义外也,用智者也;谓反观内省为求之于内,是以己性为有内也,是有我也,自私者也:是皆不知性之无内外也。"①王阳明主张内外一体,学者不应强分内外,如此一来,反观内省也未必会导致"遗外",而讲习讨论等外在行为也"未尝非内"。其实,罗钦顺并不反对这种内外一致的看法,他本人也主张兼顾内外,只不过,罗钦顺反对王阳明由"心"出发来统合内外,他本人则认为人与万物应统一于"气"。

其次,罗钦顺指出,"心即理"说有"师心自用"之嫌。对于儒家经典、圣贤之言,罗钦顺主张"笃信而固守之"②。他说:"圣贤经书,人心善恶是非之迹,固无不经,然其大要,无非发明天理,以垂训万世。世之学者,既不得圣贤以为之师,始之开发聪明,终之磨砻入细,所赖者经书而已。舍是,则贸贸焉莫知所之,若师心自用,有能免于千里之谬者,鲜矣!"③在罗钦顺看来,圣贤经书辨善恶、明人伦,是人之立身处世之凭借。尤为重要的是,天理即表现在圣贤的微言大义之中,要探寻天理,就需要认真研读、用心体会圣贤经书,"诵其言而咀其味,探其归趣,反而验之吾心"④,即先通过经典的诵读与体味,再验之于心,这样在言行方面才会有所持循。如果轻视或舍弃圣贤经书,"师心自用",则难免会"差以毫厘,谬以千里"。依罗钦顺,陆、王轻侮圣贤经书,即有"师心自用"之嫌。

罗钦顺在考查先秦儒家典籍之后指出,儒家先贤未尝说过"心即理"之类的话。他说:"昔吾夫子赞《易》,言性屡矣,曰'乾道变化,各正性命',曰'成

---

① (明)王守仁:《传习录》中,见《王阳明全集》卷二,吴光等编校,上海古籍出版社1992年版,第76页。
② (明)罗钦顺:《答欧阳少司成崇一》,见《困知记》附录,中华书局1990年版,第119页。
③ (明)罗钦顺:《答欧阳少司成崇一》,见《困知记》附录,中华书局1990年版,第120页。
④ (明)罗钦顺:《答欧阳少司成崇一》,见《困知记》附录,中华书局1990年版,第117页。

之者性'，曰'圣人作易，以顺性命之理'，曰'穷理尽性以至于命'，但详味此数言，'性即理也'明矣。于心亦屡言之，曰'圣人以此洗心'，曰'易其心而后语'，曰'能说诸心'，夫心而曰'洗'，曰'易'，曰'说'，洗心而曰以此，试详味此数语，谓'心即理也'，其可通乎？"①他认为，孔门儒家的思想学说中暗含有"性即理"之义，但却推导不出"心即理"的结论。在罗钦顺看来，性与命、理等处于同一个层次，具有超越义，是形而上之道，因而"性即理"说能够成立。而从他所引的有关"心"的数语来看，"心"不具有超越义，是属于形而下的概念，是现实经验之心，有善有恶，驳杂不一，需要经过道德的过滤、纯化方可，如此一来，"心即理"说便不能成立。单就以上所引数语来看，罗钦顺的说法也许有一定的道理。不过，从先秦儒家典籍其他一些话语来看，罗氏之见又是值得商榷的。比如，孟子曾说："尽其心者，知其性也。知其性，则知天矣。存其心，养其性，所以事天也。"（《孟子·尽心上》）孟子所言之"心"当为"本心"之义，心、性、理可通而为一。而陆、王言"心"亦如孟子，是在"本心"的意义上来使用的，他们进而倡导"心即理"，似也顺理成章。

罗钦顺作为一个正统的儒家士大夫，对儒家经典怀有虔敬之心。我们应该如何评价罗钦顺的这种心态？笔者认为，一方面，我们在求道问学的过程之中，确实应该尊重经典、敬畏圣贤之言。经典之所以为经典，是因为它们经过了历史的锤炼和文化的积淀才得以形成，经典集中体现了人类精神的精华，具有恒久不变的文化、道德价值。对于一个儒者而言，自然须读儒家的经书，这是了解儒学精义的一个必要的途径。如果还没有弄明白儒家经书讲了什么观点，一上来就对经典横批一通，或者没有经过"我注六经"的阶段，径直就采取"六经注我"的方式，这些恐怕都不是对待经典的合理态度。另一方面，我们又不能迷信经典，否则就会禁锢人的思想，也不利于儒学创新。罗钦顺就有唯书论、唯圣贤论的倾向。他以圣贤之书为准绳，不敢轻易发表不同于圣贤之语的做法。在他看来，儒家先贤如何说，后世儒家便须照着说，否则便是对圣贤的不敬，是喜新而厌旧的心态在作祟。这种态度显然不可取。试想，如果后世

① （明）罗钦顺：《困知记》卷下，中华书局1990年版，第37页。

儒者都拘泥于孔、孟、荀已有的义理,不能越雷池一步,如何会有汉唐儒学、宋明理学、当代新儒学的发展?

当然,罗钦顺有时也表现出理性、开放的精神。比如,他虽是朱熹理学的追随者,尊信朱子,但他却不迷信朱子。他曾讲:"吾辈之尊信朱子者,固当审求其是,补其微罅,救其小偏,一其未一,务期于完全纯粹,而毫发无遗恨焉,乃为尊信之实,正不必委曲迁就于其间。"①罗钦顺对待朱子的态度就显得比较合理,他既继承了朱熹学说的客观面向与对客观物理的探索精神,又能"补其微罅,救其小偏"。罗钦顺在理气问题上就提出了不同于朱熹的看法,他在给友人的一封信中曾说:"且吾二人之学,皆宗朱子者也。执事守其说甚固,必是无疑。仆偶有所疑,务求归于至一,以无愧乎尊信之实。……盖朱子尝有言曰,'气质之性,即太极全体堕在气质之中'。又曰,'理只是泊在气上'。仆之所疑,莫甚于此。理果是何形状,而可以'堕',以'泊'言之乎?'不离不杂',无非此意,但词有精粗之不同耳。"②也就是说,朱熹认为理气之间是"不离不杂"的关系,而罗钦顺则明确主张"理气一物"说,认为理不是依附于气的另一实体,理只是气自身运动变化的规律,理在气中。

最后,罗钦顺认为,"心即理"说易与禅学混淆。他说:"尝阅《阳明文录》,偶摘出数句。……顾乃诬孟子以就达磨,裂冠毁冕,拔本塞源,言之可为痛恨!其自误已矣,士之有志于学而终不免为其所误者,何可胜计!"③罗钦顺认为,王阳明混淆了儒、佛界限,甚至篡改、歪曲孟子学说而曲意逢迎佛禅,这种做法对儒学有较大的破坏作用,也误导了当时的士人。罗钦顺认为,王阳明心学之所以落入禅学窠臼,是因为其"心即理"说一味突出心之灵明的发用,取消了"理""性"的主导地位。他说:"其所以安于禅学者,只为寻个理字不着,偶见如来面目,便成富有,而其才辨又足以张大之,遂欲挟此以陵驾古今,殊不知只成就得一团私意而已。尝见《传习录》有云:'于事事物物上求至善,却是义

① (明)罗钦顺:《答陈侍御国祥》,见《困知记》附录,中华书局1990年版,第132页。
② (明)罗钦顺:《答林次崖第二书》,见《困知记》附录,中华书局1990年版,第159页。
③ (明)罗钦顺:《与林次崖金宪》,见《困知记》附录,中华书局1990年版,第153—154页。

外。至善是心之本体。'又云：'至善，即是此心纯乎天理之极便是，更于事物上怎生求？'以此知阳明不曾寻见理字。"①在罗钦顺看来，王阳明学说的着眼点在"心"，而不在"理"，"理"在阳明学说中没有得到妥善的安置。罗钦顺将王阳明所言之"心"理解为灵觉之心（罗氏此处对阳明有误解，阳明所谓的"心"主要是指道德本心），而其辨儒、佛之别，恰恰认为儒家突出性、理或道心，佛家则依赖灵觉。因而，罗钦顺将王阳明心学判为佛禅之学。

不但如此，罗钦顺还将有心学倾向的其他学者，如陆九渊、杨简、陈献章、湛若水等人，也一概视之为禅。在他看来，心学即形同禅学。不过，这种见解很难令人信服。丁为祥先生指出，就理学与心学的关系而言，"心即理"与"性即理"足以揭示其相互的分歧，但这一分歧说到底不过是理学内部的分歧，并不具有根本对立的意义。② 笔者认为，心学末流虽然有发展成为禅学的可能性，但陆九渊、陈献章、湛若水、王阳明等人的学说绝对算不上禅学。他们倡导心学，根本目的仍是试图重振儒家圣贤之学。他们的思想确实十分活跃，尤其是陆、王，意气风发，敢发新论，而且不忌言佛、老，对佛禅及道家的心性论、修养方法多有汲取，但他们都未舍弃儒家人伦纲常，所念兹在兹者仍是儒家的成德之教，因而，他们都是标准的儒家圣贤人物，而不是禅宗大师。当然，由于他们过于推崇个体心灵的解放，以至于发展到后来，一些心学末流才逐渐收拾不住阵脚，冲破儒学的藩篱。

三、格物之辩

罗钦顺与王阳明曾互致书信辩论格物问题。罗钦顺在读了王阳明所赠《大学古本》和《朱子晚年定论》之后，心中存疑，便致书阳明，与其讨论格物以及《朱子晚年定论》中的相关问题。王阳明作了《答罗整庵少宰书》予以申辩。数年之后，罗钦顺又作书，对王阳明的格物说提出三点质疑。惜乎王阳明已去世，书信未能寄出。

① （明）罗钦顺：《与林次崖佥宪》，见《困知记》附录，中华书局1990年版，第152—153页。
② 参见丁为祥：《罗钦顺的理气、心性与儒佛之辨》，《中国哲学史》2002年第3期。

罗、王两人在格物问题上存在较大的分歧。大体而言,罗钦顺仍恪守程朱格物旧说,而王阳明则将《大学》格、致、诚、正完全打通,认为格物即是"格心",即是"正念头"。两人见解有扞格之处,争辩乃不可避免。

先看罗钦顺的格物论。他说:"格物之义,程朱之训明且尽矣,当为万物无疑。人之有心,固然亦是一物,然专以格物为格此心则不可。"①罗钦顺十分赞赏程朱对格物的训解,认为"物"即是万物。人(心)固然也是万物中的一物,格物自然包含"格心",可是格物不能等同于"格心",除了人"心"之外,一草一木之理皆需穷究。罗钦顺的格物论兼顾了内在之性理与外在之物理。他说:"夫此理之在天下,由一以之万,初匪安排之力,会万而归一,岂容牵合之私? 是故,察之于身,宜莫先于性情,即有见焉,推之于物而不通,非至理也。察之于物,固无分于鸟兽草木,即有见焉,反之于心而不合,非至理也。必灼然有见乎一致之妙,了无彼此之殊,而其分之殊者自森然其不可乱,斯为格致之极功。然非真积力久,何以及此?"②在罗钦顺看来,格物在"察之于身"的同时,也应"推之于物";在"察之于物"的同时,也应"反之于心",达到"一致之妙",才是"格致之极功"。他主张,对于人心之理、"鸟兽草木"之理乃至天地万物之理,都应穷究。

罗钦顺进而指出,王阳明将"物"训为"意之用"(或"意之所在")、将"格"训为"正其不正以归于正"是十分褊狭的,此举将会遗忘掉大千世界,而只返归内心。罗钦顺说:

> 窃惟圣门设教,文行兼资,"博学于文",厥有明训。颜渊称夫子善诱,亦曰"博我以文"。文果内耶? 外耶? 是固无难辨者。凡程朱之所为说,有戾于此者乎? 如必以学不资于外求,但当反观内省以为务,则正心诚意四字,亦何不尽之有? 何必于入门之际,便困以格物一段工夫也? 顾经既有此文,理当尊信,又不容不有以处之,则从而为之训曰:"物者,意之用也。格者,正也,正其不正,以归于正也。"其为训如此,要使之内而

---

① (明)罗钦顺:《答允恕弟》,见《困知记》附录,中华书局1990年版,第114页。
② (明)罗钦顺:《困知记》卷上,中华书局1990年版,第3—4页。

不外,以会归一处。亦尝就以此训推之,如曰:"意用于事亲,即事亲之事而格之,正其事亲之事之不正者,以归于正,而必尽夫天理。"盖犹未及知字,已见其缴绕迂曲而难明矣。审如所训,兹维《大学》之始,苟能即事即物,正其不正以归于正,而皆尽夫天理,则心亦既正矣,意亦既诚矣。继此,诚意、正心之目,无乃重复堆叠而无用乎?①

罗钦顺与王阳明所争仍是内外之争,罗钦顺主张兼顾内外,而不是仅仅反观内求。他认为,儒家圣贤所立之教"文行兼资",内外一体,由博返约,王阳明过于强调求之于内,使圣贤之学失之偏颇。而且,罗钦顺还指出,王阳明将格物理解为"格心""正念头",会给《大学》文本带来矛盾和混乱,即要么使《大学》格物之功成为多余,因为正心、诚意即足以揭示此层意涵;要么使诚意、正心条目显得"重复堆叠"。

对于罗钦顺的以上质疑与指责,王阳明无法接受。他认为,其学说并没有割裂内、外之关系(笔者前面已对此做了分析,此处不赘);他对《大学》三纲八目的疏解,也没有陷入矛盾和混乱之中。王阳明说:"来教谓'如必以学不资于外求,但当反观内省以为务,则正心诚意四字亦何不尽之有?何必于入门之际,便困以格物一段工夫也?'诚然诚然。若语其要,则修身二字亦足矣,何必又言正心?正心二字亦足矣,何必又言诚意?诚意二字亦足矣,何必又言致知,又言格物?惟其工夫之详密,而要之只是一事,此所以为精一之学,此正不可不思者也。"②罗、王之间的分歧,是由思维方式的不同而引起的。罗钦顺所谓的心、意、知、物诸概念各有分界而不可混杂。王阳明以心、意、知、物为一事的不同方面,而此事可视为一个不可分割的整体。在罗钦顺,格物至修身层次历然。在王阳明,这些步骤无层次可循,《大学》之三纲八目融通为一,工夫亦一时并了。③

罗钦顺在其写给王阳明的第二封书信中,进一步质疑了王阳明的格物说。

---

① (明)罗钦顺:《与王阳明书》,见《困知记》附录,中华书局 1990 年版,第108—109 页。

② (明)王守仁:《传习录》中,见《王阳明全集》卷二,吴光等编校,上海古籍出版社 1992 年版,第 76 页。

③ 参见张学智:《明代哲学史》,北京大学出版社 2000 年版,第 340 页。

笔者这里仅以他的其中一个疑点为例略加说明。罗钦顺说:"又执事答人论学书有云:'吾心之良知,即所谓天理也。致吾心良知之天理于事事物物,则事事物物皆得其理矣。致吾心之良知者,致知也。事事物物各得其理者,格物也。'审如所言,则《大学》当云'格物在致知',不当云'致知在格物';当云'知至而后物格',不当云'物格而后知至'矣。且既言'精察此心之天理,以致其本然之良知',又言'正惟致其良知,以精察此心之天理。'然则天理也,良知也,果一乎,果非一乎? 察也,致也,果孰先乎,孰后乎?"①在罗钦顺看来,王阳明对于格物致知的理解正好与《大学》的旨趣相背离。《大学》主张"致知在格物""物格而后知至",可是,王阳明既然主张"致吾心良知之天理于事事物物",那就意味着须先致知(致良知),格物反倒成了致知之后的一个结果。当然,王阳明因去世无法读到此书,两人没有就以上问题形成正面交锋。但可以想见,即使王阳明在世,也不可能与罗钦顺达成和解,原因在于,罗钦顺所固守者乃是程朱格物说的本义,而王阳明恰恰是要扭转程朱格物旧说,以创立一种新的学说。

四、《朱子晚年定论》之争

关于明代朱、陆学术异同之争,主要有早同晚异和早异晚同两派观点。陈建著《学蔀通辨》,主张朱、陆早同晚异之说。而在陈建著书之前,赵汸在《对问江右六君子策》一文中首次陈述朱、陆早异晚同之说。程敏政因之,著《道一编》,分朱、陆异同为三阶段:始若冰炭之相反,中则疑信相半,终则若辅车之相倚,于是朱、陆早异晚同之说成矣。王阳明又因程敏政之说而著《朱子晚年定论》,取朱子议论与象山议论相契者合为一编,与《道一编》相唱和,于是朱、陆早异晚同之说盛行于天下。陈建则极力批驳这种观点。② 实际上,王阳明编定《朱子晚年定论》之后,朱、陆异同问题不仅关涉朱、陆之间的纷争,同时也牵连到朱、王关系。或者说,学者们辩论朱、陆异同,在一定程度上即是在

---

① (明)罗钦顺:《与王阳明书·又》,见《困知记》附录,中华书局1990年版,第113页。
② 参见(明)陈建:《学蔀通辨》"点校说明",刘佩芝、冯会明点校,见吴长庚主编:《朱陆学术考辨五种》,江西高校出版社2000年版。

辩论朱、王异同。罗钦顺没有像陈建那样明确提出朱、陆早同晚异说,但他对王阳明的《朱子晚年定论》是持质疑与批评态度的。

罗钦顺说:"又详《朱子定论》之编,盖以其中岁以前所见未真,爰及晚年,始克有悟,乃于其论学书尺三数十卷之内,摘此三十余条,其意皆主于向里者,以为得于既悟之余,而断其为定论。斯其所择宜亦精矣,第不知所谓晚年者,断以何年为定?羸躯病暑,未暇详考,偶考得何叔京氏卒于淳熙乙未,时朱子年方四十有六,尔后二年丁酉,而《论孟集注》《或问》始成。今有取于答何书者四通,以为晚年定论。至于《集注》《或问》,则以为中年未定之说。窃恐考之欠详,而立论之太果也。……凡此,愚皆不能无疑,顾犹未足深论。"①从这里可以看出,罗钦顺对王阳明所编的《朱子晚年定论》是非常不满的。他认为,王阳明在选取材料时带有太强烈的主观色彩,对于何为朱熹晚年之作,何为其中年之作,王阳明并未作详细考证。比如,王阳明把《答何叔京》作为朱子晚年定论的材料②,然而经过罗钦顺的考证,何叔京卒于淳熙乙未(1175年),此后两年丁酉(1177年),被王阳明称为"中年未定之说"的《论孟集注》《或问》(即《论语或问》《孟子或问》)才写成,这样一来,所谓中年、晚年的说法便显得前后不一致。罗钦顺因此而认为,王阳明对朱熹论著采取的是一种任意剪裁的方式,并无客观、公正的标准,合于己说者则取,不合于己说者则弃。罗钦顺根本反对王阳明对朱学所作的"中年未定之说"与"晚年定论"的区分,在他看来,朱熹的思想学说应是前后一贯的,并不存在所谓"朱子晚年定论"而朱子自非其往旧之说的问题。

对于罗钦顺的责难,王阳明回应道:"其为《朱子晚年定论》,盖亦不得已而然。中间年岁早晚诚有所未考,虽不必尽出于晚年,固多出于晚年者矣。然大意在委曲调停以明此学为重。"③王阳明这里既为自己作了一定的辩护,同

---

① (明)罗钦顺:《与王阳明书》,见《困知记》附录,中华书局1990年版,第110页。
② 《朱子晚年定论》取《答何叔京》一则,《答何叔景》三则。何叔京,名镐,朱子之友。何叔景为另一人,不见于《晦翁学案》。
③ (明)王守仁:《传习录》中,见《王阳明全集》卷二,吴光等编校,上海古籍出版社1992年版,第78页。

时亦承认"中间年岁早晚诚有所未考"。从纯粹学术考证的角度来看，王阳明确实有不够严谨之处，而且他所谓的朱熹晚年"大悟旧说之非，痛悔极艾"的说法也颇让人怀疑。不过，王阳明也许根本无意于做纯客观的学问研究，他所在乎的是思想的创发与更新。王阳明心目中的"朱子"已不同于正统程朱学者心目中的"朱子"，他试图对朱学做一种全新的理解。不但如此，他还要扭转朱子之学的理论架构，进而创立一种有别于朱子之学的崭新的学说。

第三节　李材对王阳明良知教的非议

李材（1529—1607 年），字孟诚，别号"见罗"，江西丰城人，明代嘉靖四十一年进士，曾任刑部主事、云南按察使等职。李材曾师事江右王门的邹守益（1491—1562 年，号"东廓"），在一定程度上受过王学的影响，但他对王学也有较多的批评，并另立"止修"之学，以试图与王学抗衡，其著作由后人编为《见罗先生书》，黄宗羲的《明儒学案·止修学案》亦收录了其部分论著和论学书信。

一、质疑、反驳"致良知"说

一方面，李材对王阳明及其学说作了充分的肯定，在他看来，王阳明是一个旷世奇才，有"度超千古之见"，其"致良知"说乃专为避免学者沉溺于训诂辞章而作，其作用不可低估。另一方面，李材又认为，王阳明的"致良知"说乃是因病立方，是权教，而非王阳明学说的根本宗旨，其理由主要有以下两方面。

1."知"只有"分别"义，不可作为"体"。李材说："昭昭灵灵者，断不是体。"①此处的"昭昭灵灵者"，是指良知，王阳明就曾说过："良知是天理之昭明灵觉处。"②与王阳明不同，李材认为"知"不具有主宰义，只有"分别"义，是

---

① （清）黄宗羲：《止修学案》，见《明儒学案》卷三十一，中华书局 1985 年版，第 675 页。
② （明）王守仁：《传习录》中，见《王阳明全集》卷二，吴光等编校，上海古籍出版社 1992 年版，第 72 页。

"心之用"。他曾谓:"不知《大学》一经直将体归至善,即心、意已就用边了,故致知者,即是致其分别之知也。故知独无位,随所感触,分别者即知之位矣。……故凡说知者,不论良知、真知、乾知、易知与夫德性之知、闻见之知、记识之知、思虑之知,用之良、不良不同,而其为分别一也,舍至善之外无别有体,舍知止之外无别有工矣。"①由此可见,在李材看来,不管是什么"知",包括良知与"德性之知",一概只有"分别"义,都属于认知的范畴,而非道德本体,这种理解与多数理学家的理解相迥异,如张载等宋儒就区分了"德性之知"与"见闻之知","德性之知"并不是知性的范畴,而是一种"不萌于见闻"的"天德良知",以后的理学家多沿袭此种区分,但李材却将此混为一谈,把"知"只理解成"分别"义。

应该说,王阳明所讲的"良知"从根本上来说是属于"德性之知"的范畴,"良知不由见闻而有,而见闻莫非良知之用"②,王阳明亦区分了"德性之知"与"见闻之知","良知"与"德性之知"处于同一层次。"良知"在阳明这里固然包含着知觉义,但它主要是指一种价值指向,是一种道德理性原则,可以为人提供是非善恶的准则,是每个人成圣的内在根据,因而,良知在阳明学说中获得了本体论的意义。当然,它又不排斥经验层面的"见闻之知",后者乃是"良知"的发用。李材反对以"知"为体,认为"舍至善之外无别有体",性是至善,良知只是性之用,而不能上升到本体的层面。

李材既然只从知觉层面来理解"知","知"是"用",而非"体",而王阳明却恰恰从"知"的角度来论"性",这在李材看来,便是"毫厘之差,谬以千里",李材说:"见性一差,弊盖至此。推原其故,以其只就用上看体,直于知觉运动之中,认其发机之良者,据之以为天命之体。"③依李材,王阳明的"良知"说是从知觉运动中推导出"天命之性","只就用上看体",但在李材看来,仅仅从

---

① (明)李材:《门人记述》,见《见罗先生书》卷十六。本书所使用的《见罗先生书》来自《续修四库全书·子部·儒家类》第941册,上海古籍出版社2003年版。

② (明)王守仁:《传习录》中,见《王阳明全集》卷二,吴光等编校,上海古籍出版社1992年版,第71页。

③ (清)黄宗羲:《止修学案》,见《明儒学案》卷三十一,中华书局1985年版,第678页。

"用"的层面出发,则无法确立儒家终极性的追求。他说:"所谓'乃若其情,则可以为善矣',乃所谓善也,则孟子道性善本旨也。他日又曰'恻隐之心,仁之端也;羞恶之心,义之端也',正是教人就所发处而信其性之必仁、性之必义,非直教人执其所发之偶良者据之以为立命安身之归宿也。云驶月运,舟行岸移,物之感者无停,知之应者亦无停。夫安得执既往之良知而扩之以为将来应用之本乎?"①这段话是再清楚不过了,李材认为,"知"只是"用",尽管也会有"偶良"的时候,可是却不能提升到本体的层面上来,不能成为安身立命之归宿。

而且,在李材看来,孟子良知学的关键之处在于"不虑",即有先验性,可是阳明及其后学却偏偏以"虑后"作良知,这样一为,终其一生来"致良知",却不认得良知头面。细揣李材的用意,他反对"以知为体",其目的可能是借此防止学者一味追求闻见之知而削弱对至善之理的体认,但他对王阳明的"良知"说显然有误解之处,因为阳明所讲的"知"(良知)兼体用义,并非只是"知觉"义。

2. 若以"知"为体,与《大学》本义不合。李材曾说:"若以良知为体,又曰良知即是天之明命,则《大学》一经之内,于致知之外,又揭至善,又点知本,则所谓本与善者,又将安所属乎? 若云知即是本,《大学》只合说知知,又安得说知本? 若云知即是善,《大学》只合说知止,又安得说止善?《易》曰:'一阴一阳之谓道,继之者善也,成之者性也。'性亦何名? 只合说善。故《孟子》道性善,《大学》说至善,《中庸》要明善,以为不明乎善,则不能诚乎身也。正是不知止于至善,则不能修乎身也。岂可强心之用为体? 抑天之命为知?"②在李材看来,《大学》与《易传》《孟子》《中庸》等典籍一样,均把"善"作为核心的观念,"善"即"性",但"知"不能等同于"善"。以此之故,他认为王阳明以"知"来解《大学》,根本是讲不通的,《大学》自然不会废弃"知",可不以"知"为本。

---

① (明)李材:《门人记述》,见《见罗先生书》卷十九,《续修四库全书·子部·儒家类》第 941 册,上海古籍出版社 2003 年版。

② (清)黄宗羲:《止修学案》,见《明儒学案》卷三十一,中华书局 1985 年版,第 672—673 页。

若以"知"为本,则"至善"就无所安顿。

李材说:"学问之讲,只在辨宗之难。宗在致知,则虽说知本,说知止,一切以知为体。宗在知本,则虽用致知,用格物,一切以止为归。"①依李材,其不同于阳明之处主要在于所立宗旨不同,王阳明以"致知"(致良知)为宗,尽管也论及"知本""知止",但"知本""知止"却落为第二义,而不是为学之根本;李材自己以"知本"("知止")为宗,尽管也会论及"格物""致知",可格、致均统摄在"知本"义之下。李材进而又指出,以"致知"为宗,所吃紧者是在求知;而以"知本"为宗,所吃紧者是在"明本"。王阳明所讲之"知"并非关于外在事物的知识,可是在李材看来,围绕"知"来论学,学问难免流为"意见",寻觅不到归宿,且会与朱子一样陷入支离的境地,朱子是支离于训诂辞章,王阳明是支离于心体,不如他直接从"止修"之处寻求归宿干脆。对王阳明心学做此种批评,在明末清初王学修正运动中还是不多见的。王阳明倡导"致良知",倡导心学,本是救朱学之支离,绝不会料到会有学者批评他自己也有支离之弊。

笔者以为,他们之间的分歧完全是由于对经典的诠释方式不同而造成的。事实上,李材本人所看重的"止至善""修身"等观念与阳明所着力阐发的"致知"(致良知)的观念都是《大学》的应有之义,只不过两人都将各自看重的方面推向极致(其他理学家亦如此)。而欲成一家之言,这本无可厚非,可是由此却招致了不必要的辩驳。李材既可以"止修"来解读大学,王阳明为何不可以"知"(良知)来解读《大学》?况且王阳明倡导"致良知",同样预设有性善论的前提,也不会完全排斥变化气质的修身工夫。李材担心"以知为体"将会与性善论、修身论相背离,比如,李材曾说:"知固有良,亦有不良,夫安得不以无善无恶者为心之体乎?"②在他看来,现实中的"知"有"良"与"不良"之分,即使是"良",也是偶发之"良",不可从所发之偶者确立本体。不过,王阳明讲"良知",并不是就经验层面来立论的,而是着眼于超越层面。

---

① (清)黄宗羲:《止修学案》,见《明儒学案》卷三十一,中华书局 1985 年版,第 676—677 页。

② (清)黄宗羲:《止修学案》,见《明儒学案》卷三十一,中华书局 1985 年版,第 674 页。

二、倡导"止修"说

李材不满于王阳明的"致良知"说,故又另立新说,即"止修"说。"止修"是李材学说的根本宗旨,他的著作很少离开这个主题。

"止修"二字出于《大学》的"知止"("止于至善")与"修身"。李材将两者综合在一起来讲,认为"止而不修"或"修而不止"均不可。先看李材对修身的论述:

> 其实合家国天下,通为一身,自是万物皆备,固无烦于解说。在家修之家,在国修之国,在天下修之天下,亦自是一物当几,何所容其拟议云然者?……只实实落落与他挈出知本为归宗,知止为入窍,使人随事随物而实止之,实修之,即所云格致诚正者,一切并是实事实功,岂不痛快简易?①

> 身外无有家、国、天下,修外无有格致诚正。均平齐治,但一事而不本诸身者,即是五伯功利之学;格致诚正,但一念而不本诸身者,即是佛老虚玄之学,故身即本也,即始也,即所当先者也。知修身为本即知本也、知止也,知所先后者也。②

在李材看来,修身的行为应贯穿于齐家、治国、平天下的始终,他所谓的"在家修之家,在国修之国,在天下修之天下",即是表明,无论处于何种场合或境遇之下,都要修身。身之所处,无非是家、国、天下,不在家则在国,不在国则在天下,言身则家、国、天下皆举之,从这个意义上讲,他认为"身外无有家、国、天下",家、国、天下都是修身的场所,在一定意义上可以说是身的外延。③李材认为,若能修身,"随事随物而实止之,实修之",自然能够齐家、治国、平

---

① (清)黄宗羲:《止修学案》,见《明儒学案》卷三十一,中华书局 1985 年版,第 678—679 页。

② (明)李材:《大学古义》,见《见罗先生书》卷一,《续修四库全书·子部·儒家类》第 941 册,上海古籍出版社 2003 年版。

③ 就现代的多数人而言,家应当是有的,可能没有机缘去治国,更谈不上平天下,所从事的可能就是某一项很普通的职业,可是不管从事何种职业,都需要修身,这与李材的看法并不矛盾。

天下,自然可以做到无过无不及。李材虽然主要是在个人心性修养范围之内论述修身问题,但从这里可以看出,他在一定程度上也强调了修身与外在活动的关联性,主张修身行为应贯穿于个人所从事的具体活动之中。这种见解在古代儒者中是不多见的。

李材认为,修身本身是实事实功,且是做其他外在事功的一个必要的基础,这种看法自然是不错的,而且也合乎儒家"内圣外王"的一贯主张。现代社会虽不再讲"内圣外王",可是同样也要求人们做任何事情都需要有最低限度的道德品行,任何时候都要进行修身(当然,修身的方法与内容可以不断变化),这是一个基本的前提。也就是说,无必要的修身行为,一定不会建立真正的事功(合乎社会公义与大多数人利益的事功),当然,有修身的行为,却未必能够成就事功,更不能保证外在事功的实际效果如何,"内圣"不能成为"外王"的充分条件。

在李材看来,明中叶以来学风的衰敝、官僚集团的腐朽以及社会秩序的紊乱,都是不修身而造成的,或者是由于阳明学的误导而使《大学》"止修"宗旨晦而不彰的结果,故力倡"止修"之说以作为对治以上弊病的一剂良方。他说:"今天下之士,无不知学之必求诸其心也,而其所缺者,正惟在于不知身之为本也,此其所以高持意见,流为空疏,甚至恣情循欲……则此修身者,岂惟学圣之常法,固即所以为今日学者对治之良剂也,则舍修身之外,将何所本?而又复将何所以用其力也乎?"①李材救世之心可谓切矣,只可惜学风、官风以及社会风气之弊是多方面因素使然,他的"以修身为本"的主张不大可能从根本上挽救一代风气。

不过,李材对"以修身为本"的论述确实有他的卓见。他说:"本之一字虽有定分,却又活泼泼地无有定分。予每谓盖孔子观象于天地之间而得所为本者,挈出以定学者之命,以立经世之枢,使人握之以自修,则家国天下之柄在我。运之以应物,则均平齐治咸宜。事事反归身上,即事事止归本上;事事立

---

① (明)李材:《大学古义》,见《见罗先生书》卷一,《续修四库全书·子部·儒家类》第941册,上海古籍出版社2003年版。

在本上,即事事止在善上。所酬者至变而执者有常;所御者甚繁而握者有要,真孔子半生磨戢,老后经纶,而非浅鲜之襟所得而测识也。"①在李材看来,修身是经世(即治理世事)的前提条件和基础,是"家国天下之柄",凡事都要以修身为本,都要止于当止之处。抓住了修身这个根本,治理世事才能够无过无不及,才不会在纷繁复杂的事物面前迷失方向,"所酬者至变而执者有常,所御者甚繁而握者有要",尽管人们所要处理的事情多变、繁杂,但只要能够时时做到"以修身为本",都不会失当。

李材认为,修身的道德实践行为对于理解儒家义理也是十分重要的。他说:"只一挈到修身为本,不觉至善与仁浑然俱在我,不复烦寻索矣。"②在李材看来,儒家"至善与仁"的精神即体现于当下的修身践德的行为之中,如果抛开修身,刻意地去寻求"至善与仁",则会愈求愈远。宋明儒者关于格物致知的辩论亦可作如是观,不少儒者连篇累牍地讨论此问题,但在李材看来,这种做法没有太多的实际意义,反而是枉费了不少笔墨。李材认为,若能揭示出"以修身为本"的宗旨,实"格"实"致",就可以终结此类辩论。

李材亦从修身的角度来看待"礼"。他说:"礼由身出,因修而有。修之则有礼,不修之则无礼矣。"③其意是,礼不只是写在经文中,而且需要通过每个人的修身行为才能使礼的精神得以彰显,有礼文而不修身,礼文即形同空文,如同无礼。而明白"以修身为本"的道理,自然会战战兢兢,视听言动不敢有所逾越,礼即随之而产生。

李材探讨"修身"问题,常常将其与"知止""止于至善"紧密结合起来,倡导所谓的"止修"之学。不过,李材所谓的"止""修"并非两个不同的阶段。他说:"止为主意,修为工夫,盖对修而言,则止为修之主意,其实吃紧工夫正在于此,格致诚正为其有不能止而修之者。旧答汝潜书有谓真止即是修,真修

---

① (明)李材:《门人记述》,见《见罗先生书》卷十九,《续修四库全书·子部·儒家类》第 941 册,上海古籍出版社 2003 年版。

② (明)李材:《门人记述》,见《见罗先生书》卷十九,《续修四库全书·子部·儒家类》第 941 册,上海古籍出版社 2003 年版。

③ (明)李材:《门人记述》,见《见罗先生书》卷十七,《续修四库全书·子部·儒家类》第 941 册,上海古籍出版社 2003 年版。

只是止。悟得此,则谁非修者,谁非止者,立命归要,总在一处。"①又说:"止以为修,修以为止,原非相背之事,知有修不知有止,则修将漫而无统;知有止不知有修,则止将物矣不化。止修互用,若网在纲,真千载未明之义,既为挈出,宜学者豁然别开一眼。"②李材认为,"止"为主意,"修"为工夫。同时,"止""修"又是紧密结合在一起的。在他看来,有"修"而不知道"止",是"漫而无统";有"止"而缺少"修",则又会沉空守寂。所以,李材主张"止""修"并举,这样才能使儒家心性之学落于实地,才能避免滋生各种弊病。

李材以下两段话对"知止""知本""修身"的关系做了进一步说明:

> 大率学必先于知止。本者,止之地也,舍本外无可止矣,学莫要于知本。身者,本之枢也,舍修身别无本矣。故知止、知本、知所先、知至只是一句话头,一条脉路。③

> 执身非本,离身无本。看来此身真若处于是非本末之间。何也?知修身为本而不执焉,则身即是本矣。只说修身为本,实在信之不及,直以其身为躯壳也,则即身非本矣,吃紧为人原是无可奈何而说。④

李材认为,知本、知止与修身是紧密相连的,知本即是明白"以修身为本"的道理,知止即是通过修身而止于至善,止于当止之所,"止"于至善之处。无修身便无所谓知本、无所谓知止。知本、知止、修身是一贯而下的。

李材又主张"摄知归止"(或"摄知归性"),这是他的一个著名命题,其门生李复阳说:"先生患学者不知本止,揭修身为本以开示之,所著有《大学古义》《孟子道性善编》《论语大意》,而一时手牍答问,无行不与者,门下士又笔记之,各汇为书,读之虽谆谆千万语,而止为主意,修为工夫,摄知归止,而后为

① (明)李材:《门人记述》,见《见罗先生书》卷十六,《续修四库全书·子部·儒家类》第941册,上海古籍出版社2003年版。

② (明)李材:《书问》,见《见罗先生书》卷八,《续修四库全书·子部·儒家类》第941册,上海古籍出版社2003年版。

③ (明)李材:《书问》,见《见罗先生书》卷七,《续修四库全书·子部·儒家类》第941册,上海古籍出版社2003年版。

④ (明)李材:《书问》,见《见罗先生书》卷九,《续修四库全书·子部·儒家类》第941册,上海古籍出版社2003年版。

知之至者,可一言蔽也。"①李材乃是针对王学之弊而提出"摄知归止"说。他不讳言"知",可是却主张"知"应统摄在"止"(止至善)或"性"之下,即将知识理性统摄在道德理性之下。"盖不说摄知归止,则恐'知'字不得落根"②,不得落根,即没有归宿。李材认为,"知"(良知)不具有究竟义,若讲"知",只能从感应、流行层面来讲,不能从主宰、归宿层面来讲。

依李材,"摄知归止"亦可作"摄灵归虚""摄情归性"理解,因为"知"常常逐物任情,向外纷驰,顺其发展下去,必至灭天、泯理,或者说一味顺任经验层面发展,则无法确立人的终极关怀,所以他反对仅仅停留于经验层、流行义,而要进一步追根究底,为"知"寻求更为终极性的根源。李材倡导"摄知归性",这可以看成是他力求返本归源的一种尝试。当然,王阳明所讲的"知"(良知)并不能完全理解成知识理性,李材对阳明之"知"有误解。笔者已于前面指明这一点,此处不赘。

从李材"摄知归止"的命题可以看出,他与聂豹一样都反对"知觉"说,只不过,他不像聂豹那样主张以虚寂为宗,"止此则自虚,然却不肯揭虚为本;修此则自寂,然却不肯执寂为宗"③。如何做到既不随昭昭灵灵的知觉流转而又不彻底导向虚寂?李材说:"挈知止必要止归于本,则不偏于寂;挈知本必要本归于身,则不骛于虚;言正诚、言致格、言齐治均平必本归于修身,则伯功佛老、训诂支离与夫徇生执有、自私自利者,一切非所病矣。"④也就是说,讲知止、知本要紧扣住修身这个主题,修身之外无所谓知止、知本,《大学》之八目也要归本于修身。在李材看来,提揭出以修身为本的宗旨,才能使"止于至善"落于实地,才能避免心性之说成为不着边际的玄谈。故笔者以为,李材固然是"止""修"并举,但根本之处还是"修",与"止"相比,"修"较具实义,他的

①　(明)李材:《刻见罗先生书序》,见《见罗先生书》,《续修四库全书·子部·儒家类》第 941 册,上海古籍出版社 2003 年版。

②　(明)李材:《书问》,见《见罗先生书》卷九,《续修四库全书·子部·儒家类》第 941 册,上海古籍出版社 2003 年版。

③　(清)黄宗羲:《止修学案》,见《明儒学案》卷三十一,中华书局 1985 年版,第 682 页。

④　(明)李材:《门人记述》,见《见罗先生书》卷十九,《续修四库全书·子部·儒家类》第 941 册,上海古籍出版社 2003 年版。

为学宗旨即是要人重视修身。

李材的"止修"说体现在人伦关系上,便是人人都要尽其本分,做其应做之事,止于当止之所,他说:"止有归宿,随其身之所接,于为君也而止仁,于为臣也而止敬,于为子也而止孝,于为父也而止慈,于与国人交也而止信,则无适而非止也。"①此处所讲的是所谓的"止德",即做君主的止于仁,做臣子的止于敬,做儿子的止于孝,做父亲的止于慈,与国人交往做到诚信,他重申了儒家的这些道德条目,总起来说就是"止于善"。当然,禅宗也讲"止",李材认为,儒者之"止"与禅者之"止"大相迥异,"禅之止主于空,故外人伦、遗事物以求之,其究不可以经世。儒之止主于实,故即人伦事物以求之,差毫末而异千里"②。禅宗中的"止"是指止息妄念,专心一境,不分散注意力,也就是禅定的意思。儒、禅虽都讲"止",但李材认为,禅宗之"止"旨在明心见性,以使人悟得"空"的道理,其弊在于弃绝人伦;儒家之"止"旨在追求人伦道德的恰到好处,与禅宗"主于空"相反,儒家"主于实",儒家的着眼点在于修身践德。

李材认为,修身即是修行,它要求时时检讨自己在人伦道德方面的欠缺之处、在喜怒哀乐方面的不"中节"之处以及在"辞受、取与、出处、进退"方面的不合乎礼仪之处,然后再克服这种种的不足,不断增益自己的德行。他认为,明中叶以来学者士人身上的弊病往往都是较为明显的,却因把修行看成是"浅事"(即不值一提之事)而有所疏忽,终于造成一代风气的涣散。他重提"以修身为本",恰是针对此种弊病而发。而以修身为本,依李材的看法,关键是要"头守得身"③,这个说法是极为形象的,大凡理学家,关注的中心问题无非是天理如何统驭人欲,说白了即是头如何守得住身的问题,以便使身不至于陷溺下去,身、心(即头)皆应有合适的安顿。他说:"捉定修身为本,将一副当精神,尽力倒归自己,凝然如有持,屹然如有立,恍然常若有见,翼翼小心,昭事

---

① (清)黄宗羲:《止修学案》,见《明儒学案》卷三十一,中华书局 1985 年版,第 684 页。

② (明)李材:《门人记述》,见《见罗先生书》卷十六,《续修四库全书·子部·儒家类》第 941 册,上海古籍出版社 2003 年版。

③ (明)李材:《书问》,见《见罗先生书》卷十一,《续修四库全书·子部·儒家类》第 941 册,上海古籍出版社 2003 年版。

上帝。上帝临女(汝),毋贰尔心,视听言动之间,时切检点提撕,管归于则,自然嗜欲不得干,狂浪不得夺,常止常修,渐近道理。"①这是对修身状态的一种描述,他把修身当成是极为庄重严肃的事情,朝乾夕惕,所有行为无不小心翼翼,如临深渊,好像上帝时时在监督自己一样,若有病痛,实加查考,看其病根从何而来,检点提撕。如此,则欲自去,身自修,同时止之以固其根本。李材所谓的"头守得身",其实探讨的即是道德理性与欲望的关系问题。人在实际生活中有时不能按照道德原则来行事,其中的原因之一是人有欲望,欲望潜存于人的身体之内,或者说,身体是感性欲望的集合,李材及历史上的多数儒家虽然并未完全否认感性欲望存在的必要性,更未将身体视为恶,可是却主张对人的过多的欲望加以遏制,所以不会对潜存于身体中的本能欲望完全加以认同。修身从一定意义上来说,即是指对身体(本能欲望)加以克制、转化,使之无过无不及。当然,在儒家的话语系统中,圣人的身体不同于常人的身体,它被描绘成一种精神化的东西,具有道德的光辉,圣人已经将身、心融为一体。但是,圣人毕竟少之又少,对于现实生活中的多数人来说,身、心常常不能真正合而为一,故而需要有克己、修身之功。

在李材看来,人只要真正明白"以修身为本"的道理,在实际生活中便会重视这个"本",同时也自然知道如何做修身工夫。他说:"人谁无本,只为看得不重之故,所以不修,譬之将本求利,只为看得本重,常欲举倍称之,息于铢两之间,就令不得百计千方,亦决不肯折了本。如此岂有不能修身之理。予故曰知本而后重本,重本而能以修身为本。"②他以商人做生意为例说明"本"之重要,商人千方百计要保本(此是盈利的前提),将"本"看得很重。人若知"身"为本,岂能不重"本"? 又岂能不去修身? 他甚至认为,悟得"止修"要义,使心意知物各止其所,则诚正格致、防检穷索之事亦属多余之事,当然,若尚未臻于"止至善"的境地,对自己检点、提撕的修身工夫仍是不可缺少的。

李材认为,修身不是要人陷入枯槁虚寂之中,不是要如王阳明部分后学那

---

① (清)黄宗羲:《止修学案》,见《明儒学案》卷三十一,中华书局1985年版,第669页。
② (明)李材:《门人记述》,见《见罗先生书》卷十七,《续修四库全书·子部·儒家类》第941册,上海古籍出版社2003年版。

样"日以寻索本体为事"①,而是要"随事随物而实止之,实修之"。这与我们今日所讲的实践虽不可同日而语,但已不同于那种纯粹闭门思过的修身方法。李材认为,修身就体现于应事接物的日用常行之中,而不是在日用常行之外刻意地去做修身之功。修身不是一蹴而就之事,它应伴随我们一生中的每时每刻,贯穿于人的所有活动的始终。修身对于当代人而言也不是可有可无、无关紧要的事情,它是完善道德人格、提升道德境界的必由之途。通过个体的自觉修身,在一定程度上可以抗拒社会不良习气对个体的不良影响,防止一己之身陷溺于各种欲望之中而不能自拔。同时,它也是维持当代良好人际关系、建立诚信社会的基础。中国传统儒家有源远流长的修身传统,发掘这一传统,将会为当代人的修身提供有益的借鉴。不过,包括李材在内的传统儒家倡导的修身学说主要着眼于精英、圣人的道德,难以在民众中广泛普及;有禁欲主义倾向,忽视了人的正当需求;等等。以此之故,当代人不可能原封不动地照搬传统儒家的修身学说,而是要对其加以改造和转化。当代人的修身,除了要借鉴慎独、自省等传统修身方法之外,还应在自己的本职工作、日常生活以及人际交往等活动中不断提高自身的修养,同时应多关注当前社会中出现的各种问题,在有可能的情况下还应积极参与解决这些问题,从而将个体的修身与推进整个社会文明的进步结合起来。在修身目标上,当代人也不必再以成圣成贤为最终目标,而是通过修身提高自身的道德素质,成为一个合格公民,对于多数人而言,只能要求其保持最低限度的道德操守。

李材提揭出"止修"宗旨,进一步确立了"以修身为本"的观念,主张将儒家义理落实于"修身"上,也就是落实于如何提高个体德性的问题上来,这既合乎孔孟儒学的根本宗旨,也切中了明中叶以来部分王门学者喜爱谈玄弄虚、不重视修身的弊病。而且,他从"止修"角度来阐发《大学》的意蕴,此种思路有其独特之处。尽管他对阳明学有误解的地方(如对阳明"良知"的理解),可是毕竟对阳明学做了一些补偏救弊的工作。

---

① (明)李材:《大学古义》,见《见罗先生书》卷一,《续修四库全书·子部·儒家类》第941册,上海古籍出版社2003年版。

　　李材的"止修"说也有一些缺陷。在他看来,只要揭示出"修身为本"的宗旨,学者士人身上的弊病即可断除,一切社会问题也可迎刃而解。这种看法显然是把复杂问题简单化了,有过于乐观的倾向。修身对于每个时期的人来说都是十分重要的事情,可它并不是解决所有问题的灵丹妙药。而且,李材在修养工夫论方面未能作出细密阐述,他认为,明白了修身的重要性,就自然能够修好身。可是在事实上未必是这样,在确立了"以修身为本"的观念之后,没有正确的修身方法,同样也达不到应有的效果,修身的具体方法仍有探讨的必要性。与李材不同,刘宗周对修身方法就有较为具体的展开,这从其《改过说》即可见一斑。

第四节　顾宪成、高攀龙对王学的批驳、修正

一、顾宪成对王学的批驳、修正

　　顾宪成(1550—1612 年),字叔时,号"泾阳",无锡人。他是东林学派的领袖人物之一。其著作有《小心斋札记》《泾皋藏稿》等,后人编为《顾端文公遗书》。顾宪成主要从以下方面批驳、修正了王阳明心学及王学末流,以重建道德理性精神。

　　1. 反对过多地言"心",突出"性""理"

　　王阳明比较突出"心"的作用,将"心"(良知)作为判断是非的准则。顾宪成不同意王阳明的这种看法。在他看来,现实中个体之"心"往往是"无星之秤,无寸之尺"①,如果凡事均"求诸心",则是非常靠不住的。顾宪成认为,除了少数圣人之外,在现实中有几人凭一己之心就能够"是天下之真是,非天下之真非"? 现实的情况恰恰是:"或偏或驳,遂乃各是其是,各非其非,欲一一而得其真,吾见其难也。"②由于现实中的人气质混杂不一,并非完全合乎

---

① （明）顾宪成:《与李见罗先生书》,见《泾皋藏稿》卷二,四库全书本。
② （明）顾宪成:《与李见罗先生书》,见《泾皋藏稿》卷二,四库全书本。

"天理之正",故而在判断事物时就未必能够获得"真是真非",甚至发展成为"自专自用,凭恃聪明,轻侮先圣,注脚六经,无复忌惮"①,"无复忌惮"描述了王学末流由于过分强调"任心而动"而产生的后果。我们这里也需要指出,王阳明主张将"心"(良知)作为判断是非的准则,他所谓的"心"主要是指先验的道德本心,而顾宪成却从经验层面来加以批驳,这种批评是不太相应的。

当然,顾宪成也没有完全把判断是非的权利交给圣人,他在一定程度上还是强调了每个人的独立思考与自作主宰。他只是在这个问题上采取了较为稳妥的做法,即"虚衷以俟,更为质诸先觉,考诸古训,退而益加培养,洗心宥密,俾其浑然者,无愧于圣人,如是而犹不得,然后徐断其是非,未晚也。苟不能,然而从"②,可见,他是主张将圣人的言论与个体的判断结合起来。

在心学之弊问题上,顾宪成与当时一位叫唐伯元(字仁卿)的学者颇有同感。唐伯元比较厌恶好讲心学的学者,认为"杨、墨之于仁义,只在迹上模拟,其得其失,人皆见之。而今一切托之于心,无形无影,何处究诘? 二者之流害孰大孰小,吾安得不恶言心乎"③,如果"一切托之于心",那么,它就意味着人们判断事物不是根据已有的准则,而是出于主观臆断,这种情形会对当时社会的伦常秩序产生十分不利的影响。

不过,顾宪成并非完全赞同唐伯元的观点,在他看来,"心"毕竟是儒家学说中的一个核心范畴,不可因噎而废食、完全忌讳讲"心"。他没有一笔抹杀心学的价值,甚至认为"心无罪也"④,不过,为了纠正王门后学泛泛讲"心"的弊病,顾宪成主张以"性"为"心"作主,"性"为"心"之主宰。他说:"只提出性字作主,这心便有管束。孔子自言从心所欲不逾矩,矩即性也。"⑤顾宪成强调

---

① (明)顾宪成:《与李见罗先生书》,见《泾皋藏稿》卷二,四库全书本。
② (明)顾宪成:《与李见罗先生书》,见《泾皋藏稿》卷二,四库全书本。
③ (清)黄宗羲:《东林学案一》,见《明儒学案》卷五十八,中华书局 1985 年版,第1384 页。
④ (清)黄宗羲:《东林学案一》,见《明儒学案》卷五十八,中华书局 1985 年版,第1384 页。
⑤ (清)黄宗羲:《东林学案一》,见《明儒学案》卷五十八,中华书局 1985 年版,第1384 页。

"性",目的在于试图借此对王学末流漫荡无归的弊病加以矫正,以"性"所具有的普遍性与客观性来贞定住灵明活泼之"心"。

顾宪成除了讲以"性"为"心"作主外,还十分看重"理",相当推崇朱熹"性即理""理为主"之类的学说,可以说他有明显的朱熹理学的立场。当然,顾宪成对阳明学并非完全排斥,而是对朱、王两派学说采取了折中、取长补短的态度,他的学说具有融汇朱、王学说的气象。或者说,他的学说是"经由王学的新朱子学"①。

自明代中叶王阳明心学兴起以来,朱熹理学虽仍受朝廷重视,但在士子中间却逐渐式微。顾宪成对明中期以来的思想状况做了如下描述:"弘正以前,天下之尊朱子也甚于孔子。究也,率流而拘,而人厌之,于是乎激而为王子。正嘉以后,天下之尊王子也甚于孔子。究也,率流而狂,而人亦厌之,于是乎转而思朱子。"②王阳明心学是对朱熹理学过于拘执的反激,但是反激到一定程度,却由"拘"变为"狂",这不能说没有问题。顾宪成主张以朱熹理学的笃实平正来缓解王阳明心学过度的思想解放、并进而救治王学末流的蹈空凌虚,正是基于此种考虑。当然,他也主张,最理想的状态是朱、王融合,"当士习之浮诞,方之以朱子可也;当士习以胶固,圆之以王子可也"③。

2. 驳斥王门"无善无恶"说,重申性善论

顾宪成对于王阳明"四句教"及王畿的"四无"说较为不满,他可以说是当时批判王门"无善无恶"说最为严厉的学者之一。在顾宪成看来,只有明确标示出"性善"之旨,点出"善"字,才能使儒家的人性论得以成立。如果将"善"字打破,便会陷入佛老的空无玄妙或告子的虚无混沌。他从儒家的立场上指出,"善"是贯穿于天、地、人的永恒绝对的存在,有"善"便有"性",无"善"便无"性"。顾宪成把"无善无恶"四字看成"是最玄语,是最巧语,又是最险语","玄则握机自巧,巧则转机益玄。其法之上可以张皇幽渺,而影附于至道

---

① 　[日]冈田武彦:《王阳明与明末儒学》,吴光等译,上海古籍出版社 2000 年版,第361 页。

② 　(明)顾宪成:《日新书院记》,见《泾皋藏稿》卷十一,四库全书本。

③ 　(明)顾宪成:《日新书院记》,见《泾皋藏稿》卷十一,四库全书本。

之下,可以徼名徼利,而曲济其无忌惮之私,故险也"①。

当时一些学者为论证"无善无恶"说无悖于儒家性善论,曾提出"无善之善""非真无善也,只是不著于善也"之类的观点。但是,顾宪成却不同意此种解释,他说:

> 吾儒之旨,只在善之一字,佛氏之旨,却在无善一字,近日学者,既惑于佛氏无善之说,而又不敢抹杀吾儒善学,于是不得已,又有无善之善之说耳。不知吾儒之善,就指太虚本体而言。②

> 近世喜言无善无恶,就而即其旨,则曰:"所谓善恶,非真无善也,只是不著于善耳。"予窃以为经言无方无体,是恐著了方体也;言无声无臭,是恐著了声臭也;言不识不知,是恐著了识知也。何者?吾之心,原自超出方体声臭识知之外也。至于善,即是心之本色,说恁著不著?③

顾宪成认为,标示出性善之说即亦足够,若再弄出"无善之善""不著于善"之类的说法,便有画蛇添足之嫌,且易造成混乱。恰如一个儒者,却也去讲"兼爱""为我",然后再强调"我之兼爱,与墨氏之兼爱也不同""我之为我,与杨氏不同"④,此种做法在顾宪成看来是不可取的。依顾宪成,儒家说无方体、无声臭等即可表明心之通于天地大道的特性,无须为了破除执着而再刻意臆造一些似是而非的说法。他认为,心之于善,就像目之于明,耳之于聪,都是不言自明的,说不上著或者不著。"无善之善""不著于善"之类的辩护不能从根本上证明"无善无恶"说与儒家的"性善"说是相契合的。

当然,顾宪成批判"无善无恶"说,并非完全拘泥于字面文义,更重要的是他担心此种说法可能会滋生一些不良的社会后果,因为从"无善无恶",到取消为善去恶的修养工夫,到猖狂无忌、破坏名教,原本是很自然的趋势,王学末

---

① (明)顾宪成:《朱子二辨序》,见《泾皋藏稿》卷六,四库全书本。
② (明)顾宪成:《小心斋札记》卷十六,泾里宗祠刻本。
③ (清)黄宗羲:《东林学案一》,见《明儒学案》卷五十八,中华书局 1985 年版,第1390 页。
④ (清)黄宗羲:《东林学案一》,见《明儒学案》卷五十八,中华书局 1985 年版,第1393 页。

流后来的发展事实上也验证了这一点。王阳明虽也教人做为善去恶的工夫，但其部分弟子却过于执着于"四句教"首句，进而淡化修身工夫，淡化礼法名教。

应该说，礼法名教确实存在被僵固化的可能，甚至演化成为"吃人的礼教"。可是，礼法名教在中国传统社会里又占据着非常重要的地位，而且也表现出一定的正面价值，即它可以维系社会人心，规范民众行为，使不同人群都有相应的准则可以遵循。如果完全抛开礼法名教，在中国传统社会中恐怕也难以行得通。而部分王学末流不拘守儒家义理，挑战当时社会的道德规范，此种做法虽不乏思想解放的意义，但也滋生了一些弊端。顾宪成说：

> 以仁义为桎梏，以礼法为土苴，以日用为缘尘，以操持为把捉，以随事省察为逐境，以讼悔迁改为轮回，以下学上达为落阶级，以砥节砺行、独立不惧，为意气用事者矣。……以任情为率性，以随俗袭非为中庸，以阘然媚世为万物一体，以枉寻直尺为舍其身济天下，以委曲迁就为无可无不可，以猖狂无忌为不好名，以临难苟安为圣人无死地，以顽钝无耻为不动心者矣。[1]

学风低迷会影响到士风，士风不振直接影响到整个社会风气的衰敝，而明末一些学者却看不清其中的利害关系，一味贬损仁义、礼法、修身自励等价值，却以媚俗、无所顾忌、苟且偷安等为超然脱俗。这种做法不能不遭到包括顾宪成在内的东林学者的反对。他们驳斥王学末流的弊病，希望由此而重振道德。尽管这种方式难以取得真正的实效，但他们的不懈努力还是在一定程度上扭转了当时东南一带的士风。

不过，我们也需要指出，东林学者所讲的道德也带有某种陈腐性，比如，顾宪成曾说："道者，纲常伦理是也。"[2]把"道"等同于纲常伦理，这在我们今天人看来是很成问题的，因为纲常思想只是特定时期下的产物，并不是亘古不变

---

① （清）黄宗羲：《东林学案一》，见《明儒学案》卷五十八，中华书局 1985 年版，第 1391 页。

② （清）黄宗羲：《东林学案一》，见《明儒学案》卷五十八，中华书局 1985 年版，第 1386 页。

的,而"道"却常存,只要有人与人类社会,就不能无"道",只是其具体表现会不断变化。认识不到这一点,一味固守过时的纲常,同样达不到挽救社会道德危机的目的。

3.反对轻视修养工夫的倾向,强调修身践德

针对王学重视直觉体悟、轻视修养工夫的倾向,顾宪成则较为突出修养工夫的重要性,认为"重修所以重悟也,夫悟未有不由修而入者也"①。他在工夫论上倡导"小心"说。他说:"心不逾矩,孔子之小心也;心不违仁,颜子之小心也。语本体,只是性善二字;语工夫,只是小心二字。"②"小心"即是指内心充满敬畏,言行谨慎,无丝毫放纵之举,时刻做到如临深渊、如履薄冰。在顾宪成看来,不能"小心",便极易导致放任自然,以至于猖狂无忌惮。"小心"也即程朱理学所谓的"主敬""居敬","小心是个敬"③。顾宪成恢复程朱理学"主敬""居敬"的修养方法,目的是救治王学末流过于放纵的弊病。

顾宪成进而批驳了"左派王学"倡导的"现成良知"论。在他看来,"现成良知"论者所谓的"现成""当下即是",要么在很多时候就是对于人之本能及种种情识作了原封不动的肯定,即所谓"遇食而甘之,遇色而悦之"④,如此,良知的理想性、超越性则被消融掉;要么所悟的东西就是非常笼统的东西,无益于身心修养。顾宪成说:

> 尔来讲《识仁说》者,多失其意。仁者浑然与物同体,义礼智信皆仁也,此全提也。今也于浑然与物同体,则悉意举扬,于义礼智信皆仁也,则草草放过。识得仁体,以诚敬存之而已,不须防检,不须穷索,此全提也。今也于不须防检,不须穷索,则悉意举扬,于诚敬存之,则草草放过。若是者非半提而何?既于义礼智信放过,即所谓浑然与物同体者,亦只窥见笼统意思而已。既于诚敬存之放过,即所谓不须防检穷索者,亦只窥见脱洒

---

① (明)顾宪成:《虎林书院记》,见《泾皋藏稿》卷十一,四库全书本。
② (明)顾宪成:《小心斋札记》卷十八,泾里宗祠刻本。
③ (明)顾宪成:《小心斋札记》卷十二,泾里宗祠刻本。
④ (清)黄宗羲:《东林学案一》,见《明儒学案》卷五十八,中华书局1985年版,第1381页。

意思而已。是并其半而失之也。①

程颢在《识仁篇》曰："学者须先识仁。仁者，浑然与物同体。义、礼、知、信皆仁也。识得此理，以诚敬存之而已，不须防检，不须穷索。""浑然与物同体"是儒家"天人合一"思想的另外一种表达方式。它表明，人与万物同在天地乾坤之德的创生中，同生同长，浑然无别，人若能体悟到这一点，便可与天地万物感通无滞。顾宪成并非完全排斥此类命题，可是他却反对部分王门后学过多地空言上述话头而罔顾义礼智信的做法，认为不讲义礼智信而只从"浑然与物同体"角度说"仁"，获得的只能是笼统的意思，易流于空疏，无从落实。对于"防检穷索"问题亦如此，他认为不可泛泛地讲"不须防检穷索"，除非心存诚、敬之意，否则便会导致纵恣之风。

总而言之，顾宪成不赞成儒者过多地讲"悟"及高妙的话语，主张脚踏实地做修身践德的工夫。他极力倡导"发愤忘食""好古敏求"的精神，认为经过"博学、审问、慎思、明辨、笃行"的一系列的修为过程，才可能对良知有所领悟。顾宪成对朱熹不轻言"悟"表示出极大的赞赏，他说："朱子生平极不喜人说个悟字，盖有惩于禅门耳。"②与朱熹相反，王阳明及其部分后学却极为看重个体的自证自悟，这与禅宗主张的不立语言文字、提倡顿悟的见解有某种暗合之处。顾宪成认为王学已趋于禅学化，因而力倡"小心"工夫说，对王学尤其是王学末流予以弹正。

4. 重视研习儒家经典

针对在王门部分后学中出现"束书不观"的现象，顾宪成以及东林学派都重申了研习儒家经典的重要性。顾宪成曾亲自订立《东林会约》，在该会约中，他明确主张"尊经"。顾宪成说：

> 尊经云何？经，常道也。孔子表章六经，程朱表章《四书》。凡以昭往示来，维世教，觉人心，为天下留此常道也。……学者诚能读一字便体

---

① （清）黄宗羲：《东林学案一》，见《明儒学案》卷五十八，中华书局 1985 年版，第 1385 页。

② （清）黄宗羲：《东林学案一》，见《明儒学案》卷五十八，中华书局 1985 年版，第 1383 页。

一字,读一句便体一句,心与之神明,身与之印证,日就月将,循循不已。其为才高意广之流欤,必有抑其飞扬之气,敛然思,俯而就,不淫于荡矣。其为笃信谨守之流欤,必有以开其拘曲之见,耸然思,仰而企,不局于支矣。所谓陶冶德性,变化气质,胥而纳诸大中至正之归,其功岂浅鲜耶。若厌其平淡,别生新奇以见超,是曰穿凿。或畏其方严,文之圆转以自便,是曰矫诬。又或寻行数墨,习而不知其味,是曰玩物。或胶柱鼓瑟,泥而不知其变,是曰执方。至乃枵腹高心,目空于古,一则曰何必读书,然后为学;一则曰六经注我,我注六经。即孔子大圣,一腔苦心,程朱大儒,穷年毕力,都付诸东流已耳,然则承学将安所持?①

由此处可以看出,顾宪成十分注重经典的研习,并且主张将经典中的一字一句与自家的身心性命相印证。在他看来,士人应读之书,主要是指孔子所表彰的"六经"以及程朱学者所推崇的"四书"②,因为这些典籍宣扬的是人伦之"常道",读此类典籍,既可抑制"才高"者的"飞扬之气",又可避免拘执者陷于支离,同时亦可消除学者"穿凿""矫诬""玩物""执方"等不良习气。顾宪成试图通过倡导读书、尊经,改善明末学界尤其是王学末流的学风。王阳明心学虽未尽废读书,但他更为看重个体的体证,而且,他所谓的"读书"乃是"六经注我"式的读书,此种教法使得王门部分弟子逐渐疏远经典,"束书不观,游谈无根"之弊由此而滋生。顾宪成推崇读书的主张在一定程度上恢复了程朱理学读书穷理的精神。

东林书院是东林学者研习儒家经典的重要基地。该书院原是宋代理学家杨时讲学之地,因岁月的磨蚀,早已坍塌,只剩下残垣断壁。万历三十二年(1604年),在常州知府欧阳东凤和无锡知县林宰的资助下,顾宪成、顾允成两兄弟倡议修复了东林书院,他们偕同高攀龙、钱一本、薛敷教、史孟麟、于孔兼等聚众讲学。当时,院中建有专门用以藏书的"典籍室",除"五经"③"四书"

---

① 《东林书院志》整理委员会整理:《东林书院志》,中华书局2004年版,第21页。
② 除此之外,顾宪成也倡导读子部、史部之书,他对经世之学也多有留意。
③ "六经"中的《乐》经佚失,能够流传下来的主要是"五经",即《易》《诗》《书》《礼》《春秋》。

外,还收藏有大批儒家古圣先贤的著述文集。东林讲学,每次都由主讲者先解说儒家经典中的一章,然后采取答辩方式,"有问则问,有商量则商量",相互之间反复切磋、讨论。学人常就经典中的有关章节内容提出问题,也兼而就一些先哲、贤儒、君王、名臣等人的事迹、语录、懿行、学术见解等方面的问题进行释难辩疑。在东林讲学中,被反复强调的儒家经典著作有《周易》《大学》等。尤其是《周易》,作为"五经"之首,在东林讲学中一直是探讨、研究的重要内容之一。顾宪成本人就是一位精通《易》学的大家。①

当然,这里应指出,顾宪成等东林人士尊经,与中晚明时期的杨慎、归有光、胡应麟倡导的经学考据学略有不同,东林人士仍可归入理学思潮,他们讲经,也是理学思潮内部的讲经。② 而杨慎诸人则直接致力于经典的注释、辑佚、音韵、文字、训诂等学术工作,因而开启了明代的经学考据之风,对清代乾嘉考据之学也产生了较大的影响。

5. 彰显救世情怀

应该说,王阳明也不乏入世精神和救世情怀。他既可大谈心性,也能建立卓越的功勋。不过,其部分后学却未能在心性与事功之间取得平衡,即过于偏向心性一边,而忽略了经世之学。与王门部分后学不同的是,顾宪成以及其他大多数东林学者往往怀抱着殷切的救世之心,他们对明万历以来的官场颓败、民生凋敝以及各种社会危机都有着深刻的洞察,并且极欲扭转这种局面。东林学者提出了一系列的救世主张,比如,他们倡导选贤任能的用人之道;要求改革朝政;提出"约之于法"和惠商恤民的政治、经济的变革主张;倡导一种"讲""习"相结合、"贵实行"的学旨。③

顾宪成作为东林学派的领袖人物之一,其学说尤其彰显了一种救世情怀。

---

① 参见金其桢、俞燕鸣:《对无锡经学发展的历史考察——兼论无锡的历史文化根基》,《南京理工大学学报(社会科学版)》2004 年第 5 期。

② 姜广辉先生认为,理学是经学演变的合逻辑产物,理学以经学为根底,同时又是从经学思想中升华出的一种世界观和方法论,反过来理学又指导并服务于经典解释。参见姜广辉:《论宋明理学与经学的关系》,《湖南大学学报(社会科学版)》2004 年第 5 期。不过,笔者认为,理学家们的经学研究与汉代学者以及清代乾嘉的经学研究仍有较大差异。

③ 参见陈萍萍:《论东林学派的批判救世精神》,《台州师专学报》1997 年第 4 期。

他说:"士之号为有志者,未有不呕呕于救世者也。夫苟呕呕于救世,则其所为必与世殊。"①顾宪成认为,救世首先应从学术、道德入手。他把重振学术、道德上升到救世的高度,认为只有学术正、人心正,人伦纲纪才不至于淆乱,而天下之治乱又系于人伦纲纪之好坏。一方面,顾宪成试图通过批驳、修正王阳明心学及王学末流的弊病而达到端正学术和世道人心的目的;另一方面,顾宪成以及其他东林学者都特别强调气节名声,砥砺品行,注重自身道德人格的培养,同时寄希望于皇帝成为像尧舜那样的明君,寄希望于朝廷和地方各级官员能够做到清正廉洁,然后以这些治国者的道德人格带动整个社会风气的好转,使民风归于淳朴。顾宪成这种以学术、道德来救世的主张仍未跳出传统儒家德治观念的窠臼,它在实际的政治运作中很难被贯彻、落实下去。

从顾宪成参政、议政的行为中也可看出其具有较强的救世情怀。顾宪成进士及第后曾任户部广东司主事、吏部考功司主事、吏部文选司郎中等职。他在任期间兢兢业业,恪尽职守,并且敢于指斥时弊,规劝皇帝,弹劾奸党。尤其在皇统储立的问题上,顾宪成可以说是甘蹈风险,尽一切可能保住朱常洛的太子地位。在顾宪成看来,立太子之事是建储重典、攸关国本之大事,立本就是不忘天下。他主张按照当时社会通常的继承顺序来解决皇储立位的问题,以便安定人心,巩固明王朝的统治。以此之故,他甘愿冒着被皇帝降罪的风险,上疏直谏。当然,此举在现代人看来似大可不必,因为无论谁当太子乃至皇帝,都不会超出专制政体范围,明王朝仍是朱氏家族的天下。

顾宪成在任吏部官员期间,极力推荐那些品行端正、有真才实学的真君子,对曲意献媚的小人则加以贬抑。他认为,只有使德才兼备者升,无德无才、平庸失职者降,朝政才能振兴。不过,在明王朝极端腐朽的情况之下,顾宪成也往往只能空怀一腔报国的热情,他所提出的见解多数时候难以得到采纳,他举荐的人才也常常受不到重用。而且,顾宪成因为刚直不阿,直言规劝皇帝,反而招致了皇帝的反感。万历二十二年,他被革职为民。

顾宪成被贬回乡后,也没有消极隐居,他在与东林其他同仁讲习学问的同

① (明)顾宪成:《赠风云杨君令峡江序》,见《泾皋藏稿》卷八,四库全书本。

时,也高度关注国计民生问题,并通过"清议"的方式,议论朝政得失,发表政治主张,将读书讲学与议政活动结合起来。可以说,他在无官无职的情况下,仍旧"志在世道",以国家兴亡为重。顾宪成曾说:"官辇毂,志不在君父,官封疆,志不在民生,居水边林下,志不在世道,君子无取焉。"①这些话被传为一时名言,从中也可以看出,顾宪成及其他东林学者在很大程度上打破了脱离实际、言而无物的传统经院的不良作风。今人所熟知的"风声、雨声、读书声,声声入耳;家事、国事、天下事,事事关心"的主张也是出自这个学派,这同样反映出他们具有救世济民的情怀。

二、高攀龙对王学的批驳、修正

高攀龙(1562—1626年),字存之(又字云从),别号"景逸",无锡人。他与顾宪成同为东林学派的创建者,其论著由门人陈龙正汇编为《高子遗书》。高攀龙主要从人性论、格物论、修养工夫论、儒佛关系等方面对王学加以批驳、修正。

1. 反对空谈"良知",主张"学必由格物而入"

高攀龙主张"学必由格物而入"②,其学以格物为先。从这种观点出发,他对王阳明"致良知"说提出批评。他说:"阳明先生于朱子格物,若未尝涉其藩者。其致良知,乃明明德也,然而不本于格物,遂认明德为无善无恶。故明德一也,由格物而入者,其学实,其明也即心即性。不由格物而入者,其学虚,其明也是心非性。心性岂有二哉? 则所从入者,有毫厘之辨也。"③在高攀龙看来,"不本于格物"带来的问题是学问易虚,甚至会将情识混杂于天理良知之中。因此,若抛开格物之功而单提"致良知","内圣"的道德实践便会失去定则,而流于随意性。高攀龙所讲过的一句话更明白地道出这一点,他说:"一

① (清)张廷玉等撰:《顾宪成传》,见《明史》卷二三一,中华书局1974年版,第6032页。
② (明)高攀龙:《语》,见《高子遗书》卷一,《四库全书·集部·别集五》第1292册,上海古籍出版社1989年影印本。
③ (清)黄宗羲:《东林学案一》,见《明儒学案》卷五十八,中华书局1985年版,第1420页。

向不知象山、阳明学问来历,前在舟中,似窥见一斑。二先生学问,俱是从致知入。圣学须从格物入。致知不在格物,虚灵知觉虽妙,不察于天理之精微矣。"①良知随感随应,妙则妙矣,若不从格物切入,即无法体察天理的精微。这是高攀龙忌讳多谈良知的主要原因,在他看来,阳明的部分后学正是在空谈良知的过程中收拾不住的,变得张皇恍惚,恣情纵欲。

格物说在高攀龙整个学说中占有相当重要的地位。在格物问题上,他一方面主张对一草一木都要格;另一方面,他并非要人真正去考究事物的物理、化学、生物等方面的特性,不是像今日自然科学家那样做客观实证的研究。高攀龙所谓的"格物"主要是指观物。在他看来,人与天地万物在源头上是一致的,故不应截断众流,仅在一己之腔子里打转转。他曾在写给一位友人的信中说:"此一草一木与先生有关否? 若不相关,便是漠然,与物各体,何以为仁?不仁,何以心说得正,意说得诚?"②他这里将"格一草一木"与"正心诚意"结合起来,认为不格一草一木,人便与草木及天地万物是隔膜的,便称不上是真正的仁。他认为,一草一木之类的物上也体现出天理,观物可以印证天理,印证社会人伦方面的道理。恰如张学智先生所分析的,高攀龙"直接将物理转换为对修养心性直接有用的性理"③,观物也就是养心,这样一来,格一草一木与"格诸身"是可以通而为一的。

高攀龙说:"格物穷理,皆所以致其知,而非徒夸多斗靡,为闻见之知矣。何者? 道理一不向身体贴,便非知本,便非致知也。"④从这里可以看出,其格物说的目的并不是要泛观博览,而是为了"知本",为了呈现德性之知,而要达到这一点,就必须要"向身体贴",所谓"向身体贴",也即"反求诸己"的意思。显然,高攀龙是把"体认自得"作为格物说的根本,这也使得其格物说打上了

---

① (明)高攀龙:《会语》,见《高子遗书》卷五,《四库全书·集部·别集五》第1292册,上海古籍出版社1989年影印本。

② (明)高攀龙:《答顾泾阳先生论格物》,见《高子遗书》卷八上,《四库全书·集部·别集五》第1292册,上海古籍出版社1989年影印本。

③ 张学智:《明代哲学史》,北京大学出版社2000年版,第422页。

④ (明)高攀龙:《与泾阳论知本》,见《高子遗书》卷八上,《四库全书·集部·别集五》第1292册,上海古籍出版社1989年影印本。

阳明学的烙印,他本人也许并未自觉意识到这一层,但黄宗羲后来对此却有明白的洞察,他曾说:"先生(指高攀龙,引者注)之格物,本无可议,特欲自别于阳明,反觉多所扞格耳①。"由此可见,高攀龙的格物说并非朱熹格物说的简单回归,而是在朱、王之间去两短,集两长,从而既克服了王学的"蹈虚"之弊,又避免了朱熹格物说的"支离"之弊。

2. 驳斥"无善无恶"说,重申性善论

高攀龙在人性问题上明确主张"性善论",对于王阳明、王畿的"无善无恶"说则持强烈的反对态度。他说:"吾以善为性,彼(指阳明,引者注)以善为念也;吾以善自人生而静以上,彼以善自吾性感动而后也。故曰非吾所谓性善之善也。吾所谓善,元也,万物之所资始而资生也,乌得而无之? 故无善之说,不足以乱性,而足以乱教。"②在高攀龙看来,王阳明有时虽也讲到了"善",可是其所谓的"善"已滑落到"念"的层次上了,"善"即"善念",不具有本体论的意义。

高攀龙为什么将阳明所讲的"善"视为"念"? 其理由是,"念"是经验层面的内容,可以"有无"言之;"善"是超越的,是人性的本质规定,不可从"有无"角度加以描述。而王阳明晚年的"四句教"中却有"无善无恶"的提法,因此,高攀龙认为,王阳明所谓的"善"非儒家性善之"善"。

依高攀龙,说"无恶"尚情有可原(仅指人性在本体论上是"无恶"的,但并不意味着在经验事实中完全无恶人或恶事),说"无善"则不可,因为,它使得儒家经典之中关于"止善""明善""积善"等说法变得毫无意义,也与王阳明本人四句教中的"为善去恶"一语相抵触。如果主张"无善",便不需要再讲"为善去恶",否则便如"无食而使食也"一样荒谬。高攀龙干脆将"善"与"性"等同起来,"性"即"善","善"即"性","无善"便"无性"。他说:"无善是无性也。吾以善为性,彼(指阳明,引者注)以善为外也。吾以性为即人伦好

① (清)黄宗羲:《东林学案一》,见《明儒学案》卷五十八,中华书局1985年版,第1402页。

② (清)黄宗羲:《东林学案一》,见《明儒学案》卷五十八,中华书局1985年版,第1423页。

庶物,彼以人伦庶物是善而非性也,是歧体用、歧本末、歧内外、歧精粗、歧心迹而二之也。"①

高攀龙说:"知性善而后可言学。"②他认为,天命之性具有先天之善,只有明白、坚持了性善论,方可谈儒家的学问。当然,高攀龙也不否认现实层面上的"恶",在他看来,人长期生活于世俗之中,习染较深,故有气质之杂,"变化气质"也就成为不可或缺的工夫了。他主张,人对本有的一点善端,要善养之,善于呵护之,如同养花草,只有善养之,才能使其保持旺盛的生机与活力,如果"槁之""戕之",则花草自然会枯萎凋谢。养性亦如此,"养之畅茂条达,则其气浩然塞乎天地,而性乃成"③。

在高攀龙看来,人之性善乃是直觉顿悟的结果。他说:"要识性善,只看'道一而已',便是注脚。夫天地之道,为物不二,只是一个。故古今圣贤,别无两个。此在人直下认取,吾与尧舜是一是二,既是一个,这个果是善是不善?此可恍然悟矣。……此事难在一'信'字,信了难在一'为'字。"④也就是说,性善论不是一个知性的问题,不是靠逻辑推导出来的命题,而在于"直下认取"。高攀龙的这种看法有其合理性。也就是说,从经验、事实的视角来探讨人性善恶问题,我们既无法将它证实,也无法证伪。当代新儒家刘述先先生曾指出,若从经验层面入手来进行归纳,便得不到任何确定的结果,如性善、性恶、性无善无不善之类的说法都可以找到支持的论据(当然,也可以找到相反的论据),这就难免会形成了一个"公说公有理,婆说婆有理"的局面。可见,性善论不能通过外在的归纳来证明,性善乃专就禀赋说,与人在现实上行为的善恶并不相干。不过,王阳明、王畿等人宣扬"无善无恶"说,也有其独特用

---

① (明)高攀龙:《许敬庵先生语要序》,见《高子遗书》卷九上,《四库全书·集部·别集五》第 1292 册,上海古籍出版社 1989 年影印本。

② (明)高攀龙:《气质说》,见《高子遗书》卷三,《四库全书·集部·别集五》第 1292 册,上海古籍出版社 1989 年影印本。

③ (明)高攀龙:《三勿居说》,见《高子遗书》卷三,《四库全书·集部·别集五》第 1292 册,上海古籍出版社 1989 年影印本。

④ (明)高攀龙:《孟子道性善章》,见《高子遗书》卷四,《四库全书·集部·别集五》第 1292 册,上海古籍出版社 1989 年影印本。

意,由于立论视角有差异,高攀龙未能体察到王门"无善无恶"说的实义。

3.反对轻视修养功夫的倾向,主张"悟""修"并重

高攀龙认为,王门学者喜欢放言高论,但却常常以"虚见"为实悟,以"任情"为率性,且逐渐冲破藩篱。这种状况令高攀龙十分担忧。在他看来,要获得精妙的领悟,不能缺少事上磨炼的修养工夫。他说:"不做工夫,皆假本体也。"①又说:"不患本体不明,只患工夫不密。"②本体与工夫不可分离,能够对本体有所领悟,恰恰是长期做修养工夫之后的一个结果。反之,不做修养工夫,所悟本体都是虚幻的本体。就明末的实际状况而言,他认为,不怕不识本体,就怕工夫不到家、不细密。工夫不细密,便只能大而化之、笼统地谈论本体,极易陷入所谓的"光景"之中。

应该说,高攀龙并非完全排斥"悟"。比如,他曾说:"学必须悟,悟后方知痛痒耳。"③对天道性命之理体认到极处,便至不可言说的地步,只能"默而识之",这便是"悟"。可是另一方面,高攀龙与顾宪成一样,十分强调"悟"与"修"的结合。他认为,要使体悟成为真实工夫而透彻性体,就必须借助于修,而且需要不断地真修。

高攀龙曾从"放下"与"操存"的角度来探讨"悟"与"修"的关系。他说:"真放下乃真操存,真操存乃真放下。若谓放下者非操存,操存者不放下,则触语生碍矣。"④所谓"操存",是指通过省察克治之功,以保持"常惺惺"即警觉的状态。所谓"放下",即抛开一切意念,在静虚中体悟、朗现本心本性。"操存"与"放下"都不可或缺,"修"与"悟"亦应兼顾。

高攀龙对王学末流中专言"悟"者提出批评。他说:"今之为悟者,或摄心

① (明)高攀龙:《答薛用章一》,见《高子遗书》卷八下,《四库全书·集部·别集五》第1292册,上海古籍出版社1989年影印本。

② (清)黄宗羲:《东林学案一》,见《明儒学案》卷五十八,中华书局1985年版,第1417页。

③ (清)黄宗羲:《东林学案一》,见《明儒学案》卷五十八,中华书局1985年版,第1417页。

④ (明)高攀龙:《观两先生所参春游记请益》,《高子遗书》卷三,《四库全书·集部·别集五》第1292册,上海古籍出版社1989年影印本。

而乍见心境之开明,或专气而乍得气机之宣畅,以是为悟,遂欲举吾圣人明善诚身之教,一扫而无之。决提防以自恣,灭是非而安心,谓可以了生死,呜呼!其不至于率禽兽食人,而人相食不止矣。"①也就是说,只浮泛地说"悟",非但不能获得真切体悟,反而会陷入种种虚见之中,他所说的"决提防以自恣,灭是非以安心"即形象地描述了这种情况,内心无敬畏之心,甚至不顾当时最起码的道德准则,却时时将"悟"挂在嘴边,便会流入玄虚与"无忌惮"。有鉴于此,他反对仅仅讲"悟"。

高攀龙曾为薛瑄(字德温,谥号文清)、吕柟(字仲木,号泾野)因不讲悟而遭人非议做过辩护。他说:"薛文清、吕泾野语录中,无甚透悟语,后人或浅视之,岂知其大正在此。他自幼未尝一毫有染,只平平常常,脚踏实地做去,彻始彻终,无一差错,既不迷,何必言悟?"②在高攀龙看来,"悟"的目的是"不迷",若不迷,则不需要悬空去言"悟",更不能为了标新立异去言"悟"。他十分欣赏薛瑄、吕柟能够做脚踏实地的修养工夫。高攀龙还说:"自昔圣贤兢兢业业,不敢纵口说一句大胆话,今却不然,天下人不敢说底话,俱是学问中人说,以心性之虚见,为名教罪人者多矣。"③高攀龙这里批评了王门后学尤其是"左派王学"过于张扬个性的弊病,王门部分后学在行为上不拘礼法,在言论上也极为张狂。高攀龙此处强调"不敢纵口说一句大胆话",旨在使王学末流在言行方面有所收敛。

高攀龙比较推崇程朱"主敬"的修养工夫论,他自己也作了一定的阐发。他认为,"敬"包含内外两方面的意思。就外而言,则须"正衣冠,尊瞻视"④,就是指仪表端正,有威仪。除此之外,它还指内心怀有敬畏之心,这是更为重

---

① (清)黄宗羲:《东林学案一》,见《明儒学案》卷五十八,中华书局 1985 年版,第 1422 页。

② (清)黄宗羲:《东林学案一》,见《明儒学案》卷五十八,中华书局 1985 年版,第 1433 页。

③ (明)高攀龙:《与管东溟》,见《高子遗书》卷八上,《四库全书·集部·别集五》第 1292 册,上海古籍出版社 1989 年影印本。

④ (清)黄宗羲:《东林学案一》,见《明儒学案》卷五十八,中华书局 1985 年版,第 1434 页。

要的一方面。当然,如果内心做到了虔敬,外在仪表不够谨严,那么内心之敬同样也不能保持长久。因此,"主敬"须做到内无妄思(常切提撕)、外无妄动(整齐严肃)。而要达到"诚"的境界,也需要借"敬"的方法来实现,故高攀龙说:"诚者,本体也;敬者,工夫也。"①

在理学家的话语系统中,"敬"和"静"是相通的,它们都是人得以成圣的修养方法。不过,相较而言,"敬"突出人的自作主宰,如陈淳的解释:"敬者无他,只是此心常存在这里,不走作,不散漫,常惺惺地惺惺,便是敬。"②"静"有"静虚"之意,但不限于此,在理学开山祖师周敦颐那里,"静"主要是指内心无欲而自然形成的心境。后来,朱熹等人则主张通过静坐强迫自己安静下来,"静坐"因此也成为理学家修养的方法之一。就高攀龙而言,他既讲"敬",也讲"静"。在他看来,要成就道德人格,"静力培养"的工夫是不可少的。他说:"盖各病痛不同,大圣贤必有大精神,其主静只在寻常日用中,学者神短气浮,便须数十年静力方得厚聚深培。"③他认为,通过静坐可以将放失之心收敛住,将浮气、狂妄、欲念逐渐斩断,进而在静虚中体道、涵养心性。当然,高攀龙所谓的静坐,并不是要追求虚无寂灭,而是指收敛心意,在静中体认到净净洁洁、湛然虚明的天道、人性。不过,他倡导的静坐法有时也会导向神秘主义。④

4. 批驳"三教合一"论,严辨儒、佛之异

高攀龙对王学末流管志道的"三教合一"论进行了较严厉的批驳。他说:"盖此翁(指管志道,引者注)一生命脉只在统合三教,其种种开阖,不过欲成就此局。拈出一个周元公,是欲就道理上和合;拈出一个高皇帝,是欲在时势上和合;拈出'群龙无首',则欲暗夺素王道统而使佛氏阴篡飞龙之位;拈出'敦化川流',则欲单显毗卢性海而使儒宗退就川流之列。其他尊儒者不过局

---

① 　(明)高攀龙:《高子遗书》卷一,《四库全书·集部·别集五》第1292册,上海古籍出版社1989年影印本。

② 　(明)陈淳:《北溪字义》卷上,中华书局1983年版,第35页。

③ 　(明)高攀龙:《困学记》,见《高子遗书》卷三,《四库全书·集部·别集五》第1292册,上海古籍出版社1989年影印本。

④ 　陈来先生在《心学传统中的神秘主义问题》一文中论及高攀龙思想中的神秘主义倾向,见陈来:《有无之境——王阳明哲学的精神》附录,人民出版社1991年版。

面上调停,引儒者之言,不过疑似上附合,故无极太极近于虚空法界,则宗之;朝闻夕死近于生死大事,则宗之。然其所谓太极,所谓道,即所谓毗卢遮那者是也。至如阳尊程朱,阳贬狂禅,而究竟则以程朱之中庸、五宗之佛性并斥,更是其苦心勤力处,欲使辟佛者更开口不得也。然举要而言,则枉却一生,劳攘到底,三教殊科耳。"①

管志道,字登之,号"东溟",曾受业于泰州学派的耿定向,其思想主旨即在于"统合三教",实际上是贬儒尊佛。其实,不只管志道,晚明的阳明学派学者大都倾向于三教融合,他们进一步淡化并超越了儒家的本位,将儒释道三教平等地视为宇宙间一个更为根本的本源的不同表现。②

可是,高攀龙却从儒家道统的立场出发,对三教融合的潮流加以批评。他所谓的周元公是指周敦颐,高皇帝是指明太祖朱元璋,"群龙无首"是《周易》的乾卦爻辞,"敦化川流"出自《中庸》。高攀龙认为,管志道搬出以上人物及经典话语,无非是要为他的三教合一论寻找依据,同时也是为了取消儒学在三教中的主导地位,将三教一体拉平,甚至将儒学退居"川流"地位,而将佛学抬升为"敦化"地位,统摄其他学说。高攀龙还说:"先生(指管志道,引者注)之学全体大用,总归佛门,而后之信先生者必以牟尼之旨,疑先生者必以仲尼之道。"③这里,高攀龙又认为管志道已倒向佛家一边了。

在高攀龙看来,三教并不能简单合一,儒学地位亦不可被动摇。比如,他认为,儒、佛之间就不能简单合一。他说:"儒释源头相似而实非。佛氏浑沦空体,真仿佛太极而实非圣人之太极,得无所得;真仿佛中庸而实非圣人之中庸。"④依高攀龙,儒、佛之间不是细枝末节的差别,而是源头上的差

---

① (明)高攀龙:《答泾阳论管东溟》,见《高子遗书》卷八上,《四库全书·集部·别集五》第1292册,上海古籍出版社1989年影印本。

② 参见彭国翔:《良知学的展开——王龙溪与中晚明的阳明学》,(台湾)学生书局2003年版,第476页。

③ (明)高攀龙:《与管东溟二》,见《高子遗书》卷八上,《四库全书·集部·别集五》第1292册,上海古籍出版社1989年影印本。

④ (明)高攀龙:《与管东溟二》,见《高子遗书》卷八上,《四库全书·集部·别集五》第1292册,上海古籍出版社1989年影印本。

别，是"正统"与"异端"的差别。他主张，儒者只需效法孔子，"不须二氏帮补"。

　　高攀龙激烈反对"三教合一"论，是为了维护所谓的"正统"思想。高攀龙思想中无疑有其保守的一面，但考察其初衷，恐怕也是担心倡导"三教合一"对世人的修身践德不利。这从明末儒、禅合流的趋势中即已看出，就当时的实际情形而言，儒、禅合流带给儒学的多是负面作用，因为，"晚明的禅宗，不仅是禅风虚浮，完全从以作用见性，流为徒呈棒喝机锋而无真性可见，且更为严重的是修持极差、僧德全无，那些'啸聚山林劫掠为事者'，则近乎于草寇群盗了"①。高攀龙强烈抵制儒学禅学化的趋势，不完全是出于门户之见，禅宗内部的僧风颓败、修行松弛以及王学末流因受禅宗影响而导致的士风低迷也是较为重要的原因。

第五节　顾炎武对王学的辩难

　　顾炎武（1613—1682 年），江苏昆山人，号"亭林"，学者称其为"亭林先生"。他是明清之际的一位大儒，著述宏富，其代表性著作有《日知录》《顾亭林诗文集》等。顾炎武生活在朝代更替、"天崩地解"的时代，明帝国大厦的轰然崩塌，使其在思想上受到了较大的震动。他对明朝灭亡的原因进行了深刻的反思，既剖析了明代政治制度的利弊得失，又省察了明代的学风及社会风气，他尤其反思了王阳明及明末王学末流思想学说的弊端。

一、批判王学空谈心性

　　心性之学并非王学或者宋明理学独有的内容，传统儒、道、墨、法、佛诸家无不论及心性问题，只不过王门学者对于心性之学给予了格外的重视。但在顾炎武看来，心性之学缥缈、玄虚，难以有确解，故其反对王门学者奢谈心性。

---

　　①　何俊：《西学与晚明思想的裂变》，上海人民出版社 1998 年版，第 41 页。

他说:"窃叹夫百余年以来之为学者,往往言心言性,而茫乎不得其解也。"①也就是说,心性之学过于茫昧,不太容易说明白,往往是言人人殊,很难达成一致。即使某个学者自认为对心性之学的体悟很透彻,可是因为它是个体的体证,自我的觉解对个体而言可能是心知肚明的,对他人而言未必就那么清楚明了。这样一来,心性之学就变得只可意会、不可言传,甚至被导向神秘主义。

顾炎武指出,先秦儒家反对一味谈玄弄虚,他们一般不轻易以心性问题示人,"命与仁,夫子之所罕言也;性与天道,子贡之所未得闻也。性命之理,著之《易传》,未尝数以语人。……《孟子》一书,言心言性,亦谆谆矣,乃至万章、公孙丑、陈代、陈臻、周霄、彭更之所问,与孟子之所答者,常在乎出处、去就、辞受、取予之间"②。顾炎武认为,孔子关注的主要是现实的社会、政治与人生问题,其关于性与天道的言论,则"不可得而闻"。孟子虽言心、性,但他没有空泛地谈论心性,而是紧密结合了"出处、去就、辞受、取与"等人伦日用问题来进行探讨,如此言心、性,则"心有所主,非虚空以治之也"③。可是,"今之君子则不然,聚宾客门人之学者数十百人,'譬诸草木,区以别矣',而一皆与之言心言性,舍多学而识,以求一贯之方,置四海之困穷不言,而终日讲危微精一之说,是必其道之高于夫子,而其门弟子之贤于子贡,跳东鲁而直接二帝之心传者也。我弗敢知也"④。这里所谓的"今之君子"主要是指部分王门学者。顾炎武认为,王门学者"言心言性",往往以高妙之语来解说儒家经典,对于经典中的平易之语却视而不见,这种做法在他看来已背离了先秦儒家的思想主旨。

在顾炎武看来,过多地沉溺于心性之学,将会导致"摄此心于空寂之境"

---

① (清)顾炎武:《与友人论学书》,见《顾亭林诗文集·亭林文集》卷三,中华书局1983年第2版,第40页。

② (清)顾炎武:《与友人论学书》,见《顾亭林诗文集·亭林文集》卷三,中华书局1983年第2版,第40页。

③ (清)顾炎武:《艮其限》,见《日知录集释(外七种)》卷一,黄汝成集释,上海古籍出版社1985年版,第113页。

④ (清)顾炎武:《与友人论学书》,见《顾亭林诗文集·亭林文集》卷三,中华书局1983年版,第40页。

"落世事以独求其所谓心"①，最终堕入佛禅之学，与儒家明道、淑世的宗旨相去甚远。他认为，王学无论在形式以及内容上都与佛教禅宗有着某种相似性。就内容而言，王门学者多言心性，论玄说妙，而不本之于儒家经学，与禅宗明心见性之说相若，"今之君子，学未及乎樊迟、司马牛，而欲其说之高于颜、曾二子，是以终日言性与天道而不自知，其堕于禅学也"②。就形式而言，王门学者十分看重语录体著作，这让人很容易想到禅宗的《传灯录》。顾炎武反对语录体，主要是因为语录体著作往往随机立言，所记大都是没有经过严格考证的所谓"悟道之言"，这与顾炎武注重考证、主张立论有据的学术风格是不同的。顾炎武说："孔门弟子不过四科。自宋以下之为学者，则有五科，曰语录科。"③应该说，宋代之前已有语录体著作，《论语》即是语录体。而宋代以来的其他儒家学者亦如后来的王门学者一样，十分热衷于语录体著作。事实上，语录体著作未必会堕于禅学。顾炎武所担心的是，宋明时期的儒家学者尤其是明代的王门学者太看重语录，而且借助语录体这种形式大谈心性，偏离了孔子倡导的"文、行、忠、信"的教义，产生了较大的偏颇。

顾炎武认为，论心谈性是一种不切实际的空谈，它不但无益于现实问题之解决，而且还有害于治世。他常常将王门学者与魏晋时期的玄学家相提并论，将他们都视为空谈、玄谈之人，进而认为王门学者与玄学家都应对亡国之祸负责。就魏晋玄学家而言，顾炎武认为，他们抛弃儒家经典，转而崇尚老庄，蔑视礼法名教，只求个人放达，而置朝政安危于不顾，"以至于国亡于上，教沦于下，羌戎互僭，君臣屡易，非林下诸贤之咎而谁咎哉"④，他将亡国及社会风教低下的原因都归之于玄学家不关心时政与民生问题，热衷于玄谈，而且还认为

---

①　（清）顾炎武：《艮其限》，见《日知录集释（外七种）》卷一，黄汝成集释，上海古籍出版社 1985 年版，第 114 页。

②　（清）顾炎武：《夫子之言性与天道》，见《日知录集释（外七种）》卷七，黄汝成集释，上海古籍出版社 1985 年版，第 536 页。

③　（清）顾炎武：《夫子之言性与天道》，见《日知录集释（外七种）》卷七，黄汝成集释，上海古籍出版社 1985 年版，第 537 页。

④　（清）顾炎武：《正始》，见《日知录集释（外七种）》卷十三，黄汝成集释，上海古籍出版社 1985 年版，第 1013 页。

王弼、何晏清谈之害远大于夏桀、商纣王之类的暴君,原因在于,桀、纣之害只是一世,而王、何之害远不止一世,后世学者多受其不良影响,这也即是亡国与亡天下的区别。顾炎武说:

> 有亡国,有亡天下,亡国与亡天下奚辨? 曰:易姓改号谓之亡国,仁义充塞而至于率兽食人,人将相食,谓之亡天下。魏晋人之清谈,何以亡天下? 是孟子所谓杨墨之言,至于使天下无父无君而入于禽兽者也。……是故知保天下然后知保其国。保国者,其君其臣,肉食者谋之;保存天下者,匹夫之贱与有责焉耳矣。①

亡国只是"易姓改号"即朝代更替而已,而亡天下乃是"率兽食人,人将相食",即人们不讲仁义道德,人性丧失,人沦为禽兽,人将变成非人。依顾炎武,匹夫匹妇对"保天下"都有不可推卸的责任,所谓"天下兴亡,匹夫有责",学者尤其应该担负起此种责任。而魏晋时期的玄学家却放纵清谈,这在顾炎武看来是"亡天下"之举。

顾炎武认为,自明代中期王阳明心学兴起以来,玄谈之风又逐渐风靡大江南北。他说:

> 刘石乱华,本于清谈之流祸,人人知之。孰知今日之清谈,有甚于前代者。昔之清谈谈老庄,今之清谈谈孔孟,未得其精而已遗其粗,未究其本而先辞其末,不习六世之文,不考百王之典,不综当代之务,举夫子论学论政之大端一切不问,而曰一贯,曰无言。以明心见性之空言,代修己治人之实学。股肱惰而万事荒,爪牙亡而四国乱。神州荡覆,宗社丘墟,昔王衍妙善玄言,自比子贡,及为石勒所杀,将死,顾而言:"呜呼! 吾曹虽不如古人,向若不祖尚浮虚,勠力以匡天下,犹可不至今日!"今之君子,得不有愧乎其言。②

此段话主要是顾炎武针对阳明学派尤其是王学末流学风空疏的状况有感

---

① (清)顾炎武:《正始》,见《日知录集释(外七种)》卷十三,黄汝成集释,上海古籍出版社1985年版,第1014—1015页。

② (清)顾炎武:《夫子之言性与天道》,见《日知录集释(外七种)》卷七,黄汝成集释,上海古籍出版社1985年版,第538页。

而发的,后世研究者常常会引到此段话,因而使其广为流传。由此段话可以看出,顾炎武与王学几乎是势不两立的,较之其对魏晋玄学家的批评,则有过之而无不及,这从其用语之严厉即可看出这一点。顾炎武认为,王学是把孔孟学说作为清谈的对象,而不是将孔孟学说作为修己治人之学,如此对待孔孟儒学,则将丧失孔孟儒学的真义,儒学将被玄虚化,变成如同佛老之学一样,不再关心国计民生。依顾炎武,这种空谈心性的风气不仅会败坏学风,甚至导致"神州荡覆,宗社丘墟"的严重后果。在他看来,明朝灭亡与王学末流的空谈心性不无关系。

顾炎武说:"以一人而易天下,其流风至于百有余年之久者,古有之矣:王夷甫之清谈,王介甫之新说。其在于今则王伯安之良知是也。"①王夷甫,西晋大臣,名衍,喜谈老庄,推崇何晏和王弼等人的玄学,在他的倡导下,使当时浮诞之风越来越严重。王衍后来为石勒所杀,至死方悟"祖尚浮虚"之祸国殃民。王介甫即王安石,他倡导新学,推行改革,但争议较大。顾炎武将王阳明与这二人并列在一起,无非是想说明王学败坏了一代或几代的社会风气,并导致了亡国之祸。

顾炎武对王学末流尤其深恶痛绝,王学末流因而也成为他批评的重点对象。他说:"故王门高弟为泰州、龙溪二人。泰州之学一传而为颜山农,再传而为罗近溪、赵大洲。龙溪之学一传而为何心隐,再传而为李卓吾、陶石篑。"②顾炎武这里提到了王艮(泰州)、王畿(龙溪)、颜钧(山农)、罗汝芳(近溪)、赵贞吉(大洲)、何心隐(原名梁汝元)、李贽(卓吾)、陶望龄(石篑)等王学末流,他认为这些人大都倾向于谈玄论虚,甚至"非圣无法"。

以顾炎武对李贽的批评为例,《日知录》中列有"李贽"条,在该条中,顾炎武先引了万历三十年礼部给事中张问达弹劾李贽之疏中的文字:

壮岁为官,晚年削发,近又刻《焚书》、《卓吾大德》等书,流行海内,惑

① (清)顾炎武:《朱子晚年定论》,见《日知录集释(外七种)》卷十八,黄汝成集释,上海古籍出版社1985年版,第1423页。

② (清)顾炎武:《朱子晚年定论》,见《日知录集释(外七种)》卷十八,黄汝成集释,上海古籍出版社1985年版,第1422页。

乱人心。……以秦始皇为千古一帝,以孔子之是非为不足据,狂诞悖戾,不可不毁。尤可恨者,寄居麻城,肆行不简,与无良辈游庵院,挟妓女,白昼同浴,勾引士人妻女入庵讲法,至有携衾枕而宿者。①

顾炎武对此引文所下按语是:"愚按:自古以来小人无忌惮而敢于判圣人者莫甚于李贽。"②张问达之疏所提到的李贽的数条罪状是否全部属实,颇值得商榷。不过,李贽确实是一位具有"异端"思想的学者,他的学说在当时来说较具反叛性。比如,他主张打破天理、人欲的界限,认为吃饭穿衣即是人伦物理;主张不以孔子之是非为是非,认为在是非面前,无论贤愚、贵贱、男女,人人都有裁决权;提出"童心"说,实际上是承认个体私心的合理性;等等。应该说,李贽的这些主张颇具现代性,正因为如此,现代学者常常将他视为中国早期的启蒙思想家。当然,顾炎武也被现代学者看成是明清之际的启蒙先驱。虽然两人同时被现代学者称为启蒙思想家,可是,我们从这里却可以看出,顾炎武不但没有把李贽视为同道之人,还对他进行了尖锐的批评。顾炎武主张经世致用,反对王学式的玄谈,但他却要维护六经及孔孟的权威与正统地位;李贽俨然已经"离经叛道",把批判的矛头直接指向了孔子,他评价其他儒者及历史人物也是直抒己见,敢发惊人之论,乃至口无遮拦、狂放不羁。李贽在行为上也不是循规蹈矩之人,他没有严格遵循儒家或佛家的规范。像李贽这样的"狂禅"之士,不能不遭到顾炎武的批驳。

相较于王阳明,顾炎武对朱熹算是客气多了,有时还对朱熹流露出仰慕之情。他说:"两汉而下,虽多抱残守缺之人;六经所传,未有继往开来之哲。惟绝学首明于伊洛,而微言大阐于考亭,不徒羽翼圣功,亦乃发挥王道,启百世之先觉,集诸儒之大成。"③顾炎武认为,朱熹发挥二程之学,阐发儒家学说微言大义,有集大成之功。不过,顾炎武推崇朱熹,并不意味着他认同朱熹思想学

① (清)顾炎武:《李贽》,见《日知录集释(外七种)》卷十八,黄汝成集释,上海古籍出版社1985年版,第1424—1425页。
② (清)顾炎武:《李贽》,见《日知录集释(外七种)》卷十八,黄汝成集释,上海古籍出版社1985年版,第1426页。
③ (清)顾炎武:《华阴县朱子祠堂上梁文》,见《顾亭林诗文集·亭林文集》卷五,中华书局1983年版,第121页。

说的方方面面。比如，他对朱熹学说中有关阐释心性问题的内容仍是十分不满的。恰如林聪舜先生所分析的，"亭林所推崇的朱子，并不是言心言性的朱子，而是能于经学上继往开来，且能'发挥王道'的朱子。所以他希望的是'有能繹朱子之言，以达夫圣人下学之旨'，亦即他心目中的朱子是'下学'、'博学于文'的典型"①。

顾炎武反对心性之学，但他偶尔也会论及心、性、理（道）、命等范畴。不过，他常常是从认知的、经验的角度来理解这些范畴。他认为，只有作出此种理解，才可以减少心性之学的玄思和不确定的成分。比如，对于"心"，顾炎武主张取消其道德本心的内涵，而把"心"视为认知之心，如此一来，便不会妄下"心即性""心即理"之类的论断。他说："心不待传也，流行天地间，贯彻古今而无不同者，理也。理具于吾心，而验于事物。心者，所以统综此理。"②他认为，心只是"统综此理"，流行于天地间的乃是理，心能认识理，但心不即是理。再如，对于"性""道"（"天道"），顾炎武也主张别除它们超越性的内涵，而赋予其以经验义。他说："夫子之教人文、行、忠、信，而性与天道在其中矣，故曰：不可得而闻。"③"性"与"天道"在顾炎武看来并不像宋明理学家所说的那样玄妙，而就在"文、行、忠、信"中得以体现。

二、力倡"明道救世"说

顾炎武在批判王学的同时，又积极倡导"明道救世"之说。他说："君子之为学，以明道也，以救世也。"④在他看来，要做到"明道救世"，除了应潜心研究经史之外，也应高度关注经世实务，其《日知录》即是广求文献与实地考察相结合的一个成果，涉及内容十分广博。对于事关民生、国命者，顾炎武必穷

---

① 林聪舜：《明清之际儒家思想的变迁与发展》，（台湾）学生书局1990年版，第83页。
② （清）顾炎武：《心学》，见《日知录集释（外七种）》卷十八，黄汝成集释，上海古籍出版社1985年版，第1397页。
③ （清）顾炎武：《夫子之言性与天道》，见《日知录集释（外七种）》卷七，黄汝成集释，上海古籍出版社1985年版，第534页。
④ （清）顾炎武：《与人书二十五》，见《顾亭林诗文集·亭林文集》卷四，中华书局1983年版，第98页。

源溯本,探讨其所以然,并亲赴各地做调查,足迹半天下。

顾炎武的门生潘耒说:"有通儒之学,有俗儒之学。学者将以明体适用也。综贯百家,上下千载,详考其得失之故,而断之于心,笔之于书,朝章国典,民风土俗,元元本本,无不洞悉,其术足以匡时,其言足以救世,是谓通儒之学。……天下无贤不肖,皆知先生为通儒也。"①顾炎武的确可以称为"通儒"之士,他不是那种仅能谈论格物致知、正心诚意等"圣贤道理"的儒者,而是学问广博、深谙国计民生之学的经世之儒。当然,顾炎武主张"明道救世",极力倡导经世致用之学,并不意味着他个人就能建立旷世奇功,事实恰好相反,他生逢乱世,一生主要在漂泊中度过,根本没有可能去建功立业,其学说也无法被当政者采纳。而王阳明虽然致力于宣讲心性之学,却在无意之中建立了世所罕见的功绩。各人的现实机缘不尽相同。当然,救世有不同的方式。顾炎武说:"救民以事,此达而在上位者之责也。救民以言,此亦穷而在下位者之责也。"②这里的"救民"也即"救世","救民"("救世")可分为两种类型:"救民以事""救民以言",顾炎武大概属于"救民以言"的类型。

顾炎武有救世之志,而要救世,则首先需要明道,明道即是明圣人之道。圣人之道的精髓是什么? 顾炎武说:"愚所谓圣人之道如之何? 曰'博学于文',曰'行己有耻'。自一身以至于天下国家,皆学之事也;自子臣弟友以至出入、往来、辞受、取予之间,皆有耻之事也。"③可见,顾炎武心目中的"圣人之道"主要指"博学于文"与"行己有耻"。

"博学于文"来自《论语·雍也》:"子曰:'君子博学于文,约之以礼,亦可以弗畔矣夫!'"《论语·颜渊》篇亦出现了此语。"博学于文"即是"广泛地学习文献"④,孔子主张"博学于文"与"约之以礼"应该紧密结合。一般说来,所

---

① (清)顾炎武:《日知录·潘耒序》,见《日知录集释(外七种)》,黄汝成集释,上海古籍出版社 1985 年版,第 23 页。

② (清)顾炎武:《直言》,见《日知录集释(外七种)》卷十九,黄汝成集释,上海古籍出版社 1985 年版,第 1446 页。

③ (清)顾炎武:《与友人论学书》,见《顾亭林诗文集·亭林文集》卷三,中华书局 1983 年版,第 41 页。

④ 杨伯峻:《论语译注》,中华书局 1980 年版,第 64 页。

谓"学",是指通过读书、研究、听讲等方式,以获得文化知识和技能。顾炎武所讲的"学",无疑也蕴含有此层含义,但他并未将"学"仅仅局限于博览群书或闭门独学,同时还包含了实地考察与社会交往。顺治十四年,顾炎武只身北上,开始了其后半生的漂泊生活,足迹遍至山东、河北、山西、陕西等广大地区,每至一地,必考察当地的自然环境及风土人情,如果所见有与平日所闻不合之处,即随时核对,同时广交豪杰师友。顾炎武所谓的"文"也不仅仅是指文献。他说:"君子博学于文,自身而至于家国天下,制之为度数,发之为音容,莫非文也。……而谥法经纬天地曰文,与弟子之学诗书六艺之文,有深浅之不同矣。"①可见,顾炎武大大扩展了"文"的外延,认为凡是古今各种制度、文献、各地风俗、人情、天文、地理等,无不是"文"。顾炎武不管何时何地,哪怕是在穷乡僻壤或穷困潦倒之时,他都要求自己"博学于文""多学而识"。他在北方一带游历时,既高度关注社会现实问题,又集中心力读书、抄书与著述,特别是用来研读、抄录经史之书。在他看来,"既不出户,又不读书",就是所谓的"面墙之士",与佛禅之徒无异。他认为,王学末流中的一部分学者就有类似问题,一方面他们束书不观,另一方面又不积极去做利国利民之实事。顾炎武对这种做法较为反感。他自己酷爱书籍,潘耒谓其师"精力绝人,无他嗜好,自少至老,未尝一日废书。出必载书数簏自随,旅店少休,披寻搜讨,曾无倦色。有一疑义,反复参考,必归于至当。有一独见,援古证今,必畅其说而后止"②。顾炎武一生几乎"未尝一日废书",即便在游历途中,也以友人赠送的两骡两马载书自随,几乎从未中断过读书、抄书。他一改王学末流束书不观、任心废学、空口讲诵、主观冥想的做法。顾炎武认为,为学之道,应是在好古敏求、多学而识的基础上,再寻求"一贯之道",而不能一上来就高谈天道性命之学,否则就难以克服游谈无根的弊病。

"行己有耻"来自《论语·子路》:"子贡问曰:'何如斯可谓之士矣?'子

---

① （清）顾炎武:《博学于文》,见《日知录集释(外七种)》卷七,黄汝成集释,上海古籍出版社 1985 年版,第 539 页。

② （清）顾炎武:《日知录·潘耒序》,见《日知录集释(外七种)》,黄汝成集释,上海古籍出版社 1985 年版,第 24 页。

曰:'行己有耻,使于四方,不辱君命,可谓士矣。'"顾炎武十分重视孔子所说的"行己有耻"一语,并将其视为立身处世之本。在他看来,人若无"耻",则成为"无本之人"。他说:

> 耻之于人大矣! 不耻恶衣恶食,而耻匹夫匹妇之不被其泽,故曰:"万物皆备于我矣,反身而诚。"呜呼! 士而不先言耻,则为无本之人;非好古而多闻,则为空虚之学。以无本之人,而讲空虚之学,吾见其日从事于圣人而去之弥远也。①

"耻"是中国传统主要道德条目之一,它与"礼""义""廉"一起被称为"四维"。对于"四维",顾炎武最为看重的是"耻"德。在他看来,人之堕落、人性的异化,主要是因为人不能守住"耻"德。一个人如果没有羞耻之心,是不可能要求他做到礼让、行义、廉洁的,因而,"耻"被看成是"礼""义""廉"的基础和前提。顾炎武认为,"耻"德对于治国、治军也具有极其重要的意义。执掌实权的大臣及军事将领如果寡廉鲜耻,贪得无厌,便足以丢城失地,乃至亡国。

顾炎武之所以没有刻意彰显仁义、天道等崇高的道德理想,转而强调作为底线道德的"耻"德,是因为他目睹了王学末流之流弊,谈仁义、天道者不可谓不多,可是谈得愈多,谈得愈玄虚,仁义、天道愈得不到落实,一些文人连最起码的道德准则都守不住,部分官员更是有过之而无不及,顾炎武甚至认为明末"无官不贿遗""无守不盗窃"②。文人及官员的德行好坏对每个时代的社会风气都具有极其重大的影响,他们的一言一行、一举一动对民众都有"草上之风"之效,"朝廷有教化,则士人有廉耻。士人有廉耻,则天下有风俗"③,文人及官员尚且缺少起码的道德约束,怎么能要求普通民众坚守道德? 以此之故,顾炎武较少谈论成圣成贤、上达天德之类的高妙话头,而致力于探讨"耻"德。在他看来,人若缺少羞耻感,将会使人不顾毁誉荣辱,没有任何是非、善恶观

---

① (清)顾炎武:《与友人论学书》,见《顾亭林诗文集·亭林文集》卷三,中华书局 1983 年版,第 41 页。
② (清)顾炎武:《名教》,见《日知录集释(外七种)》卷十三,黄汝成集释,上海古籍出版社 1985 年版,第 1029 页。
③ (清)顾炎武:《廉耻》,见《日知录集释(外七种)》卷十三,黄汝成集释,上海古籍出版社 1985 年版,第 1038 页。

念,使人变得无所顾忌,为所欲为,甚至猥琐不堪、一味媚世。部分王学末流虽然还没有达到如此程度,但解缆放船、触世纲、犯众怒的情况确实是有的。顾炎武重视探讨"耻"德,旨在呼吁人们守住底线道德,注重一言一行的操守培养,进而改善社会风气。①

顾炎武还主张推动政治体制的改革,以达到"明道救世"的目的。他说:

> 知封建之所以变而为郡县,则知郡县之敝而将复变。然则将复变而为封建乎? 曰:不能。有圣人起,寓封建之意于郡县之中,而天下治矣。……封建之废,非一日之故也,虽圣人起,亦将变而为郡县。方今郡县之敝已极,而无圣人出焉,尚一一仍其故事,此民生之所以日贫,中国之所以日弱而益趋于乱也。何则? 封建之失,其专在下;郡县之失,其专在上。②

反观历史,秦王嬴政统一天下、建立秦王朝之后,废封建而置郡县,此举无疑有其必要性。若再继续推行西周时期的分邦建国制,便难以有效地树立中央的权威,国家无法实现真正意义上的统一。不过,实行郡县制以后,皇权虽然得到强化,可是又产生了新的问题,即"其专在上",郡县制实际上变成了一种极端的君主专制,地方官员的权力受到太多的限制,地方上的生存空间愈来愈狭小,当外族入侵之时,地方力量也显得严重不足,无法及时、有效地配合中央抵御外侮。顾炎武主张"寓封建之意于郡县之中",即是试图保留封建制与郡县制各自的长处,同时又能克服它们各自的缺陷,以谋求更好的"治道"。顾炎武主张,天子不应该将权力都集于一身,而应"寄之天下之人"③,让各级官吏共同管理天下,天子与官员之间是一种分工合作的关系,而不是驱使与被驱使的关系,如此,天下可治矣。顾炎武将批判矛头指向了君主专制的制度,并提出了一系列的改革措施,这是非常难能可贵的。他在此问题上与黄宗羲

---

① 参见姚才刚:《顾炎武的"耻德"观与当代荣辱观建设》,《武汉科技大学学报(社会科学版)》2008 年第 4 期。

② (清)顾炎武:《郡县论一》,见《顾亭林诗文集·亭林文集》卷一,中华书局 1983 年版,第 12 页。

③ (清)顾炎武:《守令》,见《日知录集释(外七种)》卷九,黄汝成集释,上海古籍出版社 1985 年版,第 718 页。

有较多的相似之处,黄宗羲在《明夷待访录》中也对君主专制制度进行了激烈的批判,认为君主之"家天下"是社会动乱、弊病丛生的总根源,故而需要限制君权。顾炎武、黄宗羲对政治体制的思考以及对未来理想政治制度的设计,是他们经世之学较为重要的一部分。

三、顾炎武辩难王学之不足

顾炎武是明末清初的一位大儒,他对王学空谈心性、趋玄务虚的学风进行了较多的反思、批判,致力于将王学由"虚"扭转为"实",进而倡导"明道救世"的经世致用之学,这对王学以及明清学术的健康、理性发展有所裨益。

不过,顾炎武对王学的辩难、指责也有不合理之处。他厌弃空谈心性,也拒斥任何超越的形上之理。在反思王学之弊的问题上,其言辞之尖锐、激烈是以往学者所无法相比的。可是,心性之学并非一无是处,恰好相反,心性之学是儒学乃至整个中国文化的精髓。牟宗三、徐复观、唐君毅等在他们联名发表的《中国文化与世界》一文中宣称:"今人如能了解此心性之学,乃中国文化之神髓所在,则决不能容许任何人视中国文化为只重外在的现实的人与人之关系之调整,而无内在之精神生活,及宗教性形上性的超越感情之说。"①可是,心性之学在历史上也不断受到学者们的质疑、批评,南宋时期的叶适、陈亮等人就认为心性之学是虚妄臆测的东西,是"空言"。对心性之学批评最厉害的莫过于包括顾炎武在内的明末清初的部分思想家,他们认为王门学者尤其是王学末流空谈心性、说玄蹈虚、脱离实际、误国误民,顾炎武甚至将明王朝的灭亡与王学末流空谈心性联系起来。

严格地说,心性之学与"蹈虚"之风之间并无必然的关联,但将心性之学谈得过多,会给人造成一种玄虚的印象。对于明末玄虚之风,当然应加以批判。也就是说,在国家危难之际,那些平时习诵性命之理、论心谈性者提不出任何扶危济困之策,无法匡济时艰。可是,我们反过来想一想,明末喜谈心性

---

① 牟宗三等:《中国文化与世界》,见唐君毅著,张祥浩编:《文化意识宇宙的探索》,中国广播电视出版社1992年版,第346—347页。

者有几人能执掌实权？执掌实权的皇帝与官员又有几人对心性之学感兴趣？明朝之灭亡自万历朝已肇其端，荒淫无耻、常年怠政的万历皇帝哪里会对心性之学有半点好感？他若能稍留意于心性之学，心中尚有一丝一毫的是非观念，也不至于将国家弄得一塌糊涂。明末其他玩弄权柄的朝臣及阉党人物同样是如此。朝政衰敝由来已久，当然不能将明朝灭亡的罪责归咎于谈论心性的读书人。相反，谈论心性之学的读书人若有机会参与朝廷事务，就有可能成为朝廷中的清流，与朝中邪恶势力做不懈斗争。不过，在专制政治体制之下，这些清流之士往往自身都难保，自然也阻止不了明王朝大厦的倒塌。

顾炎武批评王学尤其是王学末流崇尚玄虚固然有其必要性，但他显然过分夸大了王学的危害性，夸大了王学在明朝兴亡问题上所能起的作用。不仅是王学，任何一种学说在实际生活中都不可能产生这么大的负面（或正面）的影响，更不可能从根本上颠覆一个朝代，或者使几代人的人心、人性发生混乱。明王朝之灭亡是多种因素造成的结果，顾炎武将其主要归咎于王学末流的空谈心性，这种观点是站不住脚的。

心性之学虽然难以有定论和确解，它需要依赖于个体的内心体悟，但我们不可因此而对心性之学完全加以排斥。事实上，不仅儒家心性之学需要体悟，今日多数人文学科也需要体悟，如哲学里的形而上学、文学中的情感及审美等问题就离不开人的体悟与反思，这些问题既无法证实，也无法证伪，我们思考这些问题，却无法获得一个确切的、唯一的结论，它们本身也不具有纯粹的客观性，但我们不会舍弃它们，原因在于，探讨这些问题，将有助于我们确立人生的终极信念。此外，顾炎武从经世致用或事功之学的角度排斥心性之学的做法也是失之偏颇的。关于此点，笔者将于下节再加以详论。

第六节　王学修正运动之反思

王学修正运动是中晚明儒学发展史上的一种重要思潮。该时期的王学修正者对王学进行了鞭辟入里的反思，对其暴露出来的弊端汲汲加以修正。王阳明的"心即理"说、"知行合一"说、良知说、"四句教"以及其对"格物""诚意"等范畴的解释,"左派王学"中盛行的"现成良知"论、"狂禅"习气等均是学者们反思与纠正的对象。大体说来,王学暴露出来的诸如将心性本体讲得过于轻巧、轻视修养工夫、崇尚玄虚、"求内而遗外"等弊病最易受到学者们的指责。

王学修正者对王阳明心学及"左派王学"做了很多补偏救弊的工作,这对中晚明儒学的健康、理性发展无疑有所裨益。王学修正者不仅停留于对王学的修正、辩难,而且在此过程中逐渐建构了自身的思想体系,发展出各具特色的学说,从而使得中晚明儒学呈现出多样化的发展格局。不过,一部分王学修正者对王学的批评、指责也有不合理之处。有的学者仍拘泥于传统的理学与心学的纷争,对王学的批评未必妥当。而且,王阳明及其后学王畿、王艮等在破除儒学僵固教条、促进思想解放方面也有积极正面的价值,一些学者对此也未能给予足够的重视。此外,同一个概念在不同的学说体系中会有不同的内涵,这在中外哲学史上乃是常有之事。可是,一些王学修正者却无视这种情况,甚或以己意强加于对方,以至于枉费了不少笔墨,造成了一些不必要的辩难。以良知为例,王阳明所谓的"良知"表现为一种昭明灵觉或知觉,可是良知又不同于一般的知觉,它能够"知是知非""知善知恶",而且还"好善恶恶"①。良知具有认知功能,但更是一种道德理性原则,且有道德实践的意义。可是,李材却仅仅赋予良知以认知的内涵,而未将其上升到道德本体的层面。李材对良知内涵的界定既然不同于王阳明,那么,他对阳明良知说所作的批驳也不足以令人信服。

王学修正运动可供我们继续反思的问题很多。限于篇幅,笔者仅简要分析与此思潮密切相关的两个问题:如何在个性解放与道德理性精神之间谋求一均衡之道? 心性与事功之间是否必然不相容?

先就第一个问题谈。王阳明倡导"致良知"之学,主张从烦琐的训诂、辞章、记诵之学中解放出来,而直接透悟本心。他的学说简易直接,清新明快,在

---

① 陈来:《有无之境——王阳明哲学的精神》,人民出版社1991年版,第167页。

一定程度上医治了当时儒林的麻木与迂腐，挽救了儒学的颓废之势，也极大地倡扬了独立自主精神。阳明后学中的"现成良知"派在张扬个性、推动思想解放方面又大大前进了一步，他们打破传统的各种观念，任心而动，将人的主体精神发挥到极致。这种思想倾向暗含着对封建伦理的否定性因素，对后来的启蒙思想家具有一定的借鉴意义，因此应对之作出相当程度的肯定。但笔者在此又可提出一个问题：讲个性解放与思想启蒙，是否就可以无视道德理性精神的规约？中国传统社会向来以家族制度或宗法制度为一切伦理道德的中心，强调礼法名教对个人行为的约束，虽然这种礼法名教有可能被僵固化的危险，以至于演化成"吃人的礼教"（它应当是我们批判的对象），但我们不能因噎而废食，完全不讲道德礼仪，否则同样会走向事物的反面。任何一个健全的社会都不可能罔顾道德。当然，我们需抛弃陈腐的、过时的纲常、教条，而呼唤符合时代需要的道德规范。每一个人都需要守住最低限度的道德操守，在此基础之上才可以谈个性的张扬。"现成良知"派反对现成的各种规则，冲决网罗，他们超人的胆气和特立独行的个性确实让人钦羡不已，但他们多倾向于摧毁旧道德，却疏于新道德的建树。这样一来，就极易造成道德真空的局面。基于此点，我们有必要肯定一些王学修正者重振道德的努力，当然也需要解消他们执着于旧道德的保守性。也就是说，我们应承认道德理性精神对于社会人生的意义，但却不可陷入对某种僵固的道德条目的盲信；提倡个性解放，但却不可将其发展成为放任自流。兼顾道德约束和个性解放，方合乎真正人性的需要。

再论心性与事功之间的关系。很明显，明末清初的不少学者都以实学来反对包括阳明心学在内的宋明理学。心性与事功之间是否一定不相容？也未必。明末清初的学者针对王学末流空谈心性、误国害民的弊病，特别强调了实学的重要性，这有其必要性。不过，"矫枉"往往就会"过正"，一些学者甚至完全否定心性之学存在的必要性，这恐怕也有失允当。笔者以为，空谈心性而忽略兵农工商等实用之学，就极易造成空疏的学风，或者说，仅仅执着于对心性的领悟而不屑于做其他实际的事务，将心性之学看成是与济世救民无关、仅仅用于慰藉个人精神的学问，那么，这种心性之学无疑是"无用之学"。反之，太突出实用性而缺少对心性的真切体认，或者说，片面追求工具理性，放弃价值理性的指引，其危害性亦是明显的，它会导致功利至上和物质主义的倾向，使人陷入物质、利益之中而不能自拔，人在利益面前不能做自己的主宰，把握不住人之为人的方向，所建立的事功也可能会经不起价值方面的检验而黯然失色。

现在大学所设置的理、工、农、商、法、管理等学科，其分类之细、实用性之强，远非明末清初学者所能想象。但当代人不会因上述学科之"实用"而去指责文、史、哲等人文学科之"无用"（实乃"无用之大用"），更不会否认后者存在的必要性。依此类推，我们岂能一笔抹杀中国古代讲心性的圣学传统？事实上，心性之学与事功之学可以并行不悖，两者各有自己特定的功能。致力于事功之学，个人可以建功立业，百姓可以丰衣足食，国家则会繁荣富强。探讨心性之学，可以促使人反观内求，进而确立道德自我，提升道德境界。

在中国历史上，主张将心性与事功结合的思想家也不乏其人。比如，宋儒胡宏既讲心性，也提倡经世致用之学，重视事功，他认为圣人不仅离不开事功，而且恰恰需要通过"周万物""遂生养""建事功"才得以体现和完成。明代心学大师王阳明在一定程度上也将心性与事功结合起来，他倡导"致良知"之说，却并不排斥事功，且建立了世所罕见的奇功伟业。当然，王阳明的一些后学却逐渐偏向于讲学论道，非但无缘建立像阳明那样的奇功，对有关国计民生的学问也关注不够，使得儒学救世观念逐渐丧失殆尽。心性与事功之间应是"合则两美，离则两伤"，忽略任何一方或者割裂两者的关系，都是不全面的、不完满的，甚至是有害的。

明末清初的实学家虽扭转了"蹈虚""空谈"的风气，尽到了振衰救弊的职责，在中国思想文化史上产生了较大的影响，但终究未能妥善处理好心性之学与事功之学的关系，不免遗憾。而且，强调事功者也未必就能够建立真正的事功。颜元比较突出事功之学的价值，提倡功利，但却一意复古，迂阔而不切实际，很难说有什么事功可言。后来，清代考据学家也不再讲心性，转向辑佚、辨伪、注释以及音韵、训诂之学，这虽避免了宋明理学家式的臆测与玄谈，使学问更显厚重与可信，但这种"为考证而考证"的学风也未能使清代知识分子真正实现"外王"的理想。笔者以为,心性之学虽不能囊括儒学的全部意蕴,也不能取代其他实用之学,但它毕竟是儒家学说中极为重要的内容,心性之学经过改造和转换,仍有其现代意义。我们今日不必在传统心性之学里打转转,而需要将其转化成广义的人文精神。原因在于,儒家的心性之学本来就是探讨人的本质及如何立身处世的问题,它涉及对人的生存价值和终极意义的思考,这与20世纪90年代以来学术界所讨论的人文精神、人文关怀有相互吻合的地方。

结　语

　　在儒家心学发展史上，明代是一个高峰或集大成时期，该时期的心学思想颇为兴盛，派别林立，较具声望的心学家不断涌现，他们的心学思想广受当时及后世学者们的关注。在此之前的先秦、汉唐及宋元时期可以视为儒家心学思想的萌芽、形成与奠基期，而清代心学则是明代心学的余绪。因各种机缘，中国近现代也出现了儒家心学思想复兴的迹象，而近现代一部分儒家学者所希望复兴的心学，也主要是对明代心学的继承与重构。因此，回顾并检视明代心学及其主要流派，就可以大体了解、把握中国儒家心学的思想梗概与精神旨趣了。

　　明代尽管仍把程朱理学作为科举取士的标准，但心学却是最具活力与创见的学说。吴与弼、胡居仁等明初朱子学者的思想学说中已蕴含有心学思想的萌芽，从而为明代心学的兴起创造了契机。明代思想发展到陈献章这里，才实现了由逐外到内敛、由支离到简约的转变，故其被学者们视为明代心学的真正开山祖师，恰如黄宗羲所言："有明之学，至白沙始入精微。其吃紧工夫，全在涵养。"①陈献章之后，明代又出现了湛若水、王阳明两位心学大师。湛若水深化与发展了陈献章开创的岭南心学，王阳明是明代心学的集大成者，两人都创立了各自的心学派别，即甘泉学派与阳明学派。这些派别将明代心学发展推向了高潮。此外，明末大儒刘宗周及其高足黄宗羲也建构了各具特色的心学思想体系，对心学思想发展作出了较大的贡献。他们还对宋明理学特别是明代心学的利弊得失进行了深入、系统的反思，对心学流弊多有矫治、修正，因

---

　　① （清）黄宗羲：《明儒学案》卷五，中华书局1985年版，第78页。

而,他们堪称明代心学的殿军。

由此可见,明代心学发展并非只有王阳明与阳明学派的一枝独秀,而是形态多样,异彩纷呈。这里尤应提到的是,在中晚明时期的心学阵营中,甘泉学派与阳明学派均为重要的派别。不过,明末清初以及近现代的一些学者在论及中晚明心学时,往往多留意王阳明及阳明学派,对于湛若水及甘泉学派则未能给予足够的重视,甚或将其排除在明代心学之外,这是不够确切的。甘泉学派与阳明学派之间的确具有千丝万缕的联系。从师承角度来看,湛门弟子转投王门者有之,王门弟子转投湛门或受湛学影响而对王学之弊加以修正者亦有之;从学术见解上来看,两个学派也有一定的相似之处。不过,甘泉学派并未为阳明学派完全同化,我们可将其视为异于阳明学派的一个独立学派。应当承认,阳明学派在中晚明心学发展史上发挥了主导性的作用,甘泉学派的影响力远不及阳明学派。但不可否认的是,在明代中叶以来的心学发展历程中,除了阳明学派之外,还有一个甘泉学派,后者同样是该时期心学发展史上一支不容忽视的力量。

明代不同的心学家在致思趋向上多有差异。以陈献章、湛若水为例,两人是师徒关系,不过,湛若水在继承陈献章心学思想主旨的同时,也从不少方面对师说进行了改造、修正,其动静观等与师说相比尤其有了较大的突破。他还另立"随处体认天理"等新说,其思想学说与陈献章心学已不尽相同了,当可自成一家之言。除此之外,陈、湛在个人精神气质方面也迥然有异。陈献章聪颖过人,悟性很高,且向往一种逍遥自在的生活,他称得上是一位有道家倾向的儒家学者;湛若水早年跟随陈献章学习期间,受其师影响,尚有其师"气象",但中年步入官场之后,他往往给世人以正统儒家的印象,即克己修身,谨言慎行,效力朝廷,勤勉务实。而且,他还善于利用各种机会施展自己的政治抱负,有济世救民之志。再以湛若水、王阳明为例,湛、王二人尽管都归宗心学,也都为明代中叶以来心学的发展作出了较大的贡献,但他们在格物、良知、"勿忘勿助"等问题上却不无争论。① 可以说,湛学与王学是在相互辩难、相互

① 关于此点,参见姚才刚:《甘泉学派的思想特色及其对中晚明心学发展的影响》,《哲学动态》2013 年第 6 期。

影响之中共同发展起来的。

将心学视为明代思想文化领域影响最大的学说，并不意味着要否认其他学说（或学派、人物）的存在及其学术贡献。以程朱理学为例，程朱理学在明代仍然继续发展。一部分程朱学者所执守的学说尽管日趋僵固，并且已经逐渐流于形式化、功利化，但考察明代学术史，则可以发现，薛瑄、吴与弼、胡居仁、罗钦顺、吕柟、顾宪成、高攀龙等一批程朱学者仍然保持有敏锐的学术眼光与思想创造力，对推进明代思想文化的发展作出了积极的贡献。这些程朱学者以性、理为第一义的存在，同时又因应于思想界的氛围，除了提高心的地位之外，又强调理的内存性，以理气为一。但他们毕竟为程朱学者，对于心与气地位的提高有一定的条件。事实上，明代心学与程朱理学同样有千丝万缕的联系。王阳明心学是对朱熹思想的批判，但同时也保留了朱熹思想的若干元素。当代新儒家刘述先先生就指出，朱学即为王学的一种思想渊源。他认为，王阳明对于《大学》的解悟和体证，是其一生中最为重要的思想关切之一。他格庭院前的竹子、龙场的顿悟、刻《古本大学》、撰著《大学问》，莫不与这篇文献有密切的关联。王学是受到朱子诠释《大学》的刺激，与之对反所产生的结果。① 湛若水与甘泉学派尤其重视程朱理学的思想资源，湛氏以"随处体认天理"表明自己的学说宗旨，其所谓的"天理"就带有程朱理学的痕迹。湛门后学唐伯元、杨时乔等倡导的学说则具有浓厚的理学色彩。当然，明代心学与理学之间既相互吸收、借鉴，又互有指责、攻讦，纷争不断。

明代心学对当时及后世都产生了较大的影响。陈献章、湛若水、王阳明、刘宗周等思想家往往是通过授徒、讲学等方式传播各自的心学思想。他们因为学问与人品俱佳，思想深刻，敢创新说，不少好学之士对他们无比仰慕，纷纷投于门下，因而在他们的周围逐渐聚集了一批追随者。这些思想家与弟子们在一起切磋学问，研习儒家典籍，探讨天道心性以及如何成圣成贤等问题，教学相长，学学相长，这样一来，以某位思想家为中心的学派就逐渐形成。随着

---

① 参见刘述先：《论王阳明哲学之朱子思想渊源》，见《朱子哲学思想的发展与完成》，（台湾）学生书局1995年版。

时间的推移,学派宗旨日益明朗化,其影响力也愈来愈大。陈献章、湛若水、王阳明、刘宗周等在他们各自创立的学派中起到了思想引领和精神支柱的作用。同时,他们也分别培养了一批儒学功底扎实、较具学术声望的弟子以及再传弟子,弟子们不遗余力地传播师说,且能将师说进一步向前推进。学派的影响力即是在授徒、讲学等活动中逐步得到提升,这种影响力不仅体现于学界,也体现于其他各个社会阶层;不仅体现于当世,也体现于后世,甚至对后来周边的国家或地区也产生了较大的影响。

以阳明心学为例,阳明心学产生后,朝廷大臣、学者士大夫、贩夫走卒当中,都有阳明的信徒,尤其是在中下层民众中具有极大的影响。"致良知""知行合一"等主张,摆脱了长期的文字训练和经典阅读,是一种直截了当、"当下即是"的工夫,引发了中下层老百姓的极大兴趣,直接推动了儒学平民化运动,构成了对官学也就是朱子学的冲击,起到了解放思想的作用。明亡以后,阳明心学在清代受到冷遇,但被誉为"同治中兴名臣"的曾国藩,一生都崇拜阳明、效法阳明。近代以来,许多政治家和学者都十分强调阳明心学。儒学在当代社会的发展也受惠于阳明心学。现代新儒家的开山大师熊十力主张"保任良知,去向事上磨炼",他自己也说,其哲学体系中的"仁""诚""本心""本体"等范畴就是阳明所讲的良知。牟宗三创立的"道德的形而上学"特别强调良知本体,直接继承阳明心学的主要内容。唐君毅先生讲生命的真实存在,讲心通九境,也包含着对阳明"心外无物"思想的继承。阳明心学在日本、朝鲜也有一定影响力。阳明42岁时,曾与日本禅僧了庵桂悟会晤。了庵桂悟东归,日本始知有阳明心学。明万历年间,阳明著作就传入了日本。16世纪中期,中江藤树最先在日本传播阳明心学,被称为日本阳明心学的"元祖"。中江藤树之后,出现了三轮执斋、佐藤一斋、大盐平八郎等阳明心学大师。日本维新志士如梁川星岩、西乡隆盛、吉田松阴等也都是阳明心学的信徒,他们以阳明心学为团结下层武士、平民的纽带和行为动力,开展倒幕和维新运动。朝鲜半岛在阳明逝世前后就已经了解了阳明心学。17世纪时,郑霞谷潜心研究阳明心学,开创了江华学派,一直流传至今。同时,阳明心学的实用因子也影响到作为民族启蒙思想前兆的实学派学者。实学思潮主要流派的重要学者,如李瀷、朴齐家、丁若镛等无不受到阳明心学的影响。可见,阳明心学作为东亚诸国共同的思想资源,在各国近代化进程中都发挥了重要作用。①

心学思想在明代及后世既受到了好评、追捧,也曾被斥责、打压。陈献章、湛若水、王阳明、刘宗周以及他们的后学所倡导的心学思想,都不同程度地遭受过来自学界或官方的攻击、挞伐,得到此种不公待遇最甚者莫过于王阳明及其后学。比如,晚明时期的广东澄海儒者唐伯元对陈献章、湛若水创立的岭南心学尚充满着同情与敬意,曾拜湛若水的高足吕怀为师,但他却强烈反对阳明心学。唐伯元认为,王阳明好发高妙之论,"大发千古所无之异论"②。王阳明自任又太过,对儒家古圣先贤时时流露出轻薄、鄙夷之情。唐伯元还指出了王阳明心学中的自相矛盾以及故作"奇险之论以反经"之处。概而言之,王阳明的人品和学说与唐伯元心目中的大儒或真儒的形象截然不同。他认为,王阳明不是儒家之楷模人物,故他呈上《从祀疏》,强烈抗议王阳明从祀孔庙。事实上,在唐伯元上疏之前,王阳明从祀孔庙之路已显得颇为曲折,相关争论竟达数十年之久。隆庆初年,王门后学徐阶任内阁首辅,御史耿定向等人上疏请王守仁从祀孔庙,徐阶在廷议中尽管极力争取,但仅为王阳明争回了嘉靖年间被剥夺的封爵,从祀之事因其他廷臣的反对而未能遂愿。万历即位后,都御史徐轼、给事中赵参鲁亦各疏言王阳明宜从祀孔庙,但在朝野士大夫中反对王阳明其人其学的人数仍然不少,加上当时是张居正掌握着朝政大权,他因目睹其师徐阶、好友罗汝芳等热衷于宣讲阳明心学,缺乏实干精神,荒疏政务,遂对阳明心学及传播阳明学的讲学者产生厌恶之情,进而通过政治上的强制性措施来禁止私人讲学。以此之故,在张居正任内阁首辅期间,王阳明便绝无可能从祀孔庙。可是在张居正去世之后,情况又悄然发生了变化。万历十二年(1584年),御史詹事讲再次上疏,重提王阳明从祀孔庙之事,南京给事中钟宇淳、叶遵等人积极响应詹事讲,也上疏支持王阳明从祀孔庙,尽管此时在朝廷官员中反对王阳明的声音仍不绝于耳,但此时担任首辅的申时行与前任首辅

---

① 参见郭齐勇:《阳明心学的当代价值及其意义》,《人文天下》2018年第6期。
② (明)唐伯元:《从祀疏》,见《醉经楼集·奏疏附刻》,朱鸿林点校,中华书局2014年版,第178页。

张居正的态度大相径庭,他极为称颂王阳明的功业、气节和文章,明神宗也支持并亲自裁定王阳明从祀孔庙。在各方力量的共同推动之下,王阳明从祀孔庙的疏请终获通过,其牌位在孔庙下受用隆重的祭享。① 唐伯元所上奏疏交给群臣朝议,尽管也引起了一场不小的波澜,但由于明神宗力主王阳明从祀孔庙,此事方作罢。

明末清初的思想家顾炎武、王夫之等人对王阳明心学也持批评态度,其中顾炎武的言辞最为激烈。顾炎武认为,宋明理学特别是王阳明心学于事无补,不但于事无补,空谈心性还会误国、误天下。如此一来,他基本上站在了王阳明心学的对立面上(对于朱熹理学,他尚持有一定的同情态度),并将明朝灭亡的惨祸归罪于王学末流的空谈心性。② 这种见解显然是言过其实了,王阳明心学虽然有其内在的理论矛盾,在王学末流中更是出现了玄虚化、"狂禅化"的倾向,但也不至于背上"亡国"的罪名。明朝灭亡是政治、经济、社会、军事等多种因素造成的结果,顾炎武将其主要归咎于王学末流,此论是站不住脚的。

嵇文甫先生所谓的"左派王学"及其弟子或再传弟子彰显良知的现成性、轻视修养工夫、过于张扬个性,进而发展为唯我独尊、狂放无羁,这种做法最受当时及后世学者的批评、讥讽。其实不止阳明学派是如此,明代心学其他代表人物也或多或少受到后人的质疑、指责。

陈献章在修养工夫论上过于强调"静""虚",在归隐生活中一味突出"诗、酒、睡、梦",主张在似睡非睡、似醉非醉、"半梦半醒"中参透和领悟人生③,这固然与其本人多次科考失利及仕途受挫有关,暗含着迫不得已、无可奈何的意味,但亦是出于陈献章的一种主动选择。岭南地区独特的地理、人文环境以及陈献章本人特立独行的个性都使得他不可能成为一个循规蹈矩之人,而是一

---

① 刘融、朱加林对王阳明从祀孔庙的过程以及引发的相关争议有详细的梳理,参见刘融、朱加林:《王守仁从祀孔庙之争》,《史学月刊》2005年第8期。
② 参见(清)顾炎武:《日知录集释(外七种)》卷七、卷十八,黄汝成集释,上海古籍出版社1985年版,第538、1423页。
③ 张曼丽、姚才刚:《略论陈献章的人生哲学思想及其现代价值》,《朱子文化》2013年第2期。

个具有异端倾向的儒家。他在终极关怀上尽管选择了儒家,但其人其学又透显出强烈的道家色彩,而这一点恰好容易受到正统儒家学者的诟病,毕竟儒家的主流观点是主张积极入世的,至少应做到"用之则行,舍之则藏"(《论语·述而》)。

湛若水是陈献章的衣钵传人,毕生竭力弘扬师说。不过,他并未尽守师说,其倡导的"随处体认天理"等学说就有调和理学、心学的倾向,这种折中的学术立场看似合乎中道、不走偏锋,但实际上却两边都不讨好。与其学术风格相应的是,湛若水在个人气质上有时也表现出谨慎保守乃至委曲求全的特点,此点在明代嘉靖时期的"大礼仪"之争中展露无遗,故遭到学者委婉的批评。①

刘宗周是明末大儒,他建构了精微、圆融的思想体系,同时又以高尚、卓绝的人格而彪炳于史册,他可以称得上是一位粹然真儒了。但刘宗周其人其学并非无可挑剔,其性格中也有孤傲、褊狭的一面,这从他与同样作为忠臣、大儒的黄道周的交往轶事中可以看出这一点。黄道周和刘宗周之间曾有过书信往来,各自对对方均有勉励之语。可是有一段时间,刘宗周仅仅因为不满于黄道周的一些做法,就拒绝与其相见。有一次,他听说黄道周将要到绍兴一带,为了躲避黄道周,他竟然特地到自己的女婿家住了一个月。何俊、尹晓宁先生指出,"拒绝太深"是刘宗周的一个特点,这源自他严格的君子小人之辨。② 从总体上来看,刘宗周的学说则显得敬畏有余而洒脱不足,其修养工夫论甚至表现出一定程度的自惩、苦行等倾向。

可见,任何一种学说都有其利弊、得失,明代心学自兴起以来以及在形成、发展的过程之中备受争议,后世对其褒贬不一,自然也在情理之中。不过,从今人的视角来看,明代心学不仅没有过时,相反,随着时间的推移,它愈来愈成为今人宝贵的精神财富。心学究其实不是一种知识、技能,而是可以用来安顿人之身心性命的学说。陈献章、湛若水、王阳明、刘宗周等明代心学大师以及他们的后学无论在朝为官,还是居家休养,抑或退隐山林,所念兹在兹者无非

---

① 参见潘振泰:《湛若水与明代心学》,"中国学术思想研究辑刊"第三编第 19 册,(台湾)花木兰文化出版社 2009 年版,第 30—31 页。

② 参见何俊、尹晓宁:《刘宗周与蕺山学派》,中国人民大学出版社 2009 年版,第 181 页。

是儒家圣贤之说、成德之教。他们直面人的内心困顿、煎熬以及人在迈向圣贤之域、理想境界的过程中遇到的种种问题，进行了艰苦卓绝的探索和细致入微的思考，形成了一系列富有创见、能促使人开悟的心学思想成果，足以嘉惠后人。当代知名学者秦家懿先生指出："'心学'实不可废，它也有永恒价值；若是人们忘了心，而去'逐外物'，则会发现另一危机。这是我们在处于繁荣世界的今日，不应忽视的。"[①]

明代心学主要代表人物从未把学问作为谋利的工具，更不是为了沽名钓誉。从小的方面来说，他们著书立说、讲学论道，往往是自我性情的流露；从大的方面来说，较强的使命感和责任感促使他们苦探力索，入乎经书之内而又出乎经书之外，孜孜矻矻地阐扬儒家心学思想，并以心学思想来滋养个人的精神、心灵，同时用以教化世人。今日社会尽管在很多方面与古代社会大相径庭，但当代人同样面临着人与自然、人与社会、人与自我以及生与死等一系列"安身立命"的问题，同样需要探讨人的本质以及如何立身处世的问题，需要思考人的生存价值与终极意义。梳理、反思明代心学，可以为当代人提供诸多的启示，批判性继承、创造性转化和创新性发展明代心学的思想遗产，将有助于当代人塑造人生理想，完善道德人格，进而拥有元气旺盛、内心宁静、德性充盈、昂扬向上的人生。

---

① ［加］秦家懿：《"王学"的总评价》，见《王阳明》"跋二"，生活·读书·新知三联书店2017年版，第240页。

主要参考文献

一、中国古代文献

陈淳:《北溪字义》,中华书局 1983 年版。

《陈确哲学选集》,侯外庐等编,科学出版社 1959 年版。

《陈献章集》,孙通海点校,中华书局 1987 年版。

程颢、程颐:《二程集》,王孝鱼点校,中华书局 2004 年版。

冯从吾:《冯从吾集·冯少墟集》,刘学智、孙学功点校整理,西北大学出版社 2015 年版。

高攀龙:《高子遗书》,"四库全书"本。

高攀龙:《高子遗书》,李卓点校,中国社会科学出版社 2021 年版。

顾宪成:《泾皋藏稿》,"四库全书"本。

顾宪成:《小心斋札记》,泾里宗祠刻本。

顾炎武:《顾亭林诗文集》,华忱之点校,中华书局 1983 年版。

顾炎武:《日知录集释(外七种)》,黄汝成集释,上海古籍出版社 1985 年版。

韩愈:《昌黎先生集》,"四部备要"本。

《何心隐集》,容肇祖整理,中华书局 1960 年版。

《胡宏集》,吴仁华点校,中华书局 1987 年版。

胡居仁:《居业录》,"丛书集成初编"本,中华书局 1985 年版。

胡居仁:《胡文敬集》,"四库全书"本。

洪垣:《觉山先生绪言》,"续修四库全书"子部第 1124 册,上海古籍出版社 2002 年版。

黄震:《黄氏日钞》,"四库全书"本。

黄宗羲:《明儒学案》,沈芝盈点校,中华书局 1985 年版。

黄宗羲、全祖望:《宋元学案》,陈金生、梁运华点校,中华书局 1986 年版。

《黄羲全集》,浙江古籍出版社 2005 年版。

蒋信:《蒋道林先生桃冈日录》,商务印书馆、广西师范大学出版社 2003 年版。

蒋信:《蒋道林文粹》,刘晓林校点,岳麓书社 2010 年版。

焦竑编:《献征录》,上海书店 1987 年影印本。

李材:《见罗先生书》,"续修四库全书"子部第 941 册,上海古籍出版社 2003 年版。

刘宗周:《刘子全书》,清道光刻本。

《刘宗周全集》,浙江古籍出版社 2007 年版。

《陆九渊集》,钟哲点校,中华书局 1980 年版。

罗钦顺:《困知记》,阎韬点校,中华书局 1990 年版。

吕怀:《律吕古义》,"四库全书存目丛书"经部第 183 册,齐鲁书社 1997 年版。

《聂豹集》,吴可为编校整理,凤凰出版社 2007 年版。

《邵雍集》,中华书局 2010 年版。

唐伯元:《醉经楼集》,朱鸿林点校,中华书局 2014 年版。

唐枢:《木钟台集》,"四库全书存目丛书"子部第 162、163 册,齐鲁书社 1995 年版。

唐仲友:《悦斋文钞》,清道光刻本。

脱脱等:《宋史》,中华书局 1977 年版。

王艮:《王心斋全集》,江苏教育出版社 2001 年版。

王畿:《王龙溪先生全集》,清道光刻本。

王守仁:《王阳明全集》,吴光、钱明、董平、姚延福编校,上海古籍出版社

1992 年版。

吴与弼:《康斋集》,"四库全书"本。

许孚远:《敬和堂集》,"四库全书存目丛书"集部第 136 册,齐鲁书社 1997 年版。

许孚远:《敬和堂集》,张琴点校,《儒藏》精华编第 263 册,北京大学出版社 2017 年版。

《颜钧集》,黄宣民点校,中国社会科学出版社 1996 年版。

《颜元集》,王星贤、张芥尘、郭征点校,中华书局 1987 年版。

杨伯峻:《论语译注》,中华书局 1980 年版。

永瑢等:《四库全书总目》,中华书局 1965 年版。

湛若水:《格物通》,"四库全书"本,(台湾)商务印书馆 1986 年版。

湛若水:《湛甘泉先生文集》,"四库全书存目丛书"集部第 56、57 册,齐鲁书社 1997 年版。

湛若水:《甘泉先生文集》,董平点校,《儒藏》精华编第 253 册,北京大学出版社 2009 年版。

张廷玉等撰:《明史》,中华书局 1974 年版。

《张载集》,章锡琛点校,中华书局 1978 年版。

朱熹:《朱文公文集》,"四部丛刊"本。

朱熹:《四书章句集注》,中华书局 1983 年版。

朱熹:《朱子语类》,黎靖德编,王星贤点校,中华书局 1986 年版。

二、近现代以来中文著作及中文译著

蔡方鹿:《中华道统思想发展史》,四川人民出版社 2003 年版。

蔡仁厚:《新儒家的精神方向》,(台湾)学生书局 1984 年版。

蔡仁厚:《王学流衍——江右王门思想研究》,人民出版社 2006 年版。

陈畅:《理学道统的思想世界》,上海书店出版社 2017 年版。

陈来:《有无之境——王阳明哲学的精神》,人民出版社 1991 年版。

陈来:《朱熹哲学研究》,中国社会科学出版社 1993 年版。

陈来:《宋明理学》,华东师范大学出版社 2004 年版。

陈立胜:《王阳明"万物一体"论——从"身—体"的立场看》,华东师范大学出版社 2008 年版。

陈荣捷:《朱学论集》,华东师范大学出版社 2007 年版。

成中英主编:《本体与诠释》,生活·读书·新知三联书店 2000 年版。

邓庆平:《朱子门人与朱子学》,中国社会科学出版社 2017 年版。

丁为祥:《虚气相即——张载哲学体系及其定位》,人民出版社 2000 年版。

丁为祥:《中国哲学通史·明代卷》,江苏人民出版社 2022 年版。

东方朔:《刘蕺山哲学研究》,上海人民出版社 1997 年版。

杜维明、东方朔:《杜维明学术专题访谈录——宗周哲学之精神与儒家文化之未来》,复旦大学出版社 2001 年版。

方立天:《中国佛教哲学要义》,中国人民大学出版社 2005 年版。

方朝晖:《儒家修身九讲》,清华大学出版社 2011 年版。

冯友兰:《中国哲学史》,华东师范大学出版社 2000 年版。

付长珍:《宋儒境界论》,上海三联书店 2008 年版。

[日]冈田武彦:《王阳明与明末儒学》,吴光、钱明、屠承先译,上海古籍出版社 2000 年版。

高海波:《慎独与诚意——刘蕺山哲学思想研究》,生活·读书·新知三联书店 2016 年版。

苟小泉:《陈白沙哲学研究》,中华书局 2009 年版。

广东省岭南心学研究会组织撰写:"心学大师湛若水丛书",广州出版社 2017 年、2018 年版。

郭齐勇:《儒学与儒学史新论》,(台湾)学生书局 2002 年版。

郭齐勇主编:《宋明儒学与长江文化》,湖北教育出版社 2004 年版。

郭齐勇:《中国哲学智慧的探索》,中华书局 2008 年版。

何俊:《西学与晚明思想的裂变》,上海人民出版社 1998 年版。

何俊、尹晓宁:《刘宗周与蕺山学派》,中国人民大学出版社 2009 年版。

侯外庐、邱汉生、张岂之主编:《宋明理学史》下卷,人民出版社 1987 年版。

胡发贵:《罗钦顺评传》,南京大学出版社 2001 年版。

黄明同:《湛若水》,广东人民出版社 2010 年版。

黄明同:《明代心学开篇者——陈献章》,上海古籍出版社 2013 年版。

黄仁宇:《万历十五年》,生活·读书·新知三联书店 1997 年版。

嵇文甫:《晚明思想史论》,东方出版社 1996 年版。

劳思光:《新编中国哲学史》第三卷,(台湾)三民书局 2001 年版。

李锦全、吴熙钊、冯达文编著:《岭南思想史》,广东人民出版社 1993 年版。

李明友:《一本万殊——黄宗羲的哲学与哲学史观》,人民出版社 1994 年版。

黎业明:《湛若水年谱》,上海古籍出版社 2009 年版。

李振纲:《证人之境——刘宗周哲学的宗旨》,人民出版社 2000 年版。

梁启超:《中国近三百年学术史》,东方出版社 1996 年版。

林聪舜:《明清之际儒家思想的变迁与发展》,(台湾)学生书局 1990 年版。

刘述先:《黄宗羲心学的定位》,(台湾)允晨文化实业公司 1986 年版。

刘述先:《理想与现实的纠结》,(台湾)学生书局 1993 年版。

刘述先:《朱子哲学思想的发展与完成》,(台湾)学生书局 1995 年版。

刘兴邦、江敏丹:《岭南心学传人——湛若水》,广东人民出版社 2006 年版。

刘兴邦:《白沙心学》,社会科学文献出版社 2012 年版。

刘玉敏:《心学源流:张九成与浙东学派》,人民出版社 2013 年版。

刘宗贤:《陆王心学研究》,山东人民出版社 1997 年版。

蒙培元:《理学范畴系统》,人民出版社 1989 年版。

牟宗三:《中国哲学十九讲》,(台湾)学生书局 1984 年版。

牟宗三:《心体与性体》,上海古籍出版社 1999 年版。

牟宗三:《从陆象山到刘蕺山》,上海古籍出版社 2001 年版。

彭国翔:《良知学的展开——王龙溪与中晚明的阳明学》,(台湾)学生书局 2003 年版。

钱明:《阳明学的形成与发展》,江苏古籍出版社 2002 年版。

钱穆:《中国近三百年学术史》,商务印书馆 1997 年版。

钱穆:《朱子学提纲》,生活·读书·新知三联书店 2002 年版。

乔清举:《湛若水哲学思想研究》,(台湾)文津出版社 1993 年版。

秦家懿:《王阳明》,生活·读书·新知三联书店 2017 年版。

唐君毅著,张祥浩编:《文化意识宇宙的探索》,中国广播电视出版社 1992 年版。

唐君毅:《中国哲学原论》,中国社会科学出版社 2006 年版。

屠承先:《本体功夫论》,杭州大学出版社 1997 年版。

王汎森:《晚明清初思想十论》,复旦大学出版社 2004 年版。

王正:《先秦儒家工夫论研究》,知识产权出版社 2015 年版。

吴长庚主编:《朱陆学术考辨五种》,江西高校出版社 2000 年版。

吴根友:《中国现代价值观的初生历程——从李贽到戴震》,武汉大学出版社 2004 年版。

吴根友:《中国哲学通史·清代卷》,江苏人民出版社 2021 年版。

吴光:《黄宗羲与清代浙东学派》,中国人民大学出版社 2009 年版。

吴震:《阳明后学研究》,上海人民出版社 2003 年版。

吴震:《王阳明著述选评》,上海古籍出版社 2004 年版。

向世陵:《理气性心之间——宋明理学的分系与四系》,人民出版社 2008 年版。

项维新等编:《中国哲学思想论集·宋明篇》,(台湾)水牛图书出版事业有限公司 1988 年版。

萧萐父:《吹沙集》,巴蜀书社 1991 年版。

《萧萐父选集》,武汉大学出版社 2013 年版。

徐梵澄:《陆王学述——一系精神哲学》,上海远东出版社 1994 年版。

徐洪兴:《旷世大儒——二程》,河北人民出版社 2000 年版。

杨国荣:《王学通论——从王阳明到熊十力》,生活·读书·新知三联书店上海分店 1990 年版。

杨国荣:《心学之思——王阳明哲学的阐释》,生活·读书·新知三联书店 1997 年版。

杨祖汉:《当代儒学思辨录》,(台湾)鹅湖出版社 1998 年版。

姚才刚:《儒家道德理性精神的重建——明中叶至清初的王学修正运动研究》,中国社会科学出版社 2009 年版。

姚才刚:《刘宗周》,陕西师范大学出版社 2017 年版。

姚才刚、徐瑾、肖雄:《核心价值观的传统文化根基与意蕴》,人民出版社 2021 年版。

姚名达:《刘宗周年谱》,商务印书馆 1934 年版。

赵吉惠等主编:《中国儒学史》,中州古籍出版社 1991 年版。

赵伟:《心海禅舟——宋明心学与禅学研究》,人民出版社 2008 年版。

张怀承等:《中国哲学范畴精粹丛书·心》,中国人民大学出版社 1993 年版。

张立文:《中国哲学范畴发展史·人道篇》,中国人民大学出版社 1995 年版。

张立文:《宋明理学研究》,人民出版社 2002 年版。

张瑞涛:《蕺山后学研究》,人民出版社 2019 年版。

张师伟:《民本的极限——黄宗羲政治思想新论》,中国人民大学出版社 2004 年版。

张天杰、邹建锋、喻志:《明朝思想》,南京出版社 2017 年版。

张学智:《明代哲学史》,北京大学出版社 2000 年版。

张昭炜:《阳明学发展的困境及出路》,中国社会科学出版社 2017 年版。

郑宗义:《明清儒学转型探析——从刘蕺山到戴东原》,香港中文大学出版社 2000 年版。

衷尔钜:《蕺山学派哲学思想》,山东教育出版社 1993 年版。

中国实学研究会编:《实学文化与当代思潮》,首都师范大学出版社 2002 年版。

周可真:《顾炎武哲学思想研究》,当代中国出版社 1999 年版。

邹建锋:《明代理学向心学的转型——吴与弼和崇仁学派研究》,社会科学文献出版社 2011 年版。

三、期刊论文

陈时龙:《从首善书院之禁毁看晚明政治与讲学的冲突》,《史学月刊》2003 年第 8 期。

丁为祥:《罗钦顺的理气、心性与儒佛之辨》,《中国哲学史》2002 年第 3 期。

丁为祥:《明代心学的形成机缘及其时代特色》,《中国哲学史》2003 年第 3 期。

丁原明:《全真道哲学的意蕴及其理论底色》,《商丘师范学院学报》2012 年第 7 期。

段超:《晚明"学风空疏"考辨》,《社会科学战线》1998 年第 1 期。

方国根:《湛若水心学思想的理论特色——兼论湛若水与陈献章、王阳明心学的异同》,《哲学研究》2000 年第 10 期。

方旭东:《同情的限度——王阳明万物一体说的哲学诠释》,《浙江社会科学》2007 年第 2 期。

方朝晖:《知识、道德与传统儒学的现代方向》,《中国社会科学》2005 年第 3 期。

冯国栋:《道统、功夫与学派之间——"心学"义再研》,《哲学研究》2013 年第 7 期。

冯耀明:《本质主义与儒家传统》,《鹅湖学志》1996 年第 16 期。

苟小泉:《主体面向与学术分野——王阳明不说起陈白沙的原因探析》,《人文杂志》2008 年第 3 期。

郭齐勇:《阳明心学的当代价值及其意义》,《人文天下》2018 年第 6 期。

郭晓东:《致良知与随处体认天理——王阳明与湛若水哲学之比较》,《中国哲学史》1998 年第 4 期。

[日]荒木见悟:《心学与理学》,李凤全译,《复旦学报(社会科学版)》1998 年第 5 期。

金其桢、俞燕鸣:《对无锡经学发展的历史考察——兼论无锡的历史文化根基》,《南京理工大学学报(社会科学版)》2004 年第 5 期。

兰宗荣:《论李侗的"洒落气象"及其对朱熹的影响》,《上饶师范学院学报》2014 年第 1 期。

李承贵:《中国传统哲学中的德智关系论》,《齐鲁学刊》2001 年第 2 期。

李锦全:《岭南江门学派在宋明理学及中国传统文化中的历史地位》,《孔子研究》1994 年第 3 期。

黎业明:《湛甘泉晚年思想述略——以〈甘泉先生重游南岳纪行录〉为中心》,《华南师范大学学报(社会科学版)》2009 年第 1 期。

林乐昌:《论王阳明讲学生涯与社会教化使命》,《哲学研究》2006 年第 11 期。

林乐昌:《张载心学论纲》,《哲学研究》2020 年第 6 期。

刘融、朱加林:《王守仁从祀孔庙之争》,《史学月刊》2005 年第 8 期。

刘兴邦:《论江门学派》,《五邑大学学报(社会科学版)》2004 年第 1 期。

刘兴邦:《论湛若水的心学思想》,《五邑大学学报(社会科学版)》2006 年第 4 期。

刘学智:《冯从吾与关学学风》,《中国哲学史》2002 年第 3 期。

刘勇:《晚明多元理学学说之间的对话与竞争——以李材与许孚远、万廷言的互动为例》,《明史研究》第 14 辑。

彭国翔:《周海门学派归属辨》,《浙江社会科学》2002 年第 4 期。

钱明:《阳明之教法与王学之裂变》,《孔子研究》2003 年第 3 期。

乔清举:《甘泉哲学体系及其后传研究》,《哲学研究》1994 年第 2 期。

[日]青木隆:《何心隐的"不落意气"之论》,《湖南大学学报(社会科学版)》2005 年第 2 期。

沈顺福:《朱熹之学:理学抑或心学》,《社会科学研究》2017 年第 5 期。

王记录:《〈明儒学案〉缘何不为李贽立学案?——兼谈黄宗羲的学术史观》,《河南师范大学学报(哲学社会科学版)》2003 年第 5 期。

王玉真、姚才刚:《论聂豹的"归寂"说》,《朱子文化》2010 年第 2 期。

吴震:《十六世纪心学家的社会参与——以泰州学派的何心隐为例》,《云南大学学报(社会科学版)》2007 年第 3 期。

杨泽波:《牟宗三三系论的理论贡献及其方法终结》,《中国哲学史》2006 年第 2 期。

姚才刚:《论刘蕺山对王学的修正》,《武汉大学学报(人文社会科学版)》2000 年第 6 期。

姚才刚:《简析刘蕺山晚年对王阳明心学的辩难》,《国际儒学研究》2000 年第 9 辑。

姚才刚:《试论明末清初的王学修正运动》,《湖北行政学院学报》2004 年第 5 期。

姚才刚:《"理一分殊"与儒学重建——论刘述先新儒学思想的方法论原则》,《湖北大学学报(哲学社会科学版)》2005 年第 1 期。

姚才刚:《略论理学主要问题意识及其现代启示意义》,《江汉论坛》2005 年第 10 期。

姚才刚:《儒家道德精神的重建——论高攀龙对王学的修正》,《河南师范大学学报(哲学社会科学版)》2006 年第 6 期。

姚才刚:《许孚远哲学思想初探》,《中国哲学史》2008 年第 1 期。

姚才刚:《明儒李材的修身学说与当代人的修身》,《船山学刊》2008 年第 4 期。

姚才刚:《顾炎武的"耻德"观与当代荣辱观建设》,《武汉科技大学学报(社会科学版)》2008 年第 4 期。

姚才刚、孟妍:《道德理性精神的重建——论顾宪成对王学的修正》,《湖北师范学院学报(哲学社会科学版)》2008 年第 6 期。

姚才刚:《宋明理学中的天道性命之说及其伦理价值》,《伦理学研究》

2009 年第 5 期。

姚才刚:《王阳明心学的理论缺失及其对中晚明儒学发展的影响》,《哲学研究》2010 年第 12 期。

姚才刚、向拯翔:《论罗钦顺对王阳明心学的辩难》,《湖北大学学报(哲学社会科学版)》2012 年第 3 期。

姚才刚、张露琳:《明初理学中心学思想的萌芽》,《哲学研究》2019 年第 10 期。

姚才刚、李莉:《宋明儒学中的"心学"概念》,《湖北大学学报(哲学社会科学版)》2021 年第 5 期。

姚才刚:《甘泉学派的思想特色及其对中晚明心学发展的影响》,《哲学动态》2013 年第 6 期。

姚才刚、王智慧:《论明代心学思想的纷争与歧异——以湛若水辩难王阳明心学为中心》,《湖北行政学院学报》2014 年第 1 期。

姚才刚:《刘宗周的"改过"说及其伦理启示》,《哲学研究》2014 年第 7 期。

姚才刚:《论黄宗羲的王学观——兼论黄宗羲的心学立场及其对心学发展的贡献》,《贵阳学院学报(社会科学版)》2015 年第 4 期。

姚才刚:《甘泉后学唐枢"讨真心"说探析》,《哲学动态》2016 年第 1 期。

姚才刚:《明代甘泉后学的主要类型与多元流变的特点》,《哲学研究》2023 年第 11 期。

姚才刚、张黎:《"万物一体"思想的新发展——以明儒蒋信为中心》,《哲学研究》2017 年第 8 期。

张曼丽、姚才刚:《略论陈献章的人生哲学思想及其现代价值》,《朱子文化》2013 年第 2 期。

张天杰:《刘宗周与朱子学——兼谈许孚远的朱学倾向及其对刘宗周的影响》,《福建论坛(人文社会科学版)》2013 年第 10 期。

张锡勤:《论陆王心学中可能诱发"异端"思想的因素》,《哲学研究》2001 年第 5 期。

赵伟:《晚明"狂禅"考》,《南开学报》2004 年第 3 期。

周炽成:《"心学"源流考》,《哲学研究》2012 年第 8 期。

周仍乐、周炽成:《甘泉后学对阳明学的批评与反批评——兼论刘宗周、黄宗羲是甘泉后学》,《现代哲学》2014 年第 6 期。

朱人求:《"六经糟粕"论与明代儒学的转向——以陈白沙为中心》,《哲学研究》2009 年第 6 期。

邹建锋:《15 世纪中国儒学本体论的内在理路》,《深圳大学学报(人文社会科学版)》2010 年第 4 期。

邹建锋:《唐一庵年谱新编》,《湖州职业技术学院学报》2010 年第 4 期。

后　记

　　近 20 年来,我一直较为关注明代及清初的哲学思想。我也曾做过有关当代新儒学的研究,博士论文即以刘述先先生的新儒学思想为选题。包括刘先生在内的"第三代新儒家"学贯中西,著述宏富,思想深刻,很有研究的必要性。只是我个人隐约感觉到,研究当代学术思潮,因时间上的间隔较短,研究者甚或就置身于某种思潮之中,与研究对象之间没有产生足够的距离感,能够阐发、诠释的空间反而十分有限。因而,当我的博士论文 2003 年由巴蜀书社出版之后,我便转向了明代哲学。连我自己都没有想到,我在明清哲学尤其是明代哲学领域一做就是 20 年。在各种因缘的促成之下,我在此期间也出版或发表过其他方面的成果。但这 20 年间,我绝大部分的时间、精力都用于明代哲学的梳理研究以及明人文集的点校整理上了,主持完成的 2 项国家社科基金项目均与明代哲学相关,已出版的《儒家道德理性精神的重建》《刘宗周》等著作、与黄首禄博士合作完成的《唐枢集》《唐枢年谱》以及发表的系列论文也是围绕明代及清初的哲学思想或文献整理工作而展开的,甚至我指导的硕士、博士学位论文大都以明代哲学为研究对象。我非"上根之人",自知生性驽钝、精力有限,在学术上做不了通史通论(至多做点断代思想史或哲学史研究),只能在某个领域深耕细作,庶几能弄出一二成果,也算没有枉费这些年来付出的心血。即使仅就明代的儒家哲学而言,因其涉及大量的人物、学派与思想义理,前辈及时贤相关的研究成果又极其丰富,若要想在此领域作出一丁点突破性的成果,也绝非易事。

　　本书是我研究明代哲学的又一成果。拙书首先辨析了儒家"心学"概念的内涵与外延,区分了广义心学与狭义心学,进而以明代儒家心学思想为中心展开论述(心学不是儒家独有的概念,佛家、道家等也有各自的心学思想。不过,为了行文的简洁、便利,拙书乃将明代儒家心学思想简称为"明代心学思想"),尤其重点解读了江门学派、甘泉学派、阳明学派、蕺山学派等派别的心学思想;拙书还以王学修正运动为例,检讨、省察了有关明代心学思想的学术论争;最后总结、反思了明代心学思想的理论得失,揭示了其现代启示意义。拙书不是在短时间之内完成的,更非一气呵成,而是经过了较长时间的酝酿、积累,最终汇集成稿。一部分章节的内容已刊发于各种学术期刊上,我在书中的页下注释以及书后所附的参考文献中已对此做了标注。本书出版之后,我仍将重点关注明代哲学。在接下来的数年之内,我拟修改、完善自己有关明代甘泉学派尤其是甘泉后学方面的书稿,并择机再出一专著。

本书的写作得到了我的导师郭齐勇教授、田文军教授以及诸多师友的鼓励,郭老师还向人民出版社大力推荐拙书,并欣然为拙书赐序。拙书有幸被纳入"思想文化史书系"之中,并获得了湖北大学高等人文研究院、中华文化发展湖北省协同创新中心的经费资助。拙书也是我主持的国家社会科学基金项目"明代甘泉后学文献整理与思想研究"的阶段性成果之一。蔡利平博士帮忙处理了与出版相关的具体事宜。我指导的硕士生杨莹璋、张宏强与博士生张露琳、龚瑞等参与了书稿的校对工作。人民出版社王淼老师为本书的编辑出版付出了辛勤劳动。在此一并致以深深的谢意!同时谨向所有关心、帮助我的学界前辈、各位师友以及我所在单位的领导、同事等表示由衷的感谢!

我对本书观点及文字表述尽管进行了反复斟酌,但仍难免出现纰漏,恳请方家和读者批评指正。

姚才刚谨识

2024 年 11 月

责任编辑：王　淼
封面设计：王欢欢
版式设计：王　婷

图书在版编目（CIP）数据

明代心学思想研究/姚才刚 著. —北京：人民出版社，2025.1
ISBN 978－7－01－026591－9

Ⅰ.①明…　Ⅱ.①姚…　Ⅲ.①心学-研究-中国-明代　Ⅳ.①B248.25

中国国家版本馆 CIP 数据核字（2024）第 104548 号

明代心学思想研究

MINGDAI XINXUE SIXIANG YANJIU

姚才刚　著

人民出版社 出版发行
（100706　北京市东城区隆福寺街 99 号）

环球东方（北京）印务有限公司印刷　新华书店经销

2025 年 1 月第 1 版　2025 年 1 月北京第 1 次印刷
开本：710 毫米×1000 毫米 1/16　印张：18.75
字数：278 千字

ISBN 978－7－01－026591－9　定价：85.00 元

邮购地址 100706　北京市东城区隆福寺街 99 号
人民东方图书销售中心　电话 （010）65250042　65289539